立德树人
匠心筑梦
技术赋能

产教融合背景下
课程思政浸润高职旅游类
在线精品课程研究与实践

Cultivate virtue, cultivate talents,
build dreams with ingenuity, empower with technology

Research and Practice on the Integration of Industry and Education and the Infltration of
Ideological and Political Education into Online Excellent Courses for Tourism in Higher Vocational Education

伍新蕾 ◎ 著

旅游教育出版社
·北京·

师序万千

喜讯的降临总是在不经意之间。2025 年元旦前夕，春天的气息从遥远南方的万绿湖畔传来，我二十年前的研究生伍新蕾女士发来一则让人喜悦的短讯：她的第一本教学改革专著《立德树人 匠心筑梦 技术赋能》即将付梓出版，她特邀我代为作序。

翻阅新蕾的这部研究成果，扎实和创新就是给人最真切的感受！

近年来，新蕾教学团队紧紧围绕"时代新人铸魂工程"背景下旅游专业人才培养与思政育人目标，以国家和省级在线精品课程、思政示范课程等建设实践为研究样本，聚焦"思政浸润旅游类在线精品课程"的教学内容重构、教学模式创新、考核评价完善、师资团队优化。深入挖掘了德育素材，开发立体化课程思政案例资源库；深化产教融合，创编校企双元思政浸润富媒体教材；校企生共建高职旅游类在线精品课。构建思政浸润旅游类在线精品课程建设实效的多维度、全流程评估模型，创新性地提炼了课程建设实践的实际典型经验，形成可复制、可推广、可借鉴的建设模式。新蕾教学团队真正做到了将思政课程专业化、动人化，其匠心独运的教学创新，充分体现了在教书育人中推陈出新、润物细无声。

掩卷这部沉甸甸的成果，我不由回想起 2008 年新蕾硕士毕业之际，她专门咨询并采纳了我的建议，奔赴南方，在广东河源职业技术学院开启执教生涯。弹指间十余年，新蕾已从青春小女生成长为一名人民女教师，且在学界和行业均得到高度认可，新蕾成长的每一步都让我深感欣慰。这些年往来的信息给我一个很深刻的印象，感觉新蕾在教师岗位上一直都全身心投入地拼搏着，勤奋敬业已经沉淀为她的事业底色。作为拥有"中国旅游教育杰出青年教师""南粤优秀教师""广东省职工经济技术创新能手"等众多荣誉的名师，新蕾在教学第一线进行了诸多改革创新，带领师生团队屡屡荣获国家级教学创新竞赛的大奖，分享的照片常常都是在教学研讨中、社会实践中与竞赛获奖台上，工作中她兼具坚毅与优雅的倩影让人深深钦佩！作为一名教师，新蕾一直在认真践行自己许下的"立德树人、匠心筑梦、技术赋能"这十二字从业理念与诺言。

重温我多年来给"舒"香门第师门立下的"三真"规范：在自我修行上做一个"真实的人"、在学术专长上力求"真知灼见"、在社会服务上创造"真实价值"。如今的新蕾在个人修为、学术积淀、社会服务这三个人生维度上真正实现了均衡发展，成为了那朵真实通透、最亮丽的创新花蕾，而且还通过自己的示范引领，培育国家的下一代花蕾。

新春降临，美好即将开启，行动的此刻皆为序章！此刻，我思绪万千，寥寥寄语难以浓缩万千情怀，且以"师序万千"为序，祝福新蕾永记初心、永葆本色、一路花开！

2024 年 12 月

舒伯阳

中南财经政法大学教授、博士生导师

中国旅游研究院武汉分院副院长

前　言

　　近年来，全国各地高校都开始推进课程思政改革，学界也有许多关于课程思政实践探索的文章。"课程思政"是指依托、借助于专业课、通识课而进行的思想政治教育实践活动，或者是将思想政治教育寓于、融入专业课、通识课的教育实践活动。将思想政治教育融入课程教学的各环节、各方面，以"隐性思政"的功用，与"显性思政"——思想政治理论课，一起共同构建全课程育人格局。本研究成果兼顾"旅游类""课程思政""在线精品课程"等综合性交叉研究，拥有较广阔的研究空间，具有较好的独创性与学术价值。

　　本研究围绕"时代新人铸魂工程"背景下旅游专业人才培养与思政育人目标，以国家在线精品课程、省级精品在线开放课程、省级课程思政示范课程等建设实践为研究范例，聚焦"思政浸润旅游类在线精品课程建设"的建设思路厘清、教学内容重构、教学模式创新、考核评价完善、师资团队优化等维度的实践指标和个性策略。挖掘德育素材，开发立体化课程思政案例资源库；深化产教融合，创编校企双元思政浸润富媒体教材；思政多元引领，校企生共建高职旅游类在线精品课。构建思政浸润旅游类在线精品课程建设实效的多维度、全流程评估模型，并提炼课程建设实践的实际典型经验形成可复制、可推广、可借鉴的建设模式。

　　一是思政引领旅游类在线精品课程建设模式研究。根据已建设的国家在线精品课程、省级精品在线开放课程、省级课程思政示范课程，结合新时代国情、企情、学情，厘清围绕思政育人目标的旅游类在线精品课程建设与实践的系统路径，确定思政浸润下重构教学内容、创新教学模式、完善考核评价、优化师资团队等建设维度的具体实践指标和个性策略，创新"岗课赛证"融通"内外交替，真岗培养"的思政浸润教学模式，以在线精品课程平台配合富媒体教材全方位呈现数字化、多类别思政资源库，注重行业需要与学生需求结合，注重知识内化与技能外显结合，注重理论型视频与实践型微课结合，注重课程教学重点与竞赛考证要点结合，注重校企双元与师生共建结合，注重职业能力培育与职业精神铸造结合。通过教学资源汇集—慕课平台支撑—研究项目链接—师生成果转化—人才培养推进，凝练思政与专业无缝衔接、多维融合的浸润式在线精品课程建设模式。

二是思政浸润旅游类在线精品课程评估模式研究。梳理国家在线精品课程、省级精品在线开放课程、省级课程思政示范课程等评审指标，结合专家访谈、企业调研、学生调查，逐步确定旅游类在线精品课程建设实效的评估构建思想、评估指标框架、指标标准细则、指标体系权重等，进行思政浸润"三教"改革的效能状况评价，建立涵盖专家、企业、学生等三方评价并贯穿课前—课中—课后的多维度、全流程评估体系。

本研究以国家在线精品课程"旅行社计调业务"、广东省高职教育精品在线开放课程"旅游服务心理学""旅游市场营销"、广东省高职院校课程思政示范课程"旅游服务心理学"（项目编号：KCSZ04200）等为载体。该研究得到广东省高职院校高水平专业群"旅游管理专业群"建设项目（立项编号：GSPZYQ2020142）、广东省普通高校创新团队项目（人文社科）数智文旅应用与标准化研究协同创新团队（项目编号：2023WCXTD040）、广东省教育科学规划课题（高等教育专项）（项目编号：2023GXJK925、2024GXJK840）、2023年广东省高职教育教学改革研究与实践项目（项目编号：2023JG435）、河源职业技术学院课程思政教改项目（项目编号：HZJG202111）的联合资助，是以上项目的研究成果之一。

在项目研究与实践过程中，广州长隆集团有限公司、广东万绿湖旅游经营管理有限公司、河源市客天下文化旅游管理有限公司、东莞市青年国际旅行社有限公司、河源市好世界国际旅游有限公司、河源春沐源旅游文化有限公司等合作企业提供研究资讯、数据及实践场地等支持，在此表示诚挚感谢！

由于研究水平与视野有限，书中难免存在疏漏和不当之处，恳请各位专家、读者批评指正。

伍新蕾

2024年9月

目 录

第一章 引 言 ··· 1
1.1 研究背景与意义 ··· 3
1.2 研究方法 ··· 7
1.3 研究内容与技术路线 ·· 9
1.4 研究创新 ··· 11

第二章 研究综述 ··· 13
2.1 关键概念梳理 ·· 15
2.2 高职旅游类人才培养模式研究 ··· 23
2.3 旅游专业课程思政改革研究 ·· 26
2.4 旅游类在线精品课程研究 ·· 27

第三章 高职旅游专业人才培养与思政育人的融合与实践 ············· 29
3.1 "双高计划"下高职院校人才培养与思政育人 ······························· 31
3.2 新时代的在线精品课程高质量建设与发展 ·································· 32
3.3 高职旅游专业人才培养与课程思政的融合 ·································· 35
3.4 旅游类在线精品课程建设与课程思政的融合实践 ······················· 38

第四章 思政浸润高职旅游类在线精品课程建设与呈现 ················ 41
4.1 金课建设的内涵 ··· 43
4.2 研究依托专业及课程情况 ·· 44
4.3 思政浸润课程的策略与实践 ·· 47

4.4 课程建设效果评估与持续改进……………………………………… 48
4.5 广东省高等职业教育"课堂革命"典型案例…………………………… 49
4.6 广东省高职院校课程思政教育案例…………………………………… 63

第五章 思政浸润旅游类精品课配套规划教材建设与创新……………… 107

5.1 思政浸润旅游管理专业教材建设创新策略…………………………… 109
5.2 "十四五"职业教育国家规划教材案例——《旅行社计调业务》…… 110
5.3 广东省"十四五"职业教育规划教材案例——《服务礼仪与形体训练》… 113
5.4 广东省"十四五"职业教育规划教材案例——《旅游市场营销》…… 117

第六章 思政浸润高职旅游类在线精品课程创新路径与策略…………… 123

6.1 旅游专业人才培养与思政育人目标凝练……………………………… 125
6.2 思政元素与德育资源及数字化课程内涵开发………………………… 126
6.3 "岗课赛证"融通"内外交替，真岗培养"的思政浸润教学模式创新…… 128
6.4 思政浸润"三教"改革与创新路径…………………………………… 129

第七章 结 论………………………………………………………… 133

7.1 研究总结…………………………………………………………… 135
7.2 研究展望…………………………………………………………… 136

主要参考文献……………………………………………………………… 137

附 录……………………………………………………………………… 143

第一章 1

引 言

★ 1.1 研究背景与意义
★ 1.2 研究方法
★ 1.3 研究内容与技术路线
★ 1.4 研究创新

1.1 研究背景与意义

1.1.1 研究背景

在高等职业教育日益受到重视的当下，产教融合、课程思政以及在线精品课程建设成为教育改革的热点。随着产教融合的不断推进和高等职业教育的快速发展，如何有效地将思政教育融入专业课程中，成为当前高等职业教育面临的重要课题。近年来，国家高度重视高等职业教育与思政教育的融合发展，并出台了一系列相关政策文件。

（1）双高专业群建设的推进

教育部、财政部印发的《关于实施中国特色高水平高职学校和专业建设计划的意见》（以下简称"双高计划"），明确提出实施中国特色高水平高职学校和专业建设的总体要求、任务内容与保障措施，这是落实"中国教育现代化2035"及《国家职业教育改革实施方案》的具体行动。"双高计划"作为国家层面推动高职教育质量提升的重要举措，已经成为引领高职教育创新发展的关键。

近年来，我国高等职业教育在"双高计划"的指引下，不断深化改革，加强内涵建设。双高专业群建设是"双高计划"的核心内容之一，它强调以高水平专业群建设为抓手，通过优化专业结构、加强师资队伍建设、完善实践教学体系等措施，实现教育资源的有效整合，从而有效提升专业群的整体实力和影响力，进而提升高职教育的整体水平和人才培养质量。然而，随着经济社会发展的不断变化，高职教育也面临着新的挑战和机遇。如何进一步推进双高专业群建设，与时俱进地培养更多符合社会需求的高素质技术技能人才，成为当前高职教育内涵式高质量发展的重要任务。

（2）在线精品课程建设的兴起

随着互联网技术的快速发展和普及，在线教育逐渐成为教育领域的重要分支。特别是在2020—2022年，在线教育更是发挥了至关重要的作用，为广大学生提供了便捷、高效的学习途径与海量、多元的学习资源。国家层面也高度重视在线精品课程建设，旨在通过优质在线课程资源的开发和共享，提升教育质量，促进教育公平。

在线精品课程建设不仅有助于拓宽学生的学习渠道，还能有效缓解教育资源分布不均的问题。通过互联网技术，学生可以随时随地进行学习，不受时间和空间的限制。同时，在线课程还能提供丰富多样的学习资源和学习方式，满足学生的个性化学习需求。然而，目前在线精品课程建设还存在一些问题，如课程质量参差不齐、师生互动不足、学习资源更新缓慢等。因此，如何加强在线精品课程建设，提高其质量和影响力，成为当前教育领域需要解决的重要问题。

基于以上政策导向，本研究以河源职业技术学院旅游管理专业为例，探讨在产教融合背景下，将高职旅游类课程建设与思政教育有机结合，如何以思政教育浸润高职旅游类在线精品课程的建设与实践，以期达到立德树人的教育目标。本研究结合"德技并修""育训结合""岗课赛证融通"等新时代职教育人理念以及先进的教育教学技术，为高职旅游类在线精品课程的建设与实践提供新的思路和方法。

1.1.2 研究意义

习近平总书记在党的二十大报告中指出"青年强，则国家强"，强调"全党要把青年工作作为战略性工作来抓"，寄语广大青年"立志做有理想、敢担当、能吃苦、肯奋斗的新时代好青年"。教育部积极响应党的二十大精神之指引，在2023年1月29日的《人民日报》上发表名为"着力培养担当民族复兴大任的时代新人"的文章，全面实施"时代新人铸魂工程"，致力培养"有理想、敢担当、能吃苦、肯奋斗的新时代好青年"，为高校进一步完善立德树人、培根铸魂的综合育人"组合拳"提供了方向指引。

高校学生的思想素质决定了国家和民族的未来，旅游管理专业学生是旅游活动的践行者，是国民素质的载体，加强德育工作提升思想道德素质至关重要；旅游活动有助于促进国家、地区、民族之间的相互了解，因此也被称为"民间外交"，旅游管理专业学生是旅游活动的未来从业者，职业素养高低影响旅游服务质量，进而影响区域旅游形象的构建；旅游管理专业学生是旅游活动的未来管理者，高品质的顶层设计有利于进一步规范旅游市场。作为旅游活动未来的践行者、从业者和管理者，加强旅游管理专业学生的思想政治教育是深入贯彻以习近平同志为核心的党中央的部署要求，有助于推动高校育人工作，开创我国高等教育事业发展的新局面，为实现民族复兴中国梦提供有力人才支撑。

当今大学生主体是"00后","Z世代"的青年是互联网原住民,课程改革必须强调适应学习者的互联网原住民特点,注重信息技术应用,使学习有效度和满意度得到根本保障。随着互联网技术在高职院校课堂中应用的深化普及,出现完全在线教学模式、线上线下混合式教学模式等,结合课堂主渠道与网络载体实现课上课下一致、网上网下一致的价值引领是必需的。"互联网+"教育新时代的在线精品课程具有共享范围广、受益学生多等特点,坚持立德树人、培根铸魂,以课程思政浸润在线精品课程的建设势在必行。

因此,在"时代新人铸魂工程"实施背景下,在高职院校校企协同培育时代新人的前提语境下,研究选取"产教融合背景下课程思政浸润高职旅游类在线精品课程研究与实践"这个主题具有较强的现实意义。

本研究的主要研究意义如下。

(1) 应用意义。围绕党的二十大提出的"坚持以人民为中心的发展思想",乡村振兴不断深化,文旅融合逐步深入,全域旅游全面推进,生态文明落地生根,中国的文旅行业强调"以游客为中心"的服务理念,关注人民的幸福旅行体验,为实现"中国式现代化"而奋斗。

随着 5G 时代加持,旅游人工智能、虚拟增强现实的不断强化,语音讲解、人脸识别、VR 导览、AR 旅游、全息投影、服务机器人、数字营销等新技术将使旅游体验更新奇,在线旅游、数字化产品、线上文博等新业态层出不穷,个性化、品质化、智慧化已经开始成为旅游产品和服务升级的主方向。在"互联网+文化旅游"融合背景下,研学旅行、红色教育游、文化体验游、乡村民宿游、休闲度假游等不断涌现。新业态释放新动能,新旅游业态呼唤"专红兼具"的高素质技术技能人才。

目前,高职旅游类专业毕业生就业岗位由单一的导游服务岗拓展到旅游策划、研学导师、旅游 OTA 电商客服、田园综合体及特色文旅小镇服务管理人员等多种就业岗位,以及泛旅游服务业岗位等。但是我国旅游业发展仍存在产业要素生产率低、服务质量和服务满意度低,从业人员留任率低等问题。因此,旅游行业在未来可持续发展进程中,急需众多文化素养高、奉献意识强、有责任有担当、热衷本职工作的人才,这就要求高职院校旅游专业在人才培养目标的定位上应强化思政教育,要将思政教育的理念贯穿于所有专业课程中。

就专业内涵和性质而言,习近平总书记指出,"高校哲学社会科学有重要的育人功能,要面向全体学生,帮助学生形成正确的世界观、人生观、价值观,提高道德修养和精神境界,养成科学思维习惯,促进身心和人格健康发展",必须提升旅游学生博闻强识、融会贯通的文化底蕴,培养读史查志、追根溯源的学习能力,提升学生国家荣誉感、民族自豪感,成为中华文明的继承者与传播者。因此,旅游类专业以深厚的文化基础和丰富的文化内涵作支撑,在人才培养方面必须具有一定的指向性,既要具备娴熟的文旅接待服务技能,还需"以文塑旅、以旅彰文",肩负弘扬优秀传统文化、发展社会主义先进文化、推动社会主义核心价值观落地生根的历史使命。因此,对接岗位需求,浸润"课程思政",对于旅游类专业夯实学生培养质量,提升专业人才竞争力的意义十分深远。遵循旅游管理专业"课程思政"育人趋势,这是旅游类专业思想政治教育的重要课题,也是顺应旅游行业的发展趋势、践行国家高等教育的重要使命。

贯彻"时代新人铸魂工程",高职旅游专业以培养有理想、敢担当、能吃苦、肯奋斗的新时代高素质技术技能旅游人才为目标,学生专业知识学习与思想道德教育同等重要。大学生们都有一颗爱国之心,具有一定判断分析能力,但因思想处于不断成熟的过程中,容易受到急功近利的社会负面舆论影响。部分大学生还存在以下情况:在思想方面,爱享乐喜躺平,间歇性责任担当;在学习方面,持续性主动学习积极性、自我管理能力等均有提升空间;在顶岗实习方面,角色转换较慢,职业发展规划待明朗,从业价值观待固化。可以说,大学阶段是青年学生生理成长、心智模式日趋成熟的重要阶段,是人生观、世界观、价值观基本形成的重要时期。因此,为促使旅游管理专业学生在大学时代能够树立正确的理想信念,自觉践行社会主义核心价值观和爱国主义精神,接受中国传统文化教育,达到综合培养、全面发展的目的,除了常规的思政课程以外,课程占比较高的专业课必须充分挖掘思想道德教育要素,进行全面系统深入的课程思政改革,如此才能让学生在掌握旅游专业知识和技能的同时,能够更加深刻地领悟做人做事的道理,能够更加有效地践行社会主义核心价值观,能够更加积极地担当民族复兴之大任。

因此,选取"产教融合背景下课程思政浸润高职旅游类在线精品课程研究与实践"这个主题具有较强的应用价值与现实意义。

(2)学术意义。"培养担当民族复兴大任的时代新人"是习近平总书记在党的二十大报告中明确提出的战略性任务。对于这一命题，学界特别是思想政治教育领域专家展开了一系列深入研究。戴木才认为，习近平总书记关于培养时代新人的重要论述，与中国特色社会主义建设的新任务新要求相适应，为培育和践行社会主义核心价值观提供了新的重要遵循。郑永安和孔令华的研究表明，"时代新人"这一重大命题的提出，是立足于新时代大背景下做出的科学判断，进一步发展了马克思主义人才观，为教育现代化指明了方向。冯淑萍认为，培养时代新人是应对激烈的国际人才竞争的关键工程，是为党和国家培养后备力量的希望工程，是实现"两个一百年"的奋斗目标，是实现中华民族伟大复兴的主体工程。她还提出，培养时代新人要从理想信念、教师队伍和教育环境三个方面入手。也有学者从高校思想政治教育的角度出发探寻培育时代新人的途径，如潘玉腾和陈虹提出，高校必须在党的领导下，坚持社会主义办学方向，把高校思想政治教育融入时代新人培养的各个环节，构筑多维并进、综合融通的"大思政"格局，从而发挥协同育人在时代新人培育中的联动作用。据此，本项目在高职院校校企协同培育时代新人的前提语境下，以国家级在线精品课程建设、省级精品在线开放课程、省级课程思政示范课程等建设实践为研究范例，聚焦"课程思政浸润高职旅游类在线精品课程建设"的目标凝练、思路厘清、模式创新、师资锤炼等开展培育旅游管理专业新时代高素质技术技能人才的多维融合体系探索。

1.2 研究方法

本研究依托广东省高职院校课程思政示范课程"旅游服务心理学"（项目编号：KCSZ04200）、广东省教育科学规划课题（高等教育专项）（项目编号：2023GXJK925、2024GXJK840）、2023年广东省高职教育教学改革研究与实践项目（项目编号：2023JG435）、河源职业技术学院课程思政教改项目（项目编号：HZJG202111）等项目，组织院校专家、行业专家、跨校师生共同参与项目研究、课程改革、教学实践，注重定量与定性结合的实证研究，具体研究方法如下。

1.2.1 文献研究法

本研究将大量收集各学科尤其是旅游类课程思政改革案例与文献，以及旅游类在线精品课程建设的成果综述与经验总结，进行阅读研究、归纳总结、综合提炼。

1.2.2 问卷访谈法

本研究采用多方问卷调查法结合实地访谈法以充分获取全方位详细信息。首先，通过与文旅业界专家、代表性院校课程思政项目团队、课程思政教学名师等交流获取旅游类课程思政改革意见；其次，通过与往届学生问卷调查与访谈获得更丰富、更实际的课堂需求；再次，通过与在校生展开头脑风暴式讨论，获取学生最感兴趣的主题及最容易接受的教学方式等；最后，通过系统化、全流程、分段式的问卷调查综合反馈课程建设效能状况。

1.2.3 德尔菲法

在多维度、全流程的在线精品课程效能评估体系建立中，就评估构建思想、评估指标框架、指标标准细则等方面征得专家的意见之后，进行整理、归纳、统计，再匿名反馈给各专家，再次征求意见，得到更明确有效的构建指导。

1.2.4 层次分析法

本研究在确定各项在线精品课程效能评估指标权重中主要采用层次分析法，结合专家调研意见、企业调查结论、学生访谈结果等，对各层指标项之间分别进行"两两"比较，确定指标之间的相对重要性，分别得出二级指标和三级指标的权重。

1.2.5 扎根理论研究方法

为充分挖掘访谈记录中的丰富信息，本研究运用扎根理论，通过开放式编码、主轴编码、选择性编码对访谈记录进行分析，形成"时代新人铸魂工程"实施中思政浸润在线精品课程的主要问题与应对策略模型。

1.3 研究内容与技术路线

1.3.1 研究内容

项目研究始终强调在高职院校校企协同培育时代新人的前提语境下凝练旅游专业人才培养与思政育人目标，进而厘清围绕思政育人目标的旅游类在线精品课程建设与实践的系统路径，确定思政浸润下重构教学内容、创新教学模式、完善考核评价、优化师资团队等建设维度的具体实践指标和个性策略。在课程思政内容供给方面，对旅游类在线精品课程的思政元素与德育资源进行内涵式开发与数字化建设，从而构建多形式、立体化的旅游类课程思政案例资源库，全面丰富旅游类在线精品课程的课程思政内容供给；在思政浸润教学模式创新方面，全面提炼"岗课赛证"要素融通"内外交替，真岗培养"教学模式，注重职业精神熏陶，强化正确从业价值，提升实践育人效果；在思政浸润"三教"改革方面，锤炼旅游类课程思政教学团队，编著融入课程思政的富媒体新形态教材，创新浸润课程思政的在线精品课程教学方法，评估思政浸润师资团队锤炼、富媒体教材创编、教法考核革新等效能状况并找到改善途径。通过教学资源汇集—慕课平台支撑—研究项目链接—师生成果转化—人才培养推进，依托"旅行社计调业务""旅游服务心理学"等建设实践的典型范例，凝练课程创新教法改革模式，深化知识传授与价值引领、显性教育与隐性教育、育才能力与育德能力等三融合，借助互联网学习的传播力，扩大旅游类在线精品课程的思政改革成效的辐射力。

第一章引言。主要聚焦于课题研究背景，对研究意义、研究方法、研究内容与技术路线进行阐述、归纳和总结。

第二章研究综述。总结了产教融合、课程思政、高职旅游类人才培养模式、高职在线精品课程研究等主题的前沿理论，剖析了课程思政、高职在线精品课程建设与实践的研究综述，从内涵和特点分析建设与实践方法、路径。在此基础上，重点从不同角度对课程思政、高职在线精品课程建设与实践研究情况做了具体评述。

第三章高职旅游专业人才培养与思政育人的融合与实践。在高等职业院校协同培育时代新人的大背景下，本章聚焦旅游专业人才培养与课程思政的融合研究，依托新时代在线精品课程高质量建设与发展，探索旅游类在线精品课程建设与课程思政的融合实践。

第四章思政浸润高职旅游类在线精品课程建设与呈现。以"旅行社计调业务"国家级在线精品课程、"旅游服务心理学""旅游市场营销"省级精品在线开放课程及省级课程思政示范课程等建设实践为研究范例，聚焦"思政浸润旅游类在线精品课程建设"的建设思路厘清、教学内容重构、教学模式创新、考核评价完善、师资团队优化等维度的实践指标和个性策略，构建思政浸润旅游类在线精品课程建设实效的多维度、全流程评估模型，为课程建设实效的全面综合评估供给科学的工具，并提炼出目标课程建设实践的实际典型经验，形成可复制、可推广、可借鉴的建设模式。

第五章思政浸润旅游类精品课配套规划教材建设与创新。思政浸润精品课程所配套的国家、省级规划教材建设拥有一个多维度、全方位的过程，需要多方协作与努力。通过不断优化教材内容、加强配套资源建设、提升师资队伍素质、改善实践教学条件等措施，可以推动思政课教学质量和效果的不断提升。

第六章思政浸润高职旅游类在线精品课程创新路径与策略。围绕思政育人目标，依据专业特色与课程特点构建旅游类在线精品课程思政建设的系统路径，确定路径主线，确定思政浸润下重构教学内容、创新教学模式、完善考核评价、优化师资团队等建设维度的具体实践指标。研究重点提出"时代新人铸魂工程"背景下旅游专业人才培养与思政育人目标凝练、旅游类在线精品课程思政元素与德育资源的内涵式开发与数字化建设、"岗课赛证"融通"内外交替，真岗培养"的思政浸润教学模式创新、思政浸润师资团队锤炼、富媒体教材创编、教法考核革新的效能研究等路径策略。

第七章为结论。包括总结和展望。

1.3.2 技术路线

一是通过在线精品课平台进行跨校对比调研。依托已建设在线精品课程平台，与联盟使用院校合作，开展多校使用情况线上调研，获得更加全面的数据，凝练更具普适性的建设策略。

二是线上调研结合线下访谈提高信息收集有效性。线上调研提高调研的覆盖率，线下针对院校专家、行业专家、跨校师生的个性化访谈,将个别访谈与集体访谈相结合提高访谈灵活性和效率,线上线下结合从而保障信息收集有效性。

三是实践经验提炼反哺课程建设推进的效果检验。依托国家在线精品课程、省级精品在线开放课程、省级课程思政示范课程等建设实践,一方面提炼综合经验,另一方面反哺课程建设,实现良性循环的实践检验。

本研究技术路线如图1.1所示。

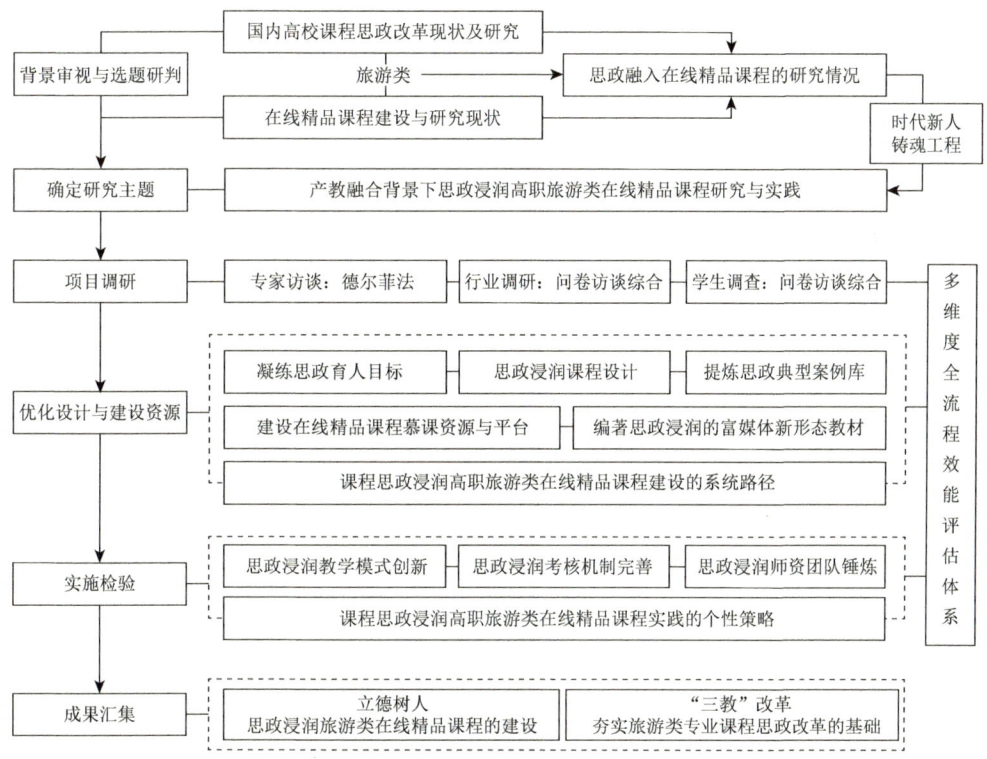

图1.1 技术路线

1.4 研究创新

1.4.1 思政引领旅游类在线精品课程建设模式研究

根据已建设的国家在线精品课程、省级精品在线开放课程、省级课程思政示范课程，结合新时代国情、企情、学情，厘清围绕思政育人目标的旅游类在线精品课程建设与实践的系统路径，确定思政浸润下重构教学内容、创新教学模式、完善考核评价、优化师资团队等建设维度的具体实践指标和个性策略，创新"岗课赛证"融通"内外交替，真岗培养"的思政浸润教学模式，以在线精品课程平台配合富媒体教材全方位呈现数字化、多类别思政资源库，注重行业需要与学生需求结合，注重知识内化与技能外显结合，注重理论型视频与实践型微课结合，注重课程教学重点与竞赛考证要点结合，注重校企双元与师生共建结合，注重职业能力培育与职业精神铸造结合。通过教学资源汇集—慕课平台支撑—研究项目链接—师生成果转化—人才培养推进，凝练思政与专业无缝衔接、多维融合的浸润式在线精品课程建设模式。

1.4.2 思政浸润旅游类在线精品课程评估模式研究

梳理国家在线精品课程、省级精品在线开放课程、省级课程思政示范课程等评审指标，结合专家访谈、企业调研、学生调查，逐步确定旅游类在线精品课程建设实效的评估构建思想、评估指标框架、指标标准细则、指标体系权重等，进行思政浸润"三教"改革的效能状况评价，建立涵盖专家、企业、学生等三方评价并贯穿课前—课中—课后的多维度、全流程评估体系。

第二章

研究综述

- 2.1 关键概念梳理
- 2.2 高职旅游类人才培养模式研究
- 2.3 旅游专业课程思政改革研究
- 2.4 旅游类在线精品课程研究

本研究主题的相关研究成果主要集中在国内研究范畴，且兼顾"旅游类""课程思政""在线精品课程"等综合性交叉研究相对有限，使得本研究拥有较充足的研究空间。有关"旅游管理专业的课程思政改革"的研究从 2013 年的"提出思政教育如何融入旅游专业教学的论题"开始，于 2018 年开始不断丰富，在 2020 年之后大量涌现，集中在旅游院校的思政育人体系构建、旅游管理专业课程思政建设以及课程思政改革课程的个案研究等方面。其中，王杨等结合旅游管理专业特有的价值观与精神品质阐述旅游专业培养什么人，以"讲好中国故事"为题从出发点、具体方法及要求三个角度分析怎样培养人，既从专业综合育人角度出发，又落地到具体课程实施，呈现了高职院校旅游管理专业"课程思政"核心要义与案例研究。有关"旅游类在线精品课程"的研究相对有限，集中在评价指标体系、教学体验研究、教学效果评价、学习者认知研究、个例课程建设实践研究等方面。周春林等提出国家精品课程担负着展示课程内容、传播教学理念、共享优质资源、为学生自主学习及教师教学提供帮助的功能，通过建立精品课程网站内容功能期望——交付模型，评价样本精品课程网站交付特征，有助于旅游专业精品课程和教学资源库建设的提升。

2.1 关键概念梳理

2.1.1 产教融合

产教融合作为现代职业教育发展的重要趋势，旨在通过教育与产业的深度合作，培养符合市场需求的高素质人才。国内研究学者聚焦分析产教融合的理论内涵、实践要点、优化路径以及面临的挑战和策略，以期为相关教育机构和产业界提供实践参考和理论支持。通过对相关文献的深入阅读和分析，我们可以了解产教融合在职业教育、特殊教育、产业经济转型升级等多个领域的应用现状和发展趋势，以及如何通过优化生态系统、深化利益相关者协同治理等途径提升产教融合的水平。

（1）产教融合的理论与实践

在产教融合的理论基础及其在职业教育实践应用的相关研究领域，陈年友等（2014 年，中国高校科技）讨论了产教融合的内涵与实现途径，特别是要素整合和契约合作的途径。孙善学（2017年，中国职业技术教育）分析了产教融合的理论来源与内涵，并提出了深化产教融合理论与实践的要点，强调了产教融合是职业教育改革的主要思路和基本路径。总体来说，这些研究提供了对产教融合理论框架的深入理解，并指导了实践中的具体应用。

（2）产教融合与高职院校职业能力培养

这一部分研究专注于产教融合在高职院校中对于职业能力培养的应用与影响。王凤兰（2024年，山东商业职业技术学院学报）研究了产教融合在高职院校职业能力培养中的应用研究，指出产教融合的目标是促进教育教学与实际产业需求的紧密结合，以更好地满足社会对高职毕业生职业能力的需求。此外，储白珊与蒋丰蔓（2024年，福建日报）探讨了产教融合在提升职教"出海"能力中的作用，特别是在服务共建"一带一路"的重要性。总体来说，产教融合被视为提升高职院校职业教育质量的关键途径。

（3）产教融合生态系统的构建与优化

本领域研究的重点是产教融合生态系统的构建、优化及其对职业教育内涵发展的贡献。霍丽娟（2019年，国家教育行政学院学报）研究得出当前职业教育适应新时代新技术集群演进的有效途径就是在区域和行业内构建以共同演进、共同专属化、竞合发展为逻辑运行机理的多维协同产教融合生态系统，产教融合创新生态系统应遵循知识生产新模式特征，聚焦产教融合命运共同体建设，着力构建对接产业发展的专业集群，突出产教融合网络集群优势，不断探究产业融合供应链建设规律，如此才能形成校企共同发展对接产业升级发展的新格局。金蕾（2023年，山西财经大学学报）分析了产教融合生态系统的内涵特征和构成主体，并探寻了高质量发展下产教融合生态系统的运营机制和优化路径，强调了产教融合在提升高职院校人才培养质量中的重要性。总体来说，这些研究突出了优化产教融合生态系统在推动职业教育内涵式发展中的重要角色。

（4）产教融合与职业教育人才培养模式

相关学者针对中等职业教育、高等职业教育、应用型本科职业教育等多维度进行了产教融合与职业教育人才培养模式的研究。张改清（2018年，中国职业技术教育）鉴于智能化生产系统对技术技能人才工作模式的影响，探索了深化产教融合、校企合作新路径，创新性构建从中等职业教育到专业学位研究生教育的全过程人才培养体系，从而构建深度校企合作的高端现代学徒制人才培养模式。郑青等（2020年，职教发展研究）研究得出更新人才培养理念与培养目标，建设应用型本科高校的"七性"课堂，全面推进产教融合与协同育人，完善相关法律法规建设，有利于产教融合背景下本科层次职业教育人才培养模式的变革。陈志杰等（2022年，江苏经贸职业技术学院学报）分析了专业建设速度加速以及知识生产模式变迁的背景下，以产教融合为抓手来推进职业教育人才培养模式改革创新的优化路径。总体来说，这些研究突出了产教融合在我国现代职业素质教育以及人才培养中举足轻重的地位，可谓以产教深度融合发展筑牢中国式现代化人才培养之根基。

（5）产教融合与特殊教育人才培养模式

相关学者针对产教融合在特殊教育领域的人才培养模式进行探索与实践，如邓明润与马月成（2023年，黑河学刊）在文献中分析了特殊教育人才培养的现状和存在问题，并提出了基于产教融合的人才培养模式的实施策略，旨在培养具备综合素质、实践能力和创新思维的特殊教育人才，强调了产教融合在特殊教育人才培养中的应用和优化。

（6）产教融合的问题与对策

本领域研究专注于产教融合过程中遇到的问题及其解决策略。孔原（2015年，职教论坛）提出了基于互联网思维的产教融合模式创新与实践，以解决校企合作中的共同利益缺乏问题。此外，崔志钰（2020年，江苏教育）对产教融合的问题进行了解析，并提出了深化策略，以解决"合而不融"的问题。总体来说，这些研究为产教融合的深入发展提供了问题诊断与解决方向。

通过分析上述文献，我们可以看到产教融合作为一种重要的教育和产业结合模式，已经在多个领域得到了广泛的探讨和应用。文献中不仅涉及多层次职业教育、高职院校职业能力培养、产教融合生态系统的优化路径等教育领域的具体实践，还包括了产教融合在国际关系和传媒方向的研究与实践，显示出产教融合的应用范围广泛且深入。可以说，产教融合在提升教育质量、促进产业升级、加强校企合作等方面发挥了重要作用。

未来的研究方向可能包括深化产教融合的具体实践策略，如如何优化产教融合生态系统、提升产教融合水平、加强利益相关者协同治理等。同时，随着共建"一带一路"的推进，产教融合在国际化人才培养等领域的研究也将是重要的研究趋势。

此外，结合"互联网+"模式下的产教融合问题探讨、产业转型升级背景下的职业教育产教融合探析等，也将为产教融合的深化提供新的视角和思路。

2.1.2 课程思政

"课程思政"作为一种将思想政治教育元素融入传统课程中的教育实践，旨在通过非思政课程的教学活动实现立德树人的教育目标。随着教育改革的深入和新时代教育要求的提出，课程思政的研究与实践活动日益增多，其在提升学生的综合素质、道德修养以及社会主义核心价值观的培养方面的重要性逐渐凸显。研究发现，国内学者主要从"课程思政"的理念、价值、实现路径以及在不同学科教学中的应用等领域进行研究，以期为高校教育实践提供理论支持和实践指导，促进"课程思政"在更广泛的教育领域中的推广与实施。

（1）课程思政的内涵与价值

课程思政是指在各类课程中融入思想政治教育，以实现立德树人的教育目标。本主题主要探讨课程思政的定义、内涵以及其在教育中的重要价值。邱伟光（2017年，思想理论教育）总结出"课程思政"是指高校教师在传授课程知识的基础上引导学生将所学的知识转化为内在德性，转化为自己精神系统的有机构成，转化为自己的一种素质或能力，成为个体认识世界与改造世界的基本能力和方法。因此，将思想政治教育渗透到知识、经验或活动过程中，这一过程是价值理性和工具理性的统一。王学俭等（2020年，新疆师范大学学报（哲学社会科学版））从课程思政的本质、理念、结构、方法和思维等几个维度来认识和把握课程思政的丰富内涵。

此外，刘志学（2022年，牡丹江师范学院学报（社会科学版））的研究则从课程思政的内涵出发，探讨了其在实施过程中的价值及其对提升人才培养质量的重要性。研究可见，课程思政的内涵与价值是其实施的理论基础，对于实现全面育人的教育目标具有重要意义。

（2）课程思政的实施路径

研究显示，课程思政的实施路径涉及教师的认识提升、课程内容的整合以及教学改革的探索。刘鹤等（2019年，中国大学教学）以立德树人为导向，以系列专业课程的教学设计为研究案例，分享了吉林大学对课程思政建设的整体设计和具体实施情况。丁洁等（2021年，当代教育论坛）分析了高校课程思政建设面临的教师思政意识薄弱、思政与专业分离以及网络信息化的负面冲击等现实困境，提出了在提升教师课程思政意识的基础上，结合专业特点协同推进课程思政学科融合，利用互联网优势构建"大网络"思政工作格局的实施路径。此外，陈理宣等（2021年，国家教育行政学院学报）的研究则进一步分析了课程思政的内生机制，提出了通过"观念认同""情感认同""行为习惯"的形成来实现课程思政的教学方法。总之，学者们通过探讨在实际教学中如何有效实施课程思政，总结出课程思政的实施路径是实现立德树人目标的关键，需要教师、课程内容和教学方法的有机结合。

（3）课程思政与教学评价改革

课程思政教学评价能够挖掘和彰显课程育人功能，检验和印证课程育人目标，反思和引领课程育人价值。王岳喜（2020年，思想理论教育导刊）研究得出课程思政评价体系的构建要遵循量化评价和质性评价相结合、形成性评价和总结性评价相结合、诊断性评价和发展性评价相结合的构建原则。许祥云等（2022年，高校教育管理）基于CIPP评价模式的理论框架，以教育部印发的《高等学校课程思政建设指导纲要》等政策文本和质性访谈结果为依据，在初选课程思政教育活动评价指标的基础上，形成了稳定的"背景评价、输入评价、过程评价和结果评价"四维结构，并分离出政治环境、课程资源、教学方案、教学效果等11个二级指标。该研究所构建的指标体系既关注了课程思政教育活动的过程性与覆盖面，也注意引导评价者坚持形成性评价与结果性评价相结合，具有一定的实用价值。从各项研究成果可知，围绕课程思政的教学评价体系改革，必须通过正确认识课程思政评价的主体、客体，制定详细的评价指标体系，运用恰当的评价方法，才能确保教育活动可以全面评价学生的知识、能力以及道德素质。

（4）课程思政在不同学科的应用

课程思政作为将专业学习与思想政治教育融为一体的完整性教学理念，已经在不同学科展开了广泛的有效运用。丁柏铨（2020年，当代传播）分析了新闻学科课程思政的特殊性，强调了用马克思主义新闻观统领的必要性；杨春燕等（2020年，中国医学伦理学）基于医学的独特性，将"思政"元素融入医学人文教育中，对医学人文学科群的课程设计进行探讨；郎振红（2020年，大学教育）发现在纷繁复杂的众多学科中，理工类学科课程思政建设的难度较大，且不能笼统地将理工类学科课程和人文社科类课程等量齐观、合二为一，必须从理工类学科建设课程思政的意义着手，系统归纳课程思政建设的逻辑架构，结合案例提出理工类学科课程思政建设的具体措施；谢枝文（2021年，地理教学）等紧扣地理学科特点，探索了行走在"田野"的课程思政模式与路径；刁亚军等（2021年，外语学刊）尝试了学科英语混合式教学中的思政育人实践。本研究领域成果不胜枚举，都反映出各学科领域的教师们结合各自学科的特点进行课程思政改革实践，不断创新教学设计以实现全面育人的教育目标。

（5）课程思政的挑战与对策

课程思政的改革实施过程充满各种挑战，代玉良（2019年，宁波职业技术学院学报）的研究从思政课程到课程思政的转变出发，探讨了提升思想政治教育效率的策略；王万川（2020年，湖南工业职业技术学院学报）围绕产教融合背景下高职课程思政面临的挑战提出对策；温玲子等（2021年，教育与职业）面对高职院校"互联网＋思政育人"的机遇与挑战提出了顺应时代发展的育人机制、专业队伍、精品课程、校园文化等方面的策略。生成式人工智能赋能高校思想政治教育是技术与学科融合发展的必然趋势，这一融合在思想政治教育的主体性、价值性、情感性和安全性等方面仍存在不容忽视的一系列挑战。柯齐等（2024年，昆明理工大学学报（社会科学版））建议通过坚守立德树人的根本任务，充分发挥人的主体作用；明确生成式人工智能在高校思想政治教育中的介入边界；立足高校思想政治教育的实际场景，加强学生实践；创新高校思想政治教育的话语体系，筑牢高校意识形态安全防线进行有效应对。

通过文献分析可知，有关"课程思政"的现有研究主要集中在课程思政的内涵、价值、实现路径、教学实践探索评价体系改革等方面。研究者们提出了多种实现课程思政的方法，如通过教学目标、教学内容、教学方法、教学评价和课程考核等方面建构课程思政教学体系，以及探索如何在不同学科中有效融入思政元素。此外，也有研究指出了课程思政建设中存在的问题，如教师育人意识提升、教学资源优化、评价体系完善等，并提出了相应的对策。

将来的研究方向可能包括深化课程思政的理论研究，探索更加系统化和科学化的课程思政实施策略，以及开发具体的教学案例和实践模式。此外，随着信息技术的发展，如何利用现代教育技术手段提升课程思政的教学效果，也将是一个重要的研究课题。同时，考虑到不同地区、不同类型的高校在资源、师资、教学条件等方面的差异，研究如何针对这些差异制定有效的课程思政实施策略，也是未来研究的一个重要方向。

2.1.3 在线精品课程

随着信息技术的快速发展，教育领域的数字化转型已成为全球教育改革的重要方向。在线精品课程作为教育信息化的重要组成部分，不仅推动了教学资源的优化配置和优质教育资源的共享，也促进了教学方式和学习方法的创新。本综述旨在综合分析在线精品课程的发展历程、建设现状、存在的问题以及未来的发展趋势，为教育领域的研究者和实践者提供参考和启示。通过对相关文献的深入阅读和系统整理，我们可以更好地理解在线精品课程在提升教育质量、实现教育公平以及促进教与学方式创新等方面的重要作用。

（1）在线精品课程的建设与发展

部分学者专注于研究在线精品课程的初始建设、技术发展以及如何通过技术提升课程质量的过程。国内在线课程的建设经历了网络课程、精品课程、在线开放课程等多个发展阶段，杨晓宏等（2019年，电化教育研究）通过文献分析、专家咨询等方法，对在线课程质量认定指标体系进行了系统的梳理，为保证课程质量提供了重要的理论支持。此外，钱袁萍等（2023年，沙洲职业工学院学报）从国家在线精品课程的初建、运用、维护到申报，详细解析建设的方法、技巧和注意事项，旨在为开展在线精品课程建设的教师提供参考。以上研究强调了在线精品课程建设的重要性和复杂性，以及其在提升教育质量方面的潜力。

（2）在线精品课程的教学模式与方法

本部分研究主要探讨在线精品课程的教学设计、教学模式、教学方法的创新应用及其对提升学习效果的重要作用。邹先容（2017年，湖北工业大学）以武汉职业技术学院为例进行了高等职业院校的慕课教学模式研究；姚玉华（2020年，西华师范大学）通过对2018年的801门国家精品在线开放课程进行研究，发现这些课程在教学方式上以讲授为主，但也采用了多样化的教学内容呈现方式；顾晓薇等（2020年，高教学刊）的研究则聚焦于在线开放课程建设的系统工程，探讨了课程学习对象、教学内容、教学手段等多方面的综合考量；任津瑶等（2023年，中国职业技术教育）以"医学影像诊断学"为例分析了基于问题驱动设计的教学全过程，强调突出教学以学生为中心、以学生认知规律为主线、以思维培养为目标的课程设计主旨，创建"五步递进、情境教学"沉浸式教学模式。

（3）在线精品课程的评价与质量控制

部分学者集中讨论在线精品课程的评价机制、质量控制以及如何通过评价来持续改进课程。方旭（2018年，中国高教研究）通过对首批国家精品在线开放课程的实证分析，提出了改进评价方式和提升课程质量的具体策略；吴华君（2022年，中国职业技术教育）基于扎根理论构建职业教育在线精品课程质量模型，研究发现，内容质量与资源质量是课程质量的基础，团队教师素质、课程教学设计与教学方式方法是课程质量的核心，技术平台作为教师、学生与教学内容的交互环境，是职业教育在线精品课程质量的重要保障；蔡小红（2024年，高教学刊）以诊断学课程为例开展"线上线下混合式翻转课堂""教学做一体化"等教学模式改革，创新"多元化、客观结构化、线上线下融合式、理论实践双轨制、德技课证岗五维融通"的学习考核评价体系机制。总体来说，这些研究强调了建立有效的评价和质量控制机制对于提升在线精品课程质量的重要性。

（4）在线精品课程的资源建设与共享

这部分研究关注在线精品课程的资源开发、整合以及如何实现资源的有效共享。李焕婷等（2020年，包头医学院学报）总结了本校在线课程和教学资源建设应用的情况，并通过数据分析确定未来信息化教学改革的方向；易同贸（2022年，长江工程职业技术学院学报）参照2022年国家职业教育在线精品课程的评审观测指标，提出基于"三段五阶"教学模式和"四度全域"评价体系下的教学资源建设思路；张月（2023年，教育与职业）分析得出高职院校在线精品课程数字教学资源建设普遍存在资源开发与应用能力不足、资源开发主体单一、资源内容形式单一、优质数字教学资源应用共享不均等问题，并给出顶层设计、团队合作等维度的策略。由此可见，这些研究突出了资源建设与共享在在线精品课程建设中的核心地位，以及其对提高教育资源利用效率的重要贡献。

（5）在线精品课程的应用与影响

部分学者关注到在线精品课程的应用情况分析、所面临挑战的影响。任锁平等（2017年，中国教育信息化）针对高职在线开放课程建设与信息化教学改革的应用展开研究；王辞晓等（2020年，现代教育技术）基于文献调研、案例分析等详细梳理国内外高校在线教育的发展脉络，指出高校在线教育在教育服务体系创新、人才培养体系改革、教育资源结构化发展三方面所面临的机遇和挑战；李晓锋（2021年，中国教育信息化）分析得出在线开放课程从建设理念、应用模式、评价标准、建设平台和管理制度等方面都与精品开放课程有较大不同，且充分体现信息技术与教育教学深度融合的发展趋势；何亚军（2021年，黑龙江教育）从课程目标定位、课程内容、教学团队、教学设计、教学条件和资源、教学管理、教学效果等方面对比分析教育部至今开展的各类"精品"课程评审指标设置变化情况，依据NSSE学业挑战度考核指标和泰勒课程原理归纳出提升应用效应的策略。

通过以上文献综合分析，可以发现"在线精品课程"的研究主要集中在课程建设、资源共享、教学改革、技术平台建设、评价机制等方面。研究表明，信息化教育的发展是推动在线精品课程建设的重要动力，同时也是提升教学质量和实现教育公平的关键手段。当前，国家精品课程和在线开放课程的建设已经取得了显著成效，但仍存在一些问题和挑战，如课程分布的不均衡、教学互动质量的提升、资源更新等。

未来研究领域可能包括探索更高效的课程建设和管理方法，如利用大数据和人工智能技术优化课程内容、资源构成、教学方法，以及建立更加完善的在线教学评价和反馈机制。此外，随着技术的不断进步，研究也应关注新兴技术对在线教育的影响，以及如何利用这些技术提升在线精品课程的教学效果和学习体验。

2.2 高职旅游类人才培养模式研究

在教育领域，高职旅游类人才培养模式是一个关键议题，它关系到旅游行业的可持续发展和竞争力提升。随着旅游业的快速发展，对高质量旅游人才的需求日益增加，这对旅游教育体系提出了新的挑战和要求。本综述旨在通过相关文献的梳理，了解高职旅游教育在培养目标、课程设置、教学方法、师资队伍建设等方面的发展历程和当前状况，以及面临的主要问题和挑战，综合分析高职旅游类专业的人才培养模式的现状、问题、发展趋势以及改进策略，并对未来旅游人才培养模式可能的发展方向进行预测和建议，以期为旅游教育的改革和人才培养的优化提供参考和建议。

2.2.1 旅游高职教育人才培养的历史演变

部分国内学者专注于分析旅游高职教育人才培养模式随时间的发展与演变。薛琳琳和彭丽分别从不同时间节点对旅游高等教育的发展进行了综述，揭示了旅游人才培养模式的历史变迁和未来趋势。李新月（2021 年，上海师范大学）通过对上海旅游高等专科学校的个案研究，系统回顾了该校人才培养从起步与探索阶段、改革与发展阶段到提高与深化阶段的历史轨迹和发展动因。由此可见，旅游高职教育的人才培养模式是在不断的历史进程中优化和发展的。

2.2.2 旅游专业人才培养与产业需求的对接

旅游教育人才培养应与时俱进地适应和响应产业需求，培养出适用、好用、能长效就业、有效发展的旅游专业人才，是旅游行业对旅游职业教育的需求所在。魏洁文（2010 年，职教论坛）通过对高职旅游院校毕业生的调查分析，指出了人才培养与市场需求之间存在的差距，并提出了改进建议；曹雨薇（2016 年，上海交通大学）研究了旅游业创新人才培养模式，强调了个性化需求在旅游教育中的重要性，并构建了一套适应市场变化的人才培养策略；翟孝娜（2022 年，齐齐哈尔师范高等专科学校学报）剖析研学产业人才需求的类型及能力要求，提出构建"三横三纵一平台"的人才培养模式。研究可见，旅游专业人才培养的目标和方法需要不断调整以满足不断变化的产业需求。

2.2.3 旅游专业人才培养与课程体系的创新

国内学者也持续关注旅游教育人才培养与课程体系的创新。田娜等（2013 年，旅游研究）综述了旅游教育的研究文献，强调了课程建设与人才培养的紧密联系，并指出了现有研究的不足；白长虹（2019 年，人民论坛·学术前沿）在分析文旅融合背景下的人才培养时，提出了行业人才培养的实践挑战和理论议题，为旅游专业的课程和教学方法创新提供了理论支持；杨承玥（2023 年，高教学刊）研究了基于能力导向的模块化人才培养目标与课程体系，构建通识教育模块、专业基础模块、专业技术模块、专业服务模块和专业拓展模块的课程体系，并阐述专业培养目标、毕业要求与课程体系相互之间的支撑与对应关系；王峥珍（2024 年，淮南职业技术学院学报）分析了产教融合视域下职业院校旅游管理专业课程建设的意义，阐述了产教融合视域下旅游管理专业课程体系构建路径。

2.2.4 旅游专业人才培养模式的比较研究

通过比较不同旅游教育机构的人才培养模式，可研究、总结旅游人才培养模式特点与优势。王琼和王昆欣分别从高职旅游专业的角度出发，探讨了人才培养模式的设计与实施，为比较不同教育机构提供了实践案例。此外，陈萍（2013年，中国人才）在探讨旅游市场需求与人才培养的关系时，也为比较不同培养模式提供了市场视角。刘婷（2023年，高教学刊）选取了荷兰萨克逊应用科技大学和黄山学院两所应用型本科院校作为研究对象，从人才培养目标、课程模块设置、实习实践教学等六个方面进行比较分析。通过比较不同培养模式，可以更清晰地认识到各自的优势和需要改进的地方。

2.2.5 旅游专业人才培养的国际化与本土化

部分学者重点关注旅游人才培养在国际化与本土化方面的平衡与发展。白长虹（2019年，人民论坛·学术前沿）在讨论文旅融合背景下的人才培养时，强调了文化和旅游行业人才培养的创新方向，还提出了国际化与本土化相结合的人才培养策略；李荣（2019年，开封教育学院学报）从国际化对旅游管理人才提出的新要求入手，分析旅游管理专业人才的培养现状并提出优化对策；李莹莹和张宏梅（2023年，旅游研究）利用知识图谱技术，系统梳理了国内外旅游教育的研究进展，指出了国内旅游教育在国际化进程中的不足。研究分析发现，旅游人才培养的国际化与本土化是一个需要不断探索和实践的动态过程。

通过文献综合分析，我们可以发现旅游人才培养模式的研究已经取得了一定的进展。研究者们主要在旅游高等教育的发展、旅游高职教育的人才培养、旅游专业人才培养模式等方面进行了深入探讨。这些研究不仅总结了旅游教育的发展历程，也提出了针对人才培养的多种模式和方法，如专业设置、课程体系、教学方法和师资队伍建设等。此外，还有研究关注到了旅游人才培养与市场需求之间的差距，以及个性化需求对旅游人才培养模式的影响。

随着文旅融合与产教融合的深入发展，旅游人才培养模式需要进一步适应新时代的要求。研究可以关注如何通过教育改革更好地满足旅游产业的实际需求，包括如何强化实践教学、提升学生的创新能力和综合素质，以及如何优化师资队伍以适应行业的快速变化。同时，也可以探讨如何利用现代信息技术来优化旅游人才培养的过程和效果。

2.3 旅游专业课程思政改革研究

近年来，全国各地高校都开始推进课程思政改革，学界也有许多关于课程思政实践探索的文章。"课程思政"是指依托、借助于专业课、通识课而进行的思想政治教育实践活动，或者是将思想政治教育寓于、融入专业课、通识课的教育实践活动。将思想政治教育融入课程教学的各环节、各方面，以"隐性思政"的功用，与"显性思政"——思想政治理论课一道，共同构建全课程育人格局。针对专业教育课程，要根据不同学科专业的特色和优势，深入研究不同专业的育人目标，深度挖掘提炼专业知识体系中所蕴含的思想价值和精神内涵，科学合理拓展专业课程的广度、深度和温度，从课程所涉专业、行业、国家、国际、文化、历史等角度，增加课程的知识性、人文性，提升引领性、时代性和开放性。

以"旅游"和"课程思政"为主题在中国知网查找可得相关研究文章共738篇，最早可以追溯到2013年，吕玉峰提出思政教育如何融入旅游专业教学的论题。相关后续研究从2018年开始不断丰富，尤其是在2020年之后，如雨后春笋般不断涌现。研究集中于以下三个方面：第一，旅游院校的思政育人体系构建，比如许新国、袁明月以河北旅游职业学院为例阐述了高职院校"一二三四大思政"育人体系构建研究，张小斌、吴小平以江西旅游商贸职业学院为例进行了"课程思政"视域下高职"双创"学科建设的思考；第二，旅游管理专业课程思政建设方面，比如贺静以课程思政视角进行高职旅游专业教学改革实践研究，谢雨萍以桂林旅游学院旅游管理专业为例介绍了建设一流专业背景下旅游管理专业课程思政建设情况，鲁红春聚焦"双高"背景下高职院校旅游管理专业课程思政实施路径，何勇、刘玲等针对东中西部319名本专科旅游教师进行问卷调查与访谈来探究旅游类专业课程思政建设现状与实现路径；第三，以课程个案融入课程思政改革的研究居多，如"旅游美学""旅游学概论""旅游英语""中国旅游地理""导游业务""模拟导游""导游词创作与讲解""旅游市场营销学""全国导游基础知识""旅游政策法规""旅游心理学""中国茶艺"等,或者以某课程教学单元为例进行教学实践与思考。

2.4 旅游类在线精品课程研究

从 2003 年建设精品课程,到 2011 年建设精品开放课程,再到 2017 年认定精品在线开放课程,及至 2022 年职业教育国家在线精品课程,我国高等职业教育精品在线课程的概念内涵、理论界定、表现形式、传播途径、实施过程、评价标准、认定机制等内容,既有一脉相承的内在逻辑,也有时代变迁的外延发展。2015 年 4 月 13 日,教育部印发《关于加强高等学校在线开放课程建设应用与管理的意见》,指出大规模在线开放课程等新型在线开放课程和学习平台在全世界迅速兴起,给高等教育教学改革发展带来机遇和挑战。因此,教育界对高职精品在线开放课程提供主体、服务模式、教学设计、资源开发、教学交互、应用绩效、社会影响等问题展开系统深入的研究。比如,戴勇从 2017 年国家精品在线开放课程认定工作切入,分析高职慕课建设的基本特性、应用问题、问题成因与解决策略;禤凤娟进行了广东省高职院校精品在线开放课程评估指标体系构建研究;赵样等探讨了立体化课程资源体系构建;吴白兰针对高职院校精品在线开放课程教学团队的建设进行实践探索,更多的研究聚焦于精品在线开放课程建设的个案,涵盖国家级、省级等不同层次。

纵观我国高等职业教育精品在线课程建设历程和应用现状,不难发现课程建设与应用已经取得丰硕成果,规模效应也在逐步显现,基本形成多学科、多层次、多类型的在线课程体系格局,在拓展教学时空、丰富教学内容、共享教学资源、创新教学活动、变革教学手段、改进教学方法、更新教育理念、提高教育质量等方面发挥了重要影响和积极作用。

2012 年,周春林等就在《旅游论坛》上发表相关论文,以 21 门高职旅游类国家精品课程网站为研究样本,构建以教学资源、技术支持和学习管理为核心的评价指标体系,基于内容与功能来评价高职旅游类国家精品课程。再以"旅游"和"精品在线开放课程"为主题在中国知网查找可得相关研究文章仅 7 篇,且基本围绕单门课程的建设与研究，如"中国旅游地理""酒店英语""模拟导游""前厅服务与管理""旅游服务心理学"等。模糊为以"旅游"和"在线开放课程"为主题查找后有 25 篇，除个例研究外，还涉及教学体验研究、教学效果评价、网络文本视角下的学习者认知研究等，比如姜华以国家精品在线开放课程"前厅服务与管理"为例探讨了校企"双元"育人视角下旅游院校在线开放课程资源的开发与建设、丁春文等探讨了信息技术下在线开放课程"建"与"用"的困境破解等。

结合以上研究综述可知，有关"思政浸润下旅游类在线精品课程建设"还有较广阔的研究空间，因此本教育教学研究项目具有较好的独创性与学术价值。

第三章 3

高职旅游专业人才培养与思政育人的融合与实践

- ★ 3.1 "双高计划"下高职院校人才培养与思政育人
- ★ 3.2 新时代的在线精品课程高质量建设与发展
- ★ 3.3 高职旅游专业人才培养与课程思政的融合
- ★ 3.4 旅游类在线精品课程建设与课程思政的融合实践

第三章
高职旅游专业人才培养与思政育人的融合与实践

近年来，我国高等职业教育得到了快速发展，产教融合、课程思政以及在线精品课程建设成为教育改革的热点。特别是在"双高计划"的推动下，高等职业院校面临着如何有效提升教育质量，培养符合社会需求的高素质技术技能人才的重要任务。旅游管理专业作为高等职业教育的重要组成部分，其人才培养与思政育人的融合与实践显得尤为关键。

在高等职业院校协同培育时代新人的大背景下，本研究致力于凝练旅游专业人才培养与思政育人目标，并探索围绕这一目标的旅游类在线精品课程建设与实践的系统路径。通过重构教学内容、创新教学模式、完善考核评价、优化师资团队等建设维度，本研究提出了一系列具体实践指标和个性策略。在课程思政内容供给方面，进行内涵式开发与数字化建设，构建多形式的立体化旅游类课程思政案例资源库；在教学模式创新方面，提炼"岗课赛证"融通的教学模式，注重职业精神熏陶和实践育人效果；在"三教"改革方面，锤炼教学团队，编著富媒体新形态教材，创新教学方法，并评估相关效能状况。最终，通过教学资源汇集—慕课平台支撑—研究项目链接—师生成果转化—人才培养推进的路径，依托典型范例，深化知识传授与价值引领、显性教育与隐性教育、育才能力与育德能力等三融合，扩大旅游类在线精品课程的思政改革成效。

3.1 "双高计划"下高职院校人才培养与思政育人

随着我国高等职业教育的不断发展，"双高计划"作为国家层面推动高职教育质量提升的重要举措，已经成为引领高职教育创新发展的关键。该计划旨在打造一批高水平的高职学校和专业群，通过优化资源配置、强化内涵建设、提升办学质量，推动高等职业教育与经济社会发展更加紧密地结合。在这一背景下，如何有效整合教育资源，提升专业群的整体实力和影响力，成为高职教育界面临的重要课题。

为了实现这一目标，高等职业院校需要积极探索创新人才培养模式，加强与行业企业的合作，推动产教融合、校企合作，共同构建适应产业发展需求的专业群。同时，要注重提升教师的专业素养和教学能力，打造一支高水平、专业化的教师队伍，为人才培养提供有力的师资保障。

作为高等职业教育的重要组成部分，课程思政的改革目标是将思想政治教育融入专业课程中，通过思政浸润专业课程的学习，引导学生树立正确的世界观、人生观和价值观，增强学生的社会责任感和国家认同感。为了实现这一目标，高等职业院校需要深入挖掘各门课程蕴含的思政元素，推动思政课程与专业课程有机融合，形成协同效应。

具体而言，高等职业院校可以通过以下几种方式推进课程思政建设：一是修订专业人才培养方案，将思政教育目标纳入其中，确保思政教育与专业教育的有机结合；二是加强教师队伍的思政培训，提升教师的思政素养和教学能力；三是创新教学方法和手段，采用案例教学、情境教学等多元化教学方式，增强思政教育的吸引力和感染力；四是完善课程评价体系，将思政教育成效纳入课程评价指标，确保思政教育的有效实施。

综上所述，随着我国高等职业教育的不断发展，"双高计划"的实施为高职教育带来了新的发展机遇和挑战。在这一背景下，高等职业院校需要积极探索创新人才培养模式，提升专业群的整体实力和影响力，并注重推进课程思政建设，培养学生的社会主义核心价值观，为国家的经济社会发展贡献更多高素质技术技能人才。

3.2 新时代的在线精品课程高质量建设与发展

随着互联网技术的快速发展和普及，在线教育逐渐成为教育领域的重要分支。特别是在 2020 年至 2022 年，在线教育更是发挥了重要作用，为广大学生提供了便捷、高效的学习资源。近年来，国家高度重视在线课程建设，出台了一系列政策文件加以引导和支持（见表 3.1）。据统计，自 2018 年以来，我国本科、高职类教育已建成国家级精品在线开放课程 3000 多门，涵盖了各个学科领域。2022 年教育部共遴选职业教育国家在线精品课程 1160 门，其中包含国家精品在线开放课程（高职）复核通过 209 门，新申报获评 951 门。截至 2023 年 5 月 26 日，共有 1104 门已接入国家职业教育智慧教育平台。在高职教育领域，随着"双高计划"的深入实施，在线精品课程的建设数量与质量均实现了显著提升。从国家层面上看，旨在通过优质在线课程资源的开发和共享，提升教育质量，促进教育公平。

表 3.1 在线精品课程国家政策概览

文件名称	文号	核心内容	文件时间
教育部关于加强高等学校在线开放课程建设应用与管理的意见	教〔2015〕3号	提出慕课建设要以"高校主体、政府支持、社会参与"为方针	2015年6月
教育部办公厅关于开展2017年国家精品在线开放课程认定工作的通知	教高厅函〔2017〕40号	认定490门国家精品在线开放课程（高职22门）	2017年7月
教育部办公厅关于开展2018年国家精品在线开放课程认定工作的通知	教高厅函〔2018〕44号	认定801门国家精品在线开放课程（高职111门）	2018年7月
教育部高等教育司关于开展2019年国家精品在线开放课程认定工作的通知	教高司函〔2019〕32号	认定数量在800门左右（高职不超过30%）	2019年7月
教育部等五部门关于加强普通高等学校在线开放课程教学管理的若干意见	教高〔2022〕1号	就加强高校用以认定学分的在线开放课程教学管理，提出意见	2022年1月
教育部办公厅关于开展2022年职业教育国家在线精品课程遴选工作的通知	教职成厅函〔2022〕18号	遴选5000门职业教育在线精品课程，2022年、2023年不少于2000门（中高职推荐比1∶3）	2022年7月
关于深化现代职业教育体系建设改革的意见（中共中央办公厅、国务院印发）	国务院公报2023年第1号	做大做强国家职业教育智慧教育平台，建设职业教育专业教学资源库、精品在线开放课程、虚拟仿真实训基地等重点项目	2022年12月
数字中国建设整体布局规划（中共中央、国务院印发）	—	提出"大力实施国家教育数字化战略行动，完善国家智慧教育平台"	2023年2月
教育部办公厅关于开展2023年职业教育国家在线精品课程遴选工作的通知	教职成厅函〔2023〕26号	2023年拟遴选1000门左右职业教育国家在线精品课程	2023年12月

3.2.1 高职在线精品课程的发展现状

高职在线精品课程在建设过程中，注重课程内容的实用性和创新性，紧密结合行业企业需求，形成了鲜明的专业特色。通过引入企业真实案例、实施项目化教学、开展虚拟仿真实训等手段，有效提升了课程的实践性和吸引力。同时，各课程团队还积极探索线上线下混合式教学模式，实现了教学过程的灵活性与互动性。监测数据显示，被认定的职业教育国家在线精品课程平均资源数达到193个，其中视频类资源占比超过50%，体现了微课等视频类资源稳居在线课程资源的主导地位。高水平的教学团队是保障在线课程质量的关键。高职在线精品课程的建设会聚了一大批具有丰富教学经验和行业背景的教师，他们不仅具备扎实的专业理论知识，还熟练掌握现代教育技术。据统计，被认定的职业教育国家在线精品课程平均教师数量为9.8名，其中副高级及以上职称教师占比超过1/3，企业导师、兼职教师数量也显著增加。2023年职业教育国家在线精品课程遴选观测指标明确指出，专业课"双师型"教师及行业企业兼职教师各具特色，这样的教学团队结构为课程内容的科学性、实用性和创新性提供了有力保障。

尽管高职在线精品课程建设取得了显著成效，但仍存在一些亟待解决的问题。一是课程质量参差不齐。由于高职院校的办学水平和教学资源存在差异，导致在线精品课程的质量也良莠有别。一些课程虽然被认定为精品，但在实际教学中存在内容陈旧、结构混乱、缺乏创新等问题，难以满足学生的学习需求。此外，部分课程的制作水平较低，视频画质模糊、音频效果不佳，影响了学生的学习体验。二是师生互动不足。在线教育的最大挑战之一是实现有效的师生互动。然而，目前许多高职在线精品课程在这方面仍存在不足。一些课程虽然设置了在线答疑、讨论区等功能，但教师回应不及时、学生参与度低，导致师生互动效果不佳。这不仅影响了学生的学习效果，也降低了课程的吸引力。三是学习资源更新缓慢。随着技术的快速发展和知识的不断迭代，高职在线精品课程的学习资源也需要与时俱进。然而，目前一些课程存在学习资源更新缓慢的问题。部分课程的教材、案例、实训项目等长时间未进行更新换代，导致课程内容与实际应用脱节，无法满足行业企业的最新需求。

3.2.2 高职在线精品课程的未来趋势

一是技术创新引领课程升级。随着人工智能、大数据等技术的不断成熟，高职在线精品课程将更加注重技术创新与融合应用。通过引入智能推荐系统、个性化学习路径规划等功能，为学生提供更加精准、高效的学习体验。同时，虚拟现实（VR）、增强现实（AR）等技术的应用也将使在线课程更加生动直观，提升学生的学习兴趣和参与度。

二是产教融合深化课程内涵。"双高计划"的实施为高职在线精品课程与产业界的深度融合提供了广阔空间。未来,高职在线课程将更加注重与行业龙头企业的合作,共同开发基于真实工作场景的教学资源和实训项目。通过校企共建共享课程平台、互聘师资等方式,实现课程内容与行业标准的无缝对接,提升学生的职业素养和就业竞争力。

三是国际合作拓宽课程视野。在全球化的背景下,高职在线精品课程将积极寻求国际合作与交流机会。通过引入国际先进的教育理念、课程内容和教学资源,提升课程的国际化水平。同时,鼓励国内优秀的在线课程走向国际舞台,通过"职教出海"展示中国高职教育的成果与特色,增强国际影响力。

高职在线精品课程的建设与发展是推动高等职业教育高质量发展的重要途径。通过加强课程资源的整合与优化、提升教学团队的专业素养、深化产教融合与国际合作等措施,高职在线课程将不断迈向新的台阶。未来,随着技术的不断创新和应用的不断拓展,高职在线精品课程将在提升教学质量、推动教育公平方面发挥更加重要的作用。

3.3 高职旅游专业人才培养与课程思政的融合

旅游管理专业,作为一个兼具理论性与应用性的学科,其核心目标在于培养具备扎实专业知识、卓越实践技能及高尚职业道德的复合型人才。随着旅游业在全球范围内的快速发展,旅游专业的人才培养模式也面临着前所未有的挑战与机遇。特别是在"课程思政"教育理念日益深入人心的当下,如何将思政教育有机融入旅游管理专业的教学体系,成了一个亟待解决的重要课题。

3.3.1 旅游专业人才培养的现状与挑战

旅游管理专业的人才培养长期侧重于专业知识与技能的传授,忽视了思政教育在塑造学生价值观、职业素养中的重要作用。据统计,我国目前有超过300所高校开设旅游管理专业,但关于如何将思政教育有效融入专业课程的教学研究及在线精品课程建设实践的领域研究相对较少。

3.3.2 课程思政融入旅游专业人才培养的价值与途径

课程思政旨在通过各类课程传授专业知识的同时，融入社会主义核心价值观、爱国主义情怀、职业道德素养和社会责任感等内容，以培养德智体美劳全面发展的社会主义建设者和接班人。对于旅游管理专业而言，课程思政的融入尤为关键。旅游业作为文化交流与传播的窗口，从业人员不仅需要具备专业的服务知识与技能，更需要具备高度的文化自觉与文化自信，深植家国情怀，拥有服务创新意识、团队合作精神以及良好的国际视野与跨文化交流能力。这些素养的培育，离不开课程思政的滋养与引导。

旅游专业人才培养目标应定位于培养具有扎实专业知识、良好职业素养、较强实践能力和创新进取精神的高素质技术技能人才。在具体实施过程中，应注重产教融合，加强与旅游行业的合作，共同制订人才培养方案，确保人才培养质量符合行业需求。通过将思政教育融入专业课程，使学生在学习专业知识的同时，不断提升自身的思想政治素质和职业道德水平。

为了实现旅游专业人才培养与思政育人的有机融合，应注重三个方面：一是将思政教育贯穿于专业人才培养的全过程，确保学生在学习的各个阶段都能接受到思政教育；二是将行业标准和企业需求融入课程思政中，使学生在掌握专业知识的同时，了解并践行行业规范和企业文化；三是通过案例分析、实地考察等教学方法，将行业中的实际案例与思政元素相结合，使学生在实践中深化对思政教育的理解和认同。

3.3.3 课程思政内容供给的创新与实践

（1）内涵式开发与数字化建设

在课程思政内容供给方面，应进行内涵式开发与数字化建设。具体而言，应深入挖掘旅游专业课程中的思政元素和德育资源，将其与课程内容有机融合。同时，还应利用数字化技术，将课程思政内容进行数字化处理，形成多形式的立体化旅游类课程思政案例资源库。这样不仅可以丰富课程思政内容供给，还可以提升学生的学习兴趣和学习效果。

（2）构建多形式的立体化课程思政案例资源库

为了全面丰富旅游类在线精品课程的课程思政内容供给，应构建多形式的立体化课程思政案例资源库。具体而言，可以收集并整理旅游行业中的实际经典案例、服务工匠故事、职业道德典范等素材，将其融入课程思政资源库中。同时，还可以利用虚拟现实、增强现实等先进技术，打造沉浸式的课程思政学习体验，使学生在虚拟环境中接受到更加生动、形象的思政教育。

3.3.4 思政浸润教学模式的创新与实践

（1）"岗课赛证"融通教学模式的提炼

为了实现思政浸润教学模式的创新，应提炼个性化的"岗课赛证"融通的教学模式。具体而言，可以将课程内容与企业岗位需求、专业竞赛要点、职业证书考点等相结合，形成"内外交替，真岗培养"的教学模式，使学生在学习的过程中更好地对接未来实际工作。

（2）注重职业精神熏陶与正确从业价值强化

通过思政浸润教学模式的创新，积极实践"内外交替，真岗培养"，注重职业精神的熏陶和正确从业价值的强化。具体而言，可以在校内课程教学中熏陶旅游行业的优秀企业文化、职业道德规范等，使学生在学习的过程中了解到行业对职业素养和职业道德的要求，通过校外实习实训，在真实的工作岗位上践行责任担当，知行合一，实践成才。同时，通过多种类专业竞赛、职业资格证书考试等方式，引导学生树立正确的从业价值观，提升实践育人效果。

3.3.5 思政浸润"三教"改革的探索与实践

（1）锤炼旅游类课程思政教学团队

教师是"三教"改革的"引擎"，教师的职业素养和职业能力决定着教材改革和教法改革的质量与成败。因此，为了实现思政浸润"三教"改革的探索与实践，首先应锤炼旅游类课程思政教学团队。具体而言，应加强师资培训，提升教师的教学水平和思政素养；鼓励教师参与行业实践，了解旅游行业的最新动态和实际需求；加强团队协作，形成具有凝聚力和创新力的教学团队。通过教学团队的锤炼，为旅游类课程思政的改革提供有力的师资人才保障。

（2）编著融入课程思政的富媒体新形态教材

教材建设是课程建设和教学改革的重要组成部分，是深化"三教"改革的基础、提升教学质量的保障。在思政浸润"三教"改革的探索与实践中，还应编著融入课程思政的富媒体新形态教材。具体而言，一方面通过产教融合汇聚更多具有权威性的行业新标准、新技术、新范例融入教材，另一方面通过专栏的形式将隐性的德育教育显性化，使教材成为传播课程思政的重要载体。同时，充分利用现代科技进行教材内容数字化处理，将文本资料与数字资源交相融合实现教材富媒体化，形成图文并茂、生动形象、体例新颖、资源丰富的新形态教材，提升学生自主阅读的积极性与获得感。

（3）创新浸润课程思政的在线精品课程教学方法

教学方法是实现教学目标的重要手段和工具，教师和教材的改革最终要通过教学模式、教学方法与手段的变革去实现。为了实现思政浸润"三教"改革的全面探索与实践，还应创新浸润课程思政的在线精品课程教学方法。具体而言，可以采用线上线下混合式教学、翻转课堂、案例式教学、体验式教学、沉浸式教学、项目式教学、启发式教学、互动式教学等，使学生更加主动、积极地参与到浸润课程思政的专业学习中。同时，还可以利用大数据、人工智能等先进技术，对学生的学习行为进行分析和预测，为他们提供更加个性化、精准化的课程思政学习服务。

在思政浸润"三教"改革的探索与实践中，还应建立科学的评估指标体系，对师资团队锤炼、富媒体教材创编、教法考核革新等效能状况进行评估。同时，注重收集学生和教师的反馈意见，了解师生对改革措施的认同度和满意度。在对各项改革措施的实施效果进行量化评估与反馈的基础上，不断优化和改进思政浸润"三教"改革的实践路径。

3.4 旅游类在线精品课程建设与课程思政的融合实践

3.4.1 旅游类在线精品课程建设与实践的系统路径

（1）重构教学内容

旅游类在线精品课程的教学内容重构，一方面，要确保课程内容的科学性和前沿性，及时引入最新的旅游行业动态和研究成果；另一方面，应充分挖掘专业课程中的思政元素，如通过介绍中国旅游文化的丰富性，增强学生的文化自信，通过分析旅游业的可持续发展案例，培养学生的环保意识和社会责任感等，使学生在学习专业知识的同时，接受到思政教育。此外，还应注重课程的实用性和针对性，根据不同学生的学习需求和职业发展方向，提供个性化的课程内容。

（2）创新教学模式

正如前面所提及，为了实现旅游类在线精品课程的有效教学，应积极实践个性化的"岗课赛证"融通"内外交替，真岗培养"的教学模式，通过校内教学与校外实践全流程交替，将课程内容与企业岗位需求、专业竞赛要点、职业证书考点等相结合，全方位注重职业精神的熏陶和正确从业价值的强化，使学生在学习的过程中更好地对接实际工作岗位，产生更优的实践育人效果。同时充分利用在线教育的技术优势，采用虚拟现实（VR）、增强现实（AR）等现代技术手段，创设沉浸式学习场景，让学生在体验中学习专业知识，在情境中感受思政教育的魅力。

（3）完善考核评价

考核评价是旅游类在线精品课程建设的重要环节，构建包含专业知识、技能考核与思政素养评价在内的多元化评价体系，以确保课程质量和学习效果的全方位检测。注重过程性评价和结果性评价的结合，既关注学生的学习过程和学习态度，也关注学生的学习成果和实际应用能力。同时，鼓励学生参与社会实践、志愿服务等活动，将思政表现融入考核评价中，确保学生在接受思政教育的同时，也能够得到相应的评价和反馈。

（4）优化师资团队

师资团队是旅游类在线精品课程建设的核心根本力量。从师德师风、教学水平、行业经验、数字素养等多方面锤炼出一批懂专业、钻教学、会建课、能实操、善德育的旅游类"双师型"教师队伍，通过专业群建设、课程资源库建设等项目攻关，夯实团队教学能力、实践能力、协作能力、创新能力和产业服务能力等。

3.4.2 旅游类在线精品课程教学资源汇集与慕课平台支撑

（1）教学资源的汇集与整合

旅游类在线精品课程的有效建设过程，也是各类教学资源的汇集、整合、升级的过程。通过与时俱进地收集并整理旅游行业的最新动态、研究成果、实际案例等教学素材融入课程教学资源库，结合不断更新的各类教学文件资料等，借由慕课平台，将优质的多种类教学资源进行数字化处理，形成在线精品课程的形式，为学生提供更加便捷、高效的学习服务。

（2）慕课平台的支撑与作用

慕课平台可以提供丰富的教学资源、便捷的学习方式和强大的互动功能，使学生能够随时随地进行个性化、系统化学习。作为旅游类在线精品课程的重要支撑，慕课平台发挥着不可替代的作用，并随着慕课平台的功能不断革新（如AI教师、知识图谱等），将产生超乎想象的教育效应。

未来，随着教育改革的持续深入和教育技术的不断进步，通过跨学科合作、国际交流、技术创新等多维度努力，有望构建出一套成熟完善的旅游管理专业在线精品课程体系，既传授专业知识，又厚植家国情怀，为旅游业的高质量发展输送更多德才兼备的人才。旅游专业人才培养与课程思政的融合是一个系统性工程，需要教育者、学者、行业专家及政策制定者等多方面的共同努力，不断探索与实践，以期培养出既具有国际竞争力又富有社会责任感的新时代旅游管理人才。

第四章 4

思政浸润高职旅游类在线精品课程建设与呈现

★ 4.1 金课建设的内涵
★ 4.2 研究依托专业及课程情况
★ 4.3 思政浸润课程的策略与实践
★ 4.4 课程建设效果评估与持续改进
★ 4.5 广东省高等职业教育"课堂革命"典型案例
★ 4.6 广东省高职院校课程思政教育案例

从教育部的相关报告可知，金课就是高质量的课程，具有"高阶性、创新性、挑战度"的特征，金课可分为线上金课、线下金课、混合式金课、虚拟金课、社会实践金课等，它们无一例外均体现出"高阶性"，涵盖了知识能力素质的有机融合，要培养学生解决复杂问题的综合能力和高级思维。本研究以广东省高职院校高水平专业群——河源职业技术学院旅游管理专业群为依托，以国家在线精品课程——"旅行社计调业务"、广东省高等职业教育精品在线开放课程及省高职院校课程思政示范课程——"旅游服务心理学"、广东省高等职业教育精品在线开放课程及省级优质继续教育网络课程——"旅游市场营销"为例，展示研究与实践成果。

河源职业技术学院旅游管理专业已建设从国家级到省级的多门在线精品课程，并在此基础上建设多门课程思政示范课程，已积累较丰富的思政浸润在线精品课程建设的实践实例。以"旅游服务心理学"为例，前期课程建设中，围绕"一个信念，三个提升，三种熏陶，三项修炼"的思政育人目标，即树立"为人民服务"的理想信念，提升"政治认同""文化自信""责任担当"，熏陶"行业自豪""守法诚信""爱岗敬业"，修炼"感恩精神""和谐心态""健全人格"，依据专业特色与课程特点构建课程思政建设体系，以"全员全程全方位育人"为主线，在思政浸润下重构教学内容、创新教学模式、完善考核评价、优化师资团队，较好地解决了"如何深化旅游服务心理学的理实一体、经世致用、与时俱进""如何实现三全育人下学生心理健康维护到文旅职业精神铸造"的问题。因此，依托"旅行社计调业务""旅游服务心理学"等课程建设实践的典型经验，可以进一步提炼出可复制、可推广的思政浸润在线精品课程的建设模式。

4.1 金课建设的内涵

"金课"旨在强调高等教育课程的质量提升与内涵发展，它代表了课程建设与改革的新方向。这类课程不仅注重知识的传授，更强调能力的培养和素质的提升，体现了教育现代化对于人才培养的高标准要求。

一是高阶性。这一特征强调的是课程内容与教学目标的高层次定位。它要求课程不仅是传授知识，更要促进学生将所学知识转化为解决实际问题的能力，特别是面对复杂、综合性问题时的高级思维能力。这包括批判性思维、创新性思维、系统思维等，旨在培养学生的综合素质，使其能够适应快速变化的社会需求，成为具有竞争力的复合型人才。

二是创新性。创新性体现在课程内容的前沿性、教学方法的新颖性以及学习评价体系的改革上。金课鼓励探索新的教学模式，如翻转课堂、项目式学习、合作学习等，以激发学生的学习兴趣，培养其自主学习和终身学习的能力。同时，课程内容须紧跟时代步伐，融入最新科研成果和行业发展趋势，确保学生学到的知识和技能具有时代性和实用性。

三是挑战度。挑战度是指课程对学生的要求不仅满足于基本的学习任务，而是设置适当的难度和挑战，促使学生跳出舒适区，通过努力达成更高的学习目标。这包括增加课程的深度和广度，设置具有挑战性的学习任务和项目，鼓励学生进行深度学习和探索性学习，从而有效提升其学习能力和解决问题的能力。

从分类上来看，金课涵盖了多种形态，适应了不同教学场景和学习需求：线上金课利用互联网技术，提供灵活便捷的学习资源，打破时空限制，实现广泛共享。线下金课强调面对面教学的互动性和实践性，注重深度学习和即时反馈。混合式金课结合线上与线下教学的优势，提供更加丰富多样的学习体验。虚拟金课利用虚拟现实等技术，创造沉浸式学习环境，增强学习体验的真实感和趣味性。社会实践金课强调理论与实践的结合，通过社会调查、实习实训等方式，让学生在真实世界情境中学习和成长。

综上所述，"金课"是高等教育质量提升的重要载体，它通过高阶性、创新性和挑战度的特征，以及多样化的课程形态，致力于培养具有高阶能力、创新精神和社会责任感的高素质人才。

4.2 研究依托专业及课程情况

4.2.1 专业及课程建设基础扎实

本研究依托广东省高职院校高水平专业群——河源职业技术学院旅游管理专业

群，本专业获得中央财政支持高等职业学校提升专业服务产业发展能力项目、是广东省高职院校高水平专业群（第一批）、广东省示范性高职院校重点建设专业、广东省高职教育示范性专业、广东省高职教育重点专业、广东省高职教育优秀教学团队、教育部第三批现代学徒制试点单位、广东省旅游行业技能培训基地、广东省旅游教育先进单位、中国旅游协会旅游教育分会理事单位广东省普通高校创新团队（人文社科）。专业建设有1门国家在线精品课程——"旅行社计调业务"、2门广东省高等职业教育精品在线开放课程——"旅游服务心理学""旅游市场营销"、1门省级优质继续教育网络课程——"旅游市场营销"等，"旅行社计调业务"与"旅游服务心理学"获评河源职业技术学院金课。其中，广东省高等职业教育精品在线开放课程"旅游服务心理学"入选2023年广东省高职院校课程思政示范课程与广东省高职院校课程思政教育案例，为项目研究方法论的提炼奠定了扎实的课程实践基础（见图4.1）。

图 4.1 广东省高等职业教育精品在线开放课程、广东省高职院校课程思政示范课程

（广东省高职院校课程思政教育案例）

4.2.2 思政浸润精品课配套教材建设

编写思政浸润活页式教材《旅行社计调业务》（第二版）已获评国家级"十四五"规划教材（见图4.2），思政浸润工作手册式教材《旅游市场营销》（第三版）与思政浸润活页式教材《服务礼仪与形体训练》（第三版）已入选2023年广东省"十四五"职业教育规划教材行列。

- 富媒体和沉浸式学习资源对接新业态
- 案例教学与实践教学紧密衔接新职业
- 思政元素与项目引领任务构建新体系

课程坚持立德树人，扎实推进信息化教学改革，紧扣旅行社计调岗位能力培养主线，结合旅行社鲜活的案例与项目、VR及动画、旅行社管理软件等，实施项目式教学内容，充分利用行业最新资讯、前沿技能、信息化系统操作等，加强体验为主的富媒体教学内容。

课程配套教材
"十四五"职业教育国家规划教材

图 4.2　国家在线精品课程、配套"十四五"职业教育国家规划教材
（广东省高等职业教育"课堂革命"典型案例）

4.2.3 "内外交替，真岗培养"人才培养模式构建

河源职业技术学院旅游管理专业创新性构建并实施"内外交替，真岗培养"人才培养模式，严格执行课证融通"双证制"（毕业资格证书＋职业资格证书）。针对现代服务类专业突出职业岗位实务操作能力培养的要求，按照"理论实践一体化、实训基地企业化、教学实训项目化、素质培养全程化"的建设思路，深化了"内外交替、真岗培养"的工学结合人才培养模式，依托校内的数字化虚拟仿真实训室和传统仿真实训室，开展基于工作岗位的虚拟仿真训练；依托校内生产性实训基地——万绿湖旅行社大学城营业部、万绿湖研学中心和旅游移动数字化营销中心，以及校外优质的实习基地——长隆欢乐世界、客天下景区、万绿湖景区、东莞青年国际旅行社、深圳中国国际旅行社等，实施基于真实工作岗位的认知和训练（"真岗培养"），同时校企共同设计弹性的学习周期，理论和实践教学交叉开展，校内校外训练交替进行（"内外交替"），全过程渗透职业素质训导，校企"双元"协同，实现学生职业技能和职业素质的双培养与双提高，获得广东省教育教学成果奖二等奖1项，校级教学成果奖一等奖2项。

4.3 思政浸润课程的策略与实践

4.3.1 立德树人：强化职业素养

本研究结合河源职业技术学院的"旅游服务心理学"课程，通过案例分析、角色扮演等教学方法，一方面，引导学生深入理解旅游服务中的心理现象，培养其同理心和服务意识；另一方面，将思政教育元素融入课程教学中，强化学生的职业素养和思政意识。

4.3.2 匠心筑梦：传承工匠精神

在"旅行社计调业务"课程中，通过模拟旅行社岗位实操、团队合作等方式，锻炼学生的协调沟通能力和团队协作精神。同时，结合课程内容，引导学生思考如何在激烈的市场竞争中保持匠心独运，打造独具特色的旅游产品和服务。通过传承工匠精神，激发学生的职业梦想和追求卓越的精神。

4.3.3 技术赋能：创新教学模式

本研究利用现代信息技术手段，如虚拟现实（全景 VR）、大数据分析等，结合"旅行社计调业务""旅游服务心理学""旅游市场营销"等课程，创新旅游类课程的教学模式，依托在线精品课程平台实现教学资源的共享和互动，提高学生的学习兴趣和参与度。同时借助大数据分析精准把握学生的学习需求和偏好为个性化教学提供支持，从而通过技术赋能推动高职旅游类在线精品课程的建设与实践。

4.4 课程建设效果评估与持续改进

4.4.1 效果评估方法与结果分析

对课程思政浸润高职旅游类在线精品课程建设与实践的增值性学习效果采用多元综合评价，评价方面包括学生满意度调查、学习成绩分析、职业素养和思政意识测评等。通过对学生进行满意度调查，我们发现学生对"旅行社计调业务""旅游服务心理学""旅游市场营销"等课程的满意度有了显著提升。学生普遍认为这些课程不仅传授了专业知识，还注重培养他们的职业素养、职业道德、职业伦理等，使他们在学习过程中得到了全面发展；对比实施课程思政浸润策略前后的学生学习成绩，我们发现学生的平均成绩有了明显提高，学生思想意识转变后的主动学习能力更加突出，专业知识与技能掌握更加牢固；课程思政育人成效的检测中，我们发现学生在家国情怀、文化自信、服务意识、团队协作、诚实守信等方面得到了显著提升。通过综合评估，我们全面了解课程思政浸润策略的实践效果，为后续改进提供参考。

4.4.2 课程建设持续改进方向

（1）深化产教融合，优化课程内容

继续深化产教融合，与企业合作共同开发课程内容，确保课程内容与行业需求紧密相连；同时，将根据行业发展动态和学生需求，不断优化课程内容，以保持课程的时效性和实用性。

（2）加强师资队伍建设，提升教师教学水平

为了更好地实施课程思政浸润策略，必须持续加强师资队伍建设，通过培训、交流、项目攻关等方式提升教师的教学水平和思政教育能力；同时，鼓励教师积极参与课程思政研究，不断探索新的浸润式思政教育方法。

（3）完善评估体系，持续改进教学质量

与时俱进地完善评估体系，从多个维度对课程思政浸润策略的实践效果进行评

估。通过定期的教学质量检查和反馈机制,及时发现并改进教学中存在的问题,以确保教学质量的持续提升。

4.5 广东省高等职业教育"课堂革命"典型案例

沉浸式体验·富媒体互动——主题公园旅游线路设计(2021年11月)

案例名称	沉浸式体验·富媒体互动——主题公园旅游线路设计				
一、课程信息					
课程名称	课程编码	课程属性	课程类型	所属专业（代码）	学时
旅行社计调业务	GS081209	☐公共课 ☐专业基础课 ☑专业课	☐纯理论课 ☑理实一体化课 ☐纯实践课	旅游管理（540101）	54

二、案例内容

（一）摘要

2017年始,教育部推动"课堂革命",加快教育向质的提升转变。2020年,"职教二十一条"明确指出,要坚持德技并修、工学结合。高职教育正处于重要的战略机遇期,践行课堂革命、坚持产教融合、打造多元课堂,并努力提升学生自主学习能力是我们的使命与担当。

因此,自2017年起,课程组开展"旅行社计调业务"课堂革命实践。经过4年多的探索,课程已验收为广东省首批高职教育精品在线开放课程、所建学银在线金课（慕课）覆盖学校超100所,也是广东省职业院校高水平专业群——旅游管理专业核心课程。

当前,旅游业的发展,旅游消费方式不断迭代升级。新生代旅游人才的培养需要注入数字新元素,如何更好地利用信息化技术,有效提供富媒体线上学习资源、打造"岗课证赛"融通课堂,成为课程急需解决的问题。

现以课程案例《沉浸式体验·富媒体互动——主题公园旅游线路设计》,展示"课堂革命"的实践过程及效果。本课例针对"学生在旅游线路设计中容易理论与实践脱节、应用知识效率低"等学情现状,将知识碎片化、技能层次化,再借由工作过程系统化,实现知识与技能的有序化,重建内容结构,构建沉浸式体验、富媒体互动的"七步成品法",实现颗粒化程度高、表现形式适当的混合式教学范例。

续表

图 4.3　学银在线省级金课——旅行社计调业务（慕课）

（二）解决的问题

旅游线路设计中旅行社计调工作的核心内容，是将旅游供给方的各种资源（如酒店、景区、交通、餐饮等）通过产品组合与设计，进行资源融合，从而包装成旅游产品，面向游客推广，产生市场效益，其与旅游企业运营利润和有序发展密切相关，也是学生计调职业能力培养的重点。

随着"互联网+""旅游+"的实施，如何使旅游产品设计信息化手段多样化，实现旅游线路设计的针对性、高效性、多样性，是实现课例教学目标的关键点。本课例选取"旅行社计调业务"课程模块二"旅游采购与线路设计"的子任务"主题公园旅游线路设计"（见图 4.4）。

本课例依据人才培养方案，立足智慧旅游对计调人才的需求，结合学生个性鲜明、思维活跃、爱互动表现及实践经验较薄弱的特征，精准分析产品设计岗位标准、校企共同构建课例教学内容，使其更具针对性、实用且有效。运用信息化教学手段，课前对主题公园游客消费意向进行调研，以及主题公园类型甄别，确定以"长隆欢乐世界"为例进行旅游行程主题设计；课中创新性导入旅游景区沉浸式体验、天港成旅行社软件计价与核价、旅游行程海报富媒体设计，对学生作品进行分组展示、师生在线评价，与校内旅行社联动，开展旅游线路推广；课后通过"知识点游戏"进行主题公园知识巩固。

续表

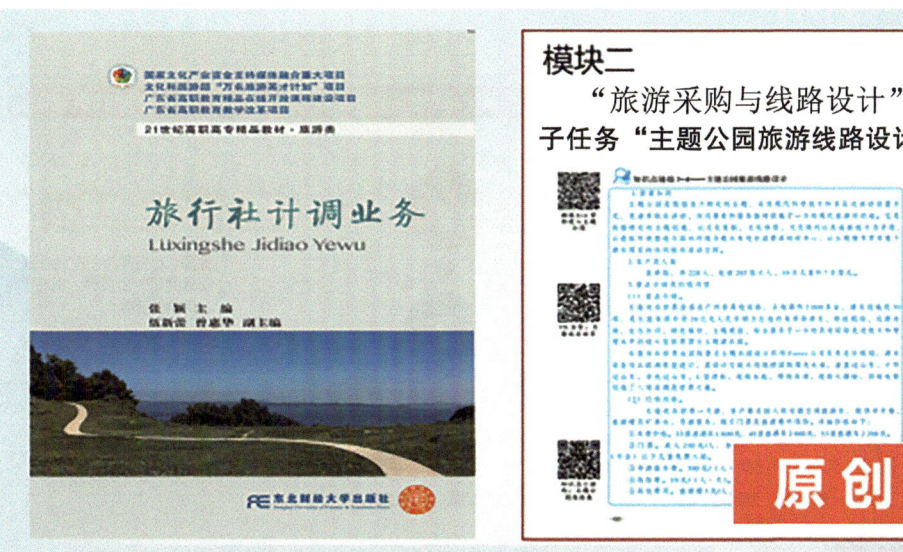

图 4.4 "旅行社计调业务"富媒体新形态教材

（三）问题解决策略（思路、过程和做法等）

1. 问题解决思路

1.1 立德树人，构建项目任务引领式教学流程

课例坚持立德树人，根据职业教育国家教学标准要求，优化课例教学目标，拓展教学内容深度和广度，体现产业发展新趋势、新业态、新模式。课例结合学情分析，扎实推进信息化教学改革，紧扣"主题公园旅游线路设计"能力与知识目标，将课程思政融入其中，结合旅行社鲜活的案例与项目、原创长隆 VR 及动画、天港成旅行社管理软件等，实施项目式教学内容，加强体验为主的富媒体教学内容。

课例以"课程思政有效融入·项目任务式引领·递进式教学实施·富媒体教学资源支撑·企业行业资讯演练·学习过程考核评价"为解决思路，基于"沉浸式体验·富媒体互动"构建项目任务引领式学习任务，贯穿于课前预学、课中导学、课后巩固与拓展（见图 4.5），并做好课程思政内容设计，有机融入工匠精神等育人新要求，培养学生经世济民、诚信服务、德法兼修的职业素养。

续表

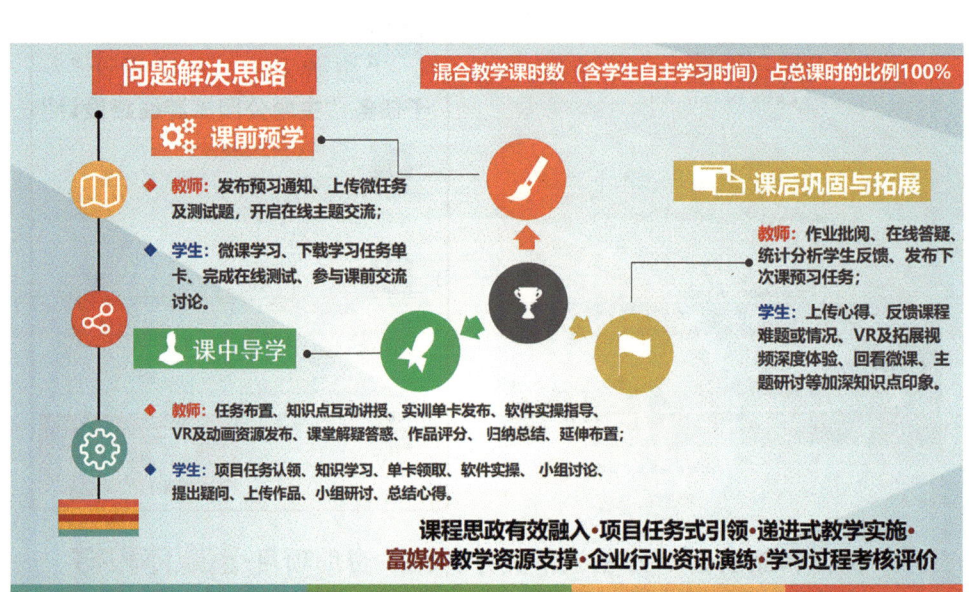

图 4.5　项目任务引领式教学流程

1.2 内容重组，以"七步成品法"聚焦学习重点与难点（见图 4.6）

主体转换。课例应用了各项信息技术与资源的教学设计，将学生有效转换为学习主体，激发学生学习兴趣，提高自主学习能力。

技能提升。根据行业实际情况重组教学内容，以真实工作任务驱动课堂教学，切实提高学生计调业务操作能力。

素质养成。学生通过 VR 体验获取游客思维，通过实操及企业连线等获得行业思维，修炼计调人员职业素养。

效果提升。课例教学融合信息化技术资源，实施"七步成品法"教学过程，使学生快速突破课程重点难点，强化学习系统性与连贯性，实现课程教学目标。

续表

图 4.6 "七步成品法"教学流程

1.3 评价结果实时反馈，启发式、探究式教学方法组织课堂

围绕"一个中心，四个结合"，实施课例教学。具体而言，是指以解决旅行社线路设计实际问题为中心，将课堂项目任务与企业运营实践相结合、将传统教学方法与信息化技术相结合、将专任教师指导与行业导师解惑相结合、将个体学习与小组合作相结合，实现"根据实际情况，设计实际内容，解决实际问题，产出实际作品，看到实际效果"。

2. 问题解决过程

课程授课对象是高职旅游管理专业二年级学生，其已学习专业基础课程，具有一定旅游行业认知能力，熟练并热衷网络信息使用、乐于动手、创意丰富，但缺乏行业实践与客户思维。基于以上学情分析（见图 4.7），重建课例教学内容结构，用信息化教学手段，运用"七步成品法"，贯穿课前预学、课中导学、课后拓展。

续表

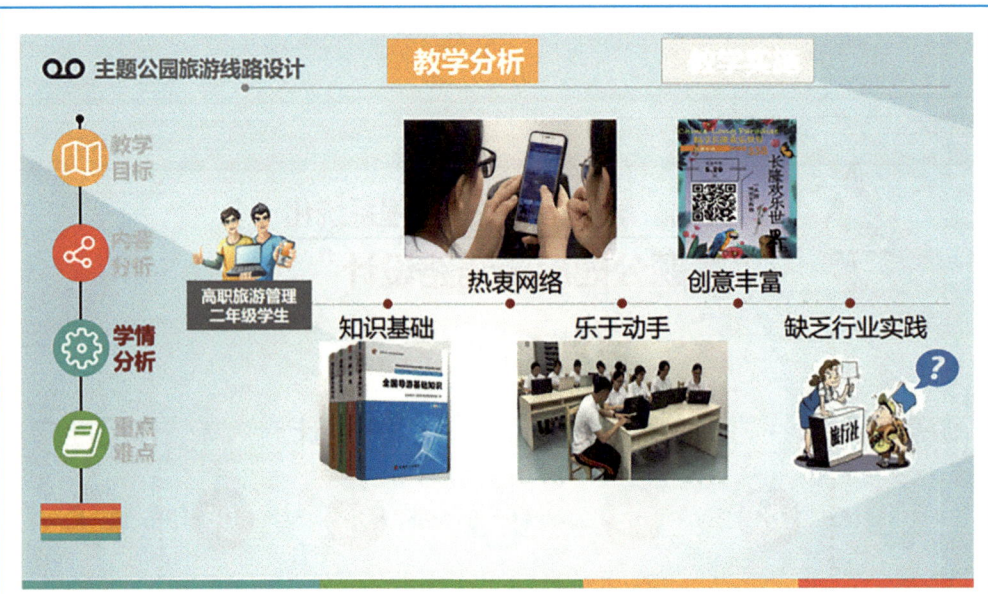

图4.7 学情分析

2.1 课前预学

　　游客调研。利用慕课平台发布课程任务单卡，布置问卷调研获取游客消费意向（见图4.8）。学生通过手机或电脑预习微课，实现碎片化时间学习。课前师生进行线上沟通，教师根据学生的预习反馈情况调整课程计划（见图4.9）。

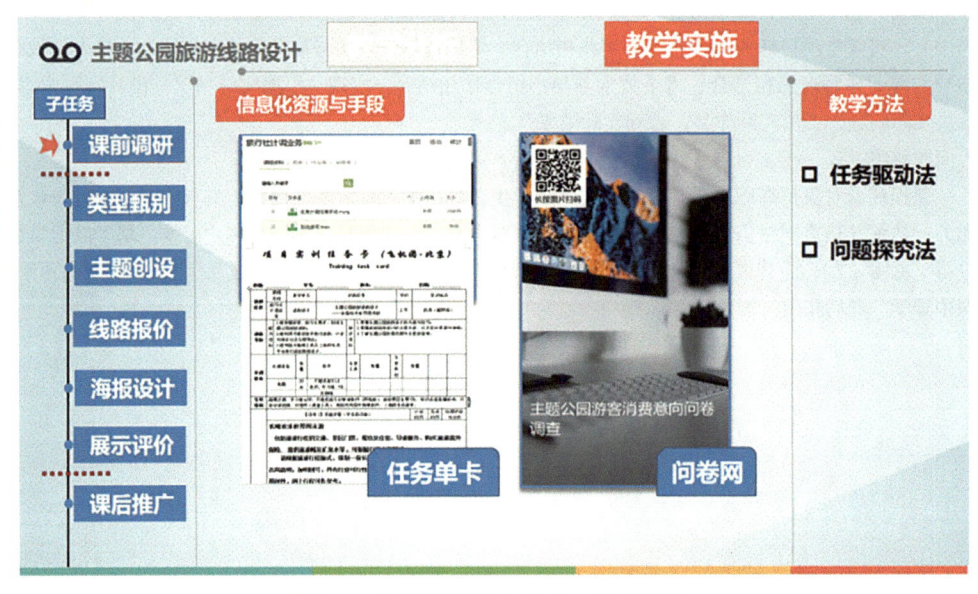

图4.8 课前调研任务单卡、问卷图片

续表

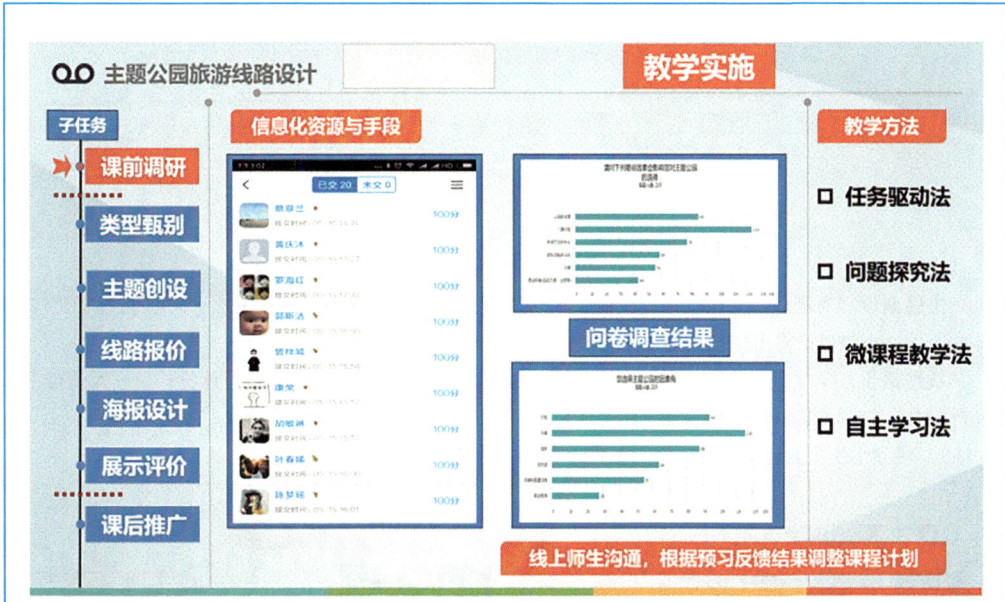

图 4.9 课前调研及预习情况反馈

2.2 课中导学

类型甄别。课上，采用问题探究、小组讨论、互动讲授，借助"知识点连连看"帮助学生甄别实训类型，将课前预学与课中知识点有效对接，明确课程任务（见图 4.10）。

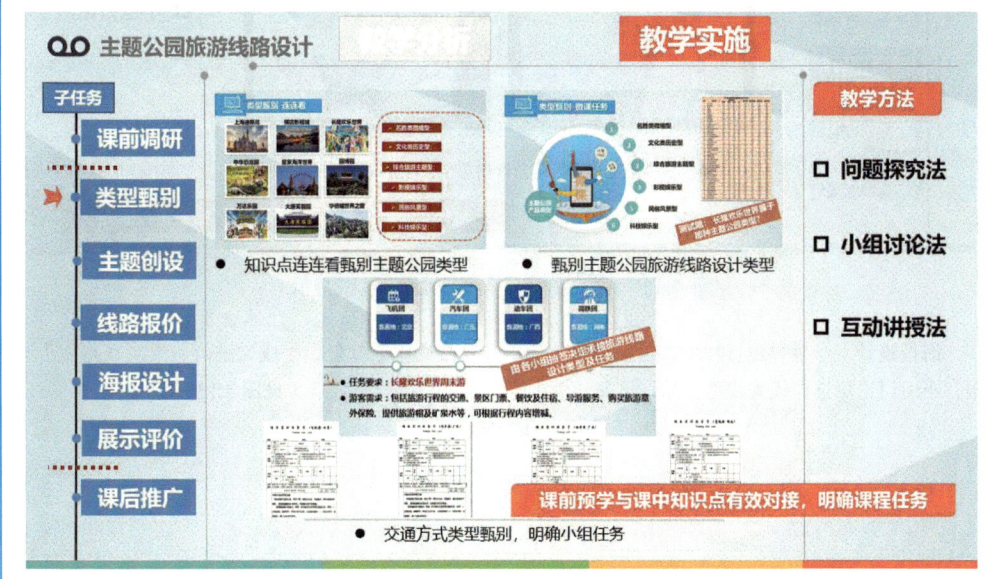

图 4.10 主题公园旅游线路设计类型甄别

续表

主题创设。为增强学生现场体验感受,团队原创"长隆欢乐世界"景区 VR,学生通过"沉浸式体验"后,小组讨论得出体验感受,树立游客体验思维,确定设计主题。

线路报价。学生登录天港成旅行社管理软件"怡游在线"录入行程、进行计价核价,培养学生实际操作、选择判断、自主学习能力,突出教学重点;教师针对性答疑,企业专家连线解惑(见图4.11)。培养学生企业思维,解决问题能力,突破教学难点。

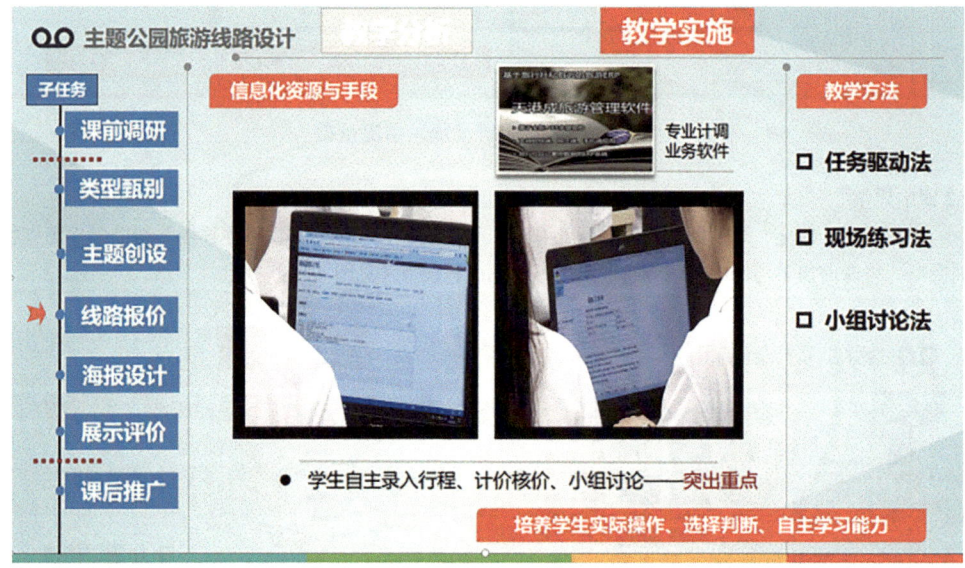

图 4.11　"怡游在线"软件旅游线路报价

海报设计。学生导出行程单,再运用图片编辑及二维码生成软件,生成二维码后绘制线路展示海报,小组讨论后选择优秀线路作品,培养学生创意思维,突出教学重点(见图4.12)。

续表

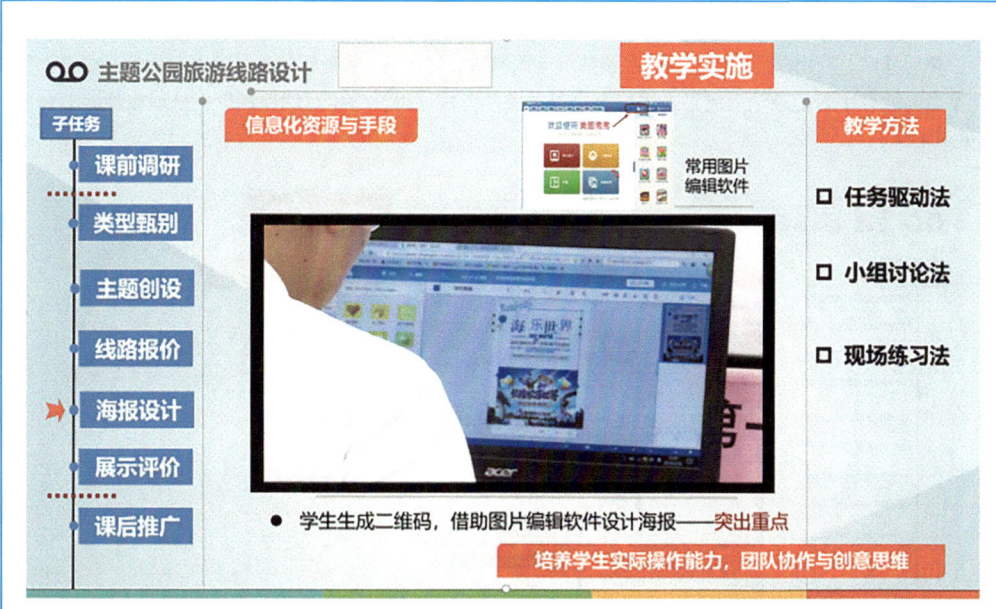

图 4.12　绘制线路展示海报

展示评价。小组海报展示时，师生在学习通中进行评分，结合各组作品汇报、优秀计调的采访及视频连线，展示学生作品及设计心得（见图 4.13）。教师评分后进行针对性点评，强调共性问题解决方法，帮助学生梳理旅游线路设计技巧、学习背景知识、培育审美品读能力，融入工匠精神及诚信服务思政元素。

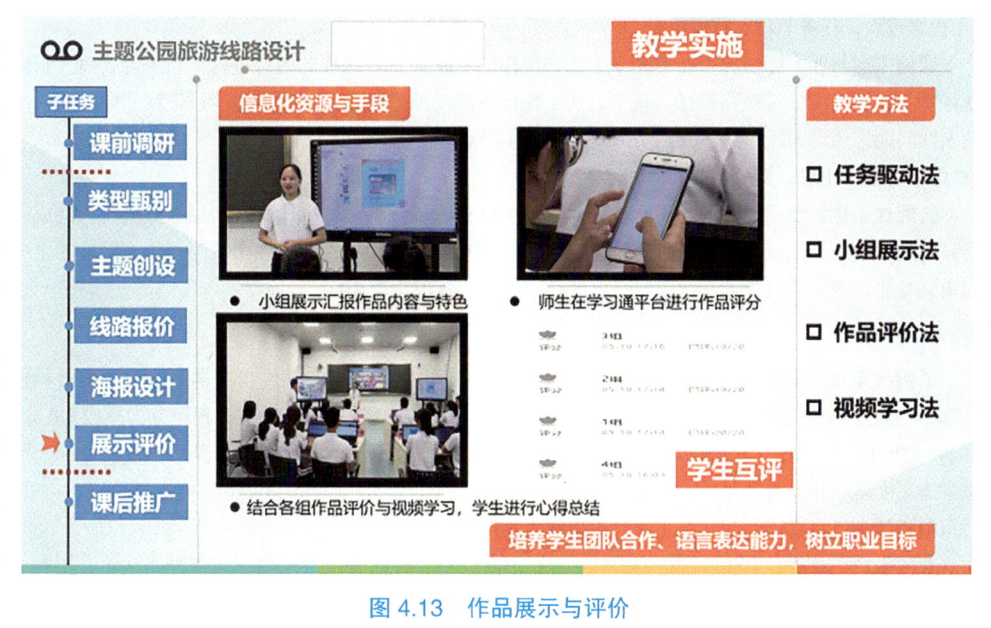

图 4.13　作品展示与评价

续表

2.3 课后拓展

课后推广。利用慕课平台下发作品推广、动画测试、VR深度体验等任务，巩固课堂学习成果。慕课平台与软件平台记录学习成果，进行全过程形成性考核评价，学生对课程评价也呈现在慕课平台上（见图4.14）。

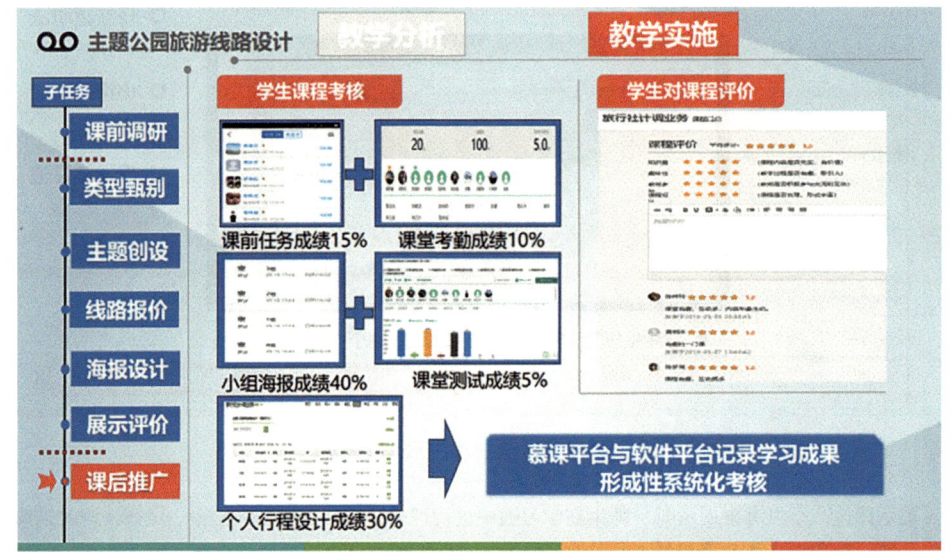

图4.14　学习成绩形成性系统化考核情况

3. 问题解决做法

3.1 内容重组，任务驱动，技能提升

课例依据行业实际情况，在遵循学生认知规律的基础上，对课程的内容进行重新组合，以"长隆欢乐世界主题公园旅游线路设计"这个真实工作任务驱动课堂教学，使得学生通过设计实际线路，解决实际问题，产出实际作品，看到实际效果，切实提高学生计调业务操作能力。

3.2 做中悟，学中思，素质养成

长隆欢乐世界全景VR沉浸式体验时，学生可以获取从游客角度设计线路的思维；进行天港成旅行社管理软件、知识点连连看、优秀计调视频连线等富媒体互动中，面对多个线路报价方案，学生可以得到专业计调人员的指点，厘清线路设计必须考虑的各项关键指标。

（四）实施效果

课例改革成果辐射运用全课程教学，相较于改革前的教学方式，学生自主学习能力、学习积极性和学习效果明显提高。课程教学质量明显提升，2019—2020学年第2学期课程评分为90.2790分、2020—2021学年第1学期课程评分为90.8380分、2020—2021学年第2学期课程评分为92.9040分，教学满意度呈明显上升趋势。

1. 沉浸式教学、富媒体互动，学生学习积极性明显提高

慕课平台、旅行社管理软件、VR全景、知识点连连看游戏等沉浸式教学与富媒体互动，拓展了学生学习的时间维度和空间广度，成功营造了积极、健康、融洽的智慧课堂氛围，学生学习积极性、学习效果明显提高。

续表

一、课程成绩综合情况统计表

班级名称	学生数	0-60分	60-70分	70-80分	80-90分	90-100分	最高分	最低分	平均分	标准差	方差	及格率	优良率
19旅游管理3班	40	0	1	3	32	4	91.87	67.99	86.49	4.63	21.48	100.00%	90.00%
19旅游管理2班	34	0	0	3	28	3	92.48	78.63	85.79	3.27	10.70	100.00%	91.18%
19旅游管理1班	29	0	0	0	26	3	91.14	82.74	86.92	2.29	5.23	100.00%	100.00%

二、课程成绩综合情况对比图

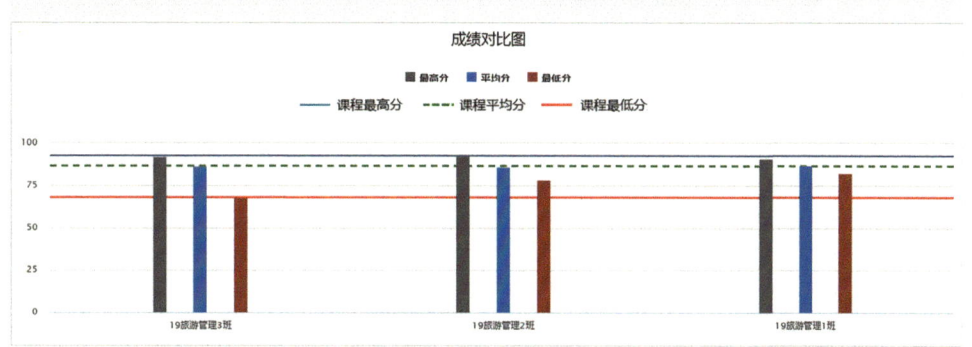

续表

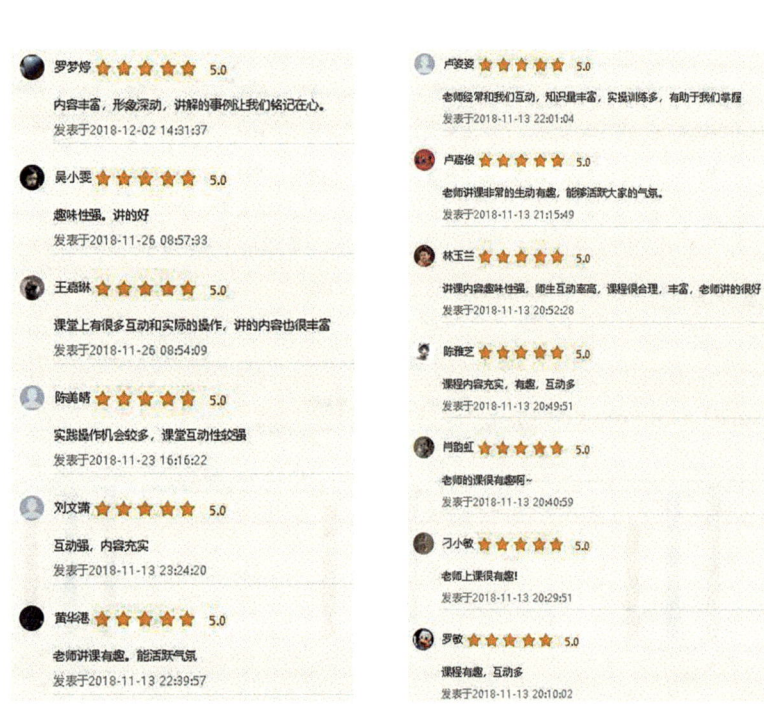

图 4.15　学习效果统计及学生评价范例

2. 富媒体资源赋能教学实施，教学质量优秀

融合了富媒体资源的"七步成品法"教学过程，有效帮助学生突破课程重点难点。学银金课平台及富媒体教材上的教学资源，方便学生根据需要进行差异化自主学习，有利于学生树立学习信心。信息化手段在课前预学、课中导学、课后拓展中充分运用，教学目标可测可评，教学效果清晰直观。自课程改革来，获得历年教学质量优秀，课例获得"河源职业技术学院 2021 年优秀教学典型案例评选一等奖""河源职业技术学院 2021 年教学成果奖一等奖"，课程负责人入选"河源职业技术学院第二届教学名师"。

（五）创新与示范

课程是广东省高职教育精品在线开放课程，也是河源职业技术学院第一批混合教学改革"优秀"课程、"课程思政"示范课程，课例获得广东省职业院校信息化教学大赛二等奖。

续表

广 东 省 教 育 厅

粤教职函〔2021〕5号

广东省教育厅关于公布2020年度省高职教育
专业教学资源库和精品在线开放课程
验收结果的通知

各高等职业院校：

根据《广东省高等职业教育专业教学资源库和精品在线开放课程建设项目管理办法》（粤教高函〔2016〕253号）、《广东省教育厅关于开展2020年度省高职教育专业教学资源库和精品在线开放课程验收工作的通知》等文件要求，经学校申请、专家验收、网上公示等环节，现将2020年度省高职教育专业教学资源库和精品在线开放课程验收结果予以公布。

请有关高职院校组织验收结果为暂缓通过的项目开展整改工作，并主动接受下一年度省项目验收；如下一年度仍不能通过验收或不参加下一年度验收的，撤销立项，并减少国家、省质量工程等项目推荐限额。

序号	学校名称	项目名称	项目负责人	省级立项文号	验收结论
65	河源职业技术学院	塑料材料与配方设计	钟燕辉	粤教职函〔2017〕161号	通过
66	河源职业技术学院	旅行社计调业务	张颖	粤教高函〔2016〕256号	通过
67	河源职业技术学院	采购与供应实务	吴春尚	粤教职函〔2017〕161号	通过
68	江门职业技术学院	综合英语	张晓芬	粤教高函〔2016〕256号	通过
69	茂名职业技术学院	BIM计量与计价	曾浩	粤教职函〔2017〕161号	通过
70	深圳信息职业技术学院	固体废物处理与处置技术	董晓清	粤教职函〔2017〕161号	通过
71	深圳信息职业技术学院	网页创意与艺术设计	杨欣斌	粤教高函〔2016〕256号	通过
72	深圳信息职业技术学院	计算机病毒防护技术	赵静	粤教高函〔2016〕256号	通过
73	深圳信息职业技术学院	环境工程CAD设计与应用	冉治霖	粤教高函〔2016〕256号	通过
74	深圳信息职业技术学院	DotNetWeb编程应用程序实践	黄锐军	粤教高函〔2016〕256号	通过
75	深圳信息职业技术学院	互联网营销实务	纪幼玲	粤教职函〔2017〕161号	通过
76	深圳信息职业技术学院	Android应用开发基础	赖红	粤教职函〔2017〕161号	通过
77	深圳信息职业技术学院	逆向工程与快速制造	刘明俊	粤教职函〔2017〕161号	通过
78	深圳职业技术学院	建筑智能化技术	沈瑞珠	粤教职函〔2017〕161号	通过
79	深圳职业技术学院	城市轨道交通信号	崔宏巍	粤教职函〔2017〕161号	通过
80	深圳职业技术学院	视听语言与剪辑	李大千	粤教高函〔2016〕256号	通过
81	深圳职业技术学院	商业展示设计	熊涛涛	粤教高函〔2016〕256号	通过

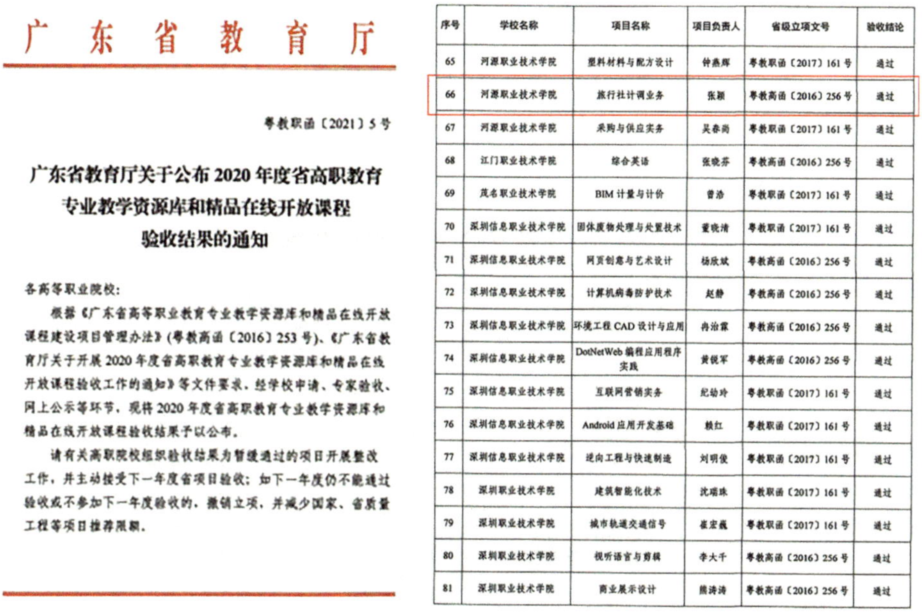

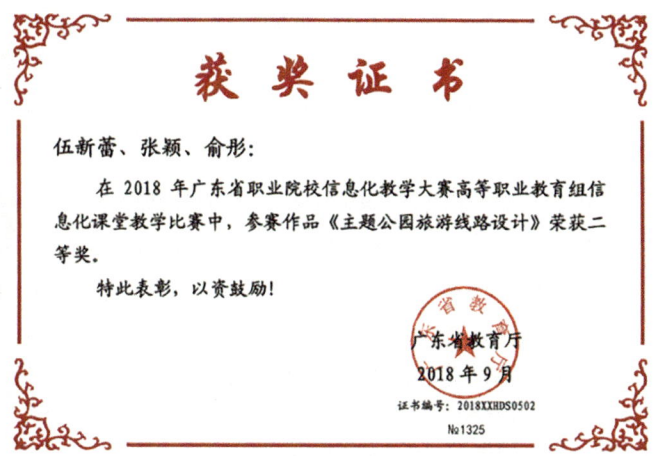

图4.16　广东省高职教育精品在线开放课程（2021年2月通过验收）

获 奖 证 书

伍新蕾、张颖、俞彤：

在2018年广东省职业院校信息化教学大赛高等职业教育组信息化课堂教学比赛中，参赛作品《主题公园旅游线路设计》荣获二等奖。

特此表彰，以资鼓励！

广东省教育厅
2018年9月

证书编号：2018XXHDS0502
№1325

图4.17　广东省职业院校信息化课堂教学大赛二等奖

1. 重德强技，提升学生“责任担当”素养

好的教育应该培养学生成为“责任担当者、问题解决者”，课例通过精心设计，将诚信、责任价值观教育和旅游产品策划与设计有机结合起来，提升学生对国内主题公园的景区认同感，实现旅游学与思政教育的有机契合，培养爱国主义情怀与文化自信。

续表

2. 实践英才，熏陶学生"行业自信"品格

坚持"岗课证赛"融通，通过沉浸式、富媒体资源，产教联动充实教学的"源头活水"，围绕"一个中心，四个结合"实施课程教学，激发学生对旅游行业的认同感和作为旅游从业人员的自豪感（见图 4.18）。

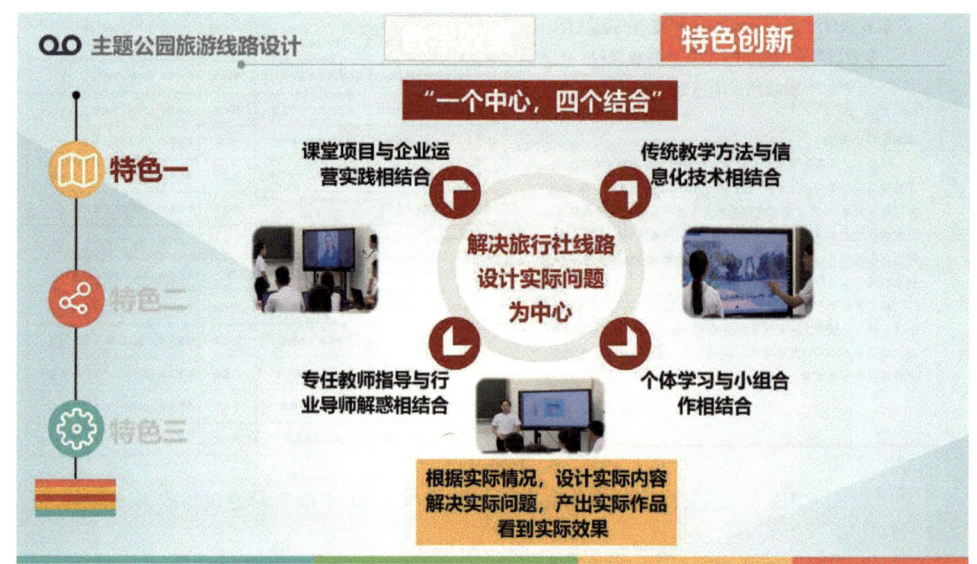

图 4.18 围绕"一个中心，四个结合"实施课程教学

3. 创新驱动，凝聚课程"三教"改革成果

按照"理论实践一体化、实训基地企业化、教学实训项目化、素质培养全程化"的精准育人模式，课例围绕旅行社计调职业核心能力的内涵，通过富媒体资源汇集—慕课平台支撑—沉浸式体验—企业项目链接—设计成果转化，凝聚"三教"改革成果，学银在线金课（慕课）已覆盖学校超100所。

（六）反思与改进

1. 成功之处

（1）遵循职业教育规律，体现"以学生为中心"的教育理念，加强学生旅游线路设计信息化手段运用，实战演练主题公园旅游行程设计、产品报价、海报策划等，沉浸式 VR 体验互动性强、激发学生学习兴趣，解决课程学习重点与难点，实战演练成果显著。

（2）课例实现内容重组、课堂鲜活，并有机融入课程思政，突出"立德树人、产教融合"的职教理念，执行了考核与评价多元化、即时化、科学化。

（3）学银在线省级金课平台、原创沉浸式与富媒体资源、新形态教材等应用和推广价值高。

2. 存在问题

（1）混合式教学改革与实践，需要不断引入优秀产教融合资源进课堂。

（2）部分学生学习的专注力、自主学习能力仍有待加强。

续表

> 3. 改进措施
> （1）注重知识内化与技能外显相结合，注重行业需要与"1+X"考证相结合，注重日常教学与技能大赛相结合，注重校内教学与社会服务相结合，加强产业学院及校企"双师双向"交流，建立"政校行企"四方联动资源汇集机制，继续打造金课平台。
> （2）以"专业、乐业、专注"的"工匠型"旅游职业价值观培养为主线，实施浸润式课程思政改革，提升学生逆商与抗压能力、鼓励学生发挥主观能动性，推动"岗课赛证"融通、评选学习之星等，打造新生代旅游人的培育平台。

 ## 4.6 广东省高职院校课程思政教育案例

锻造职业精神培育课程，为新时代文旅英才铸魂——思政浸润下精品在线开放课程"旅游服务心理学"建设案例（2023年4月）

案例名称	锻造职业精神培育课程，为新时代文旅英才铸魂——思政浸润下精品在线开放课程"旅游服务心理学"建设案例				
一、基本情况①					
负责人姓名	负责人部门和职务	案例类型	依托专业名称、代码	依托课程名称、编码	备注
伍新蕾	河源职业技术学院工商管理学院旅游管理专业专任教师	□学校工作案例 □院系工作案例 □专业（群）建设案例 ☑课程建设案例 □课堂教学案例 □其他案例	旅游管理专业 540101	旅游服务心理学 GS081110	

二、案例内容

（一）摘要

"旅游服务心理学"是广东省高职院校高水平专业群——旅游管理专业群重点建设核心课程、省级精品在线开放课程、校级课程思政优秀示范课、校混合教改金课，得到文化和旅游部"万名旅游英才计划"支持。

---

① 案例如为专业（群）建设案例，应填写依托专业名称、代码；案例如为课程建设案例、课堂教学案例，应填写依托课程名称、编码。

续表

在党的二十大精神指引下,深入贯彻落实教育部提出"着力培养担当民族复兴大任的时代新人",实施"时代新人铸魂工程"的要求,本课程秉承"课程思政浸润精品在线开放课程建设"宗旨,结合新时代国情、企情、学情,围绕"一个信念,三个提升,三种熏陶,三项修炼"育人目标,以"一条主线,四个维度,六个结合"构建课程思政建设体系,以"全员全程全方位育人"为主线,重塑课程内容、创新教学模式、完善考核措施、优化课程团队,注重行业需要结合学生需求,注重知识内化结合技能外显,注重校内课堂结合校外实践,注重日常教学结合竞赛考证,注重校企双元结合师生共建,注重积极心理培育结合职业精神铸造,较好解决传统课程理实结合薄弱等问题,将学生培育为文旅行业思想觉悟高、家国情怀深、职业道德好、专业素质硬、身心均健康的技术技能型人才,锻造出校企共育、校际共建、多维融合浸润式文旅职业精神培育课程,通过学银金课及富媒体教材辐射院校,通过社会服务、人才输送辐射行业。

(二)解决的问题

自"旅游服务心理学"课程立项为广东省精品在线开放课程、校级课程思政示范课程等以来,课程团队结合国情,针对紧密合作的文旅企业、优秀毕业生、在校生等进行广泛的课程调查,对比传统"旅游服务心理学"课程建设与教学实施现状,总结出以下两点待解决问题。

1. 如何"深化旅游服务心理学的理实一体、经世致用、与时俱进"的问题

依据高职《旅游管理大类专业教学标准》,"旅游服务心理学"是高职旅游管理专业学生的必修课程,也是一门涉及能否为游客提供入心服务的核心课程,在旅游类人才培养中的作用主要体现在完善学生系统知识结构,形成心理服务意识,掌握心理服务技巧,提升综合职业素养。课程具有明显的学科交叉性、综合性、实用性等特点,基础理论涉及普通心理学、社会心理学、管理心理学、旅游学、哲学、美学等。传统的"旅游服务心理学"课程多以学科知识体系为线索,理论概念深奥、内容繁多,重理论轻应用,案例更新滞后,德育提炼不足。

通过对与我校稳定合作的文旅企业调查可知,无论是传统旅行社、旅游景区,还是研学中心、文旅投资公司,四类文旅企业均提到"旅游服务心理学"务必突出"理论运用于实践""培养学生透过服务对象的外在表现发掘其真正的内在心理诉求""把握大众旅游需求心理及变化趋势是旅游产品设计及旅游服务的重要前提""旅游从业人员如何感知他人心理及做出积极应对""希望这门课程成为专业心理服务知识学习、实操技能学习的综合运用课程"。东莞市青年国际旅行社有限公司、东莞市东远旅行社有限公司、广东万绿湖旅游经营管理有限公司、河源市客邑文化旅游投资有限公司四家文旅企业代表性公司课程企业需求调研表格,如图 4.19 所示。

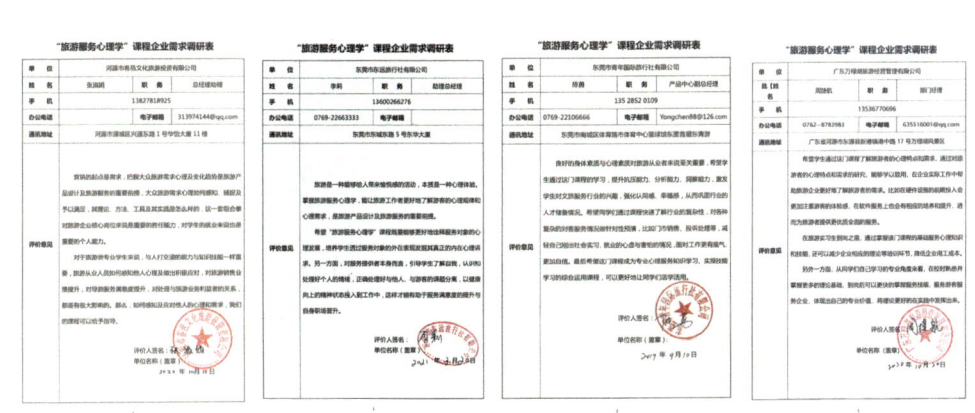

图 4.19　代表性"旅游服务心理学"课程企业需求调研表格

通过毕业生的课程调查与在校生的课前调查，发现学生同样关注"学以致用""心理学如何运用于旅游工作实际""希望参与多、互动多、实操性强的教学方式来玩中学"等（见图 4.20）。

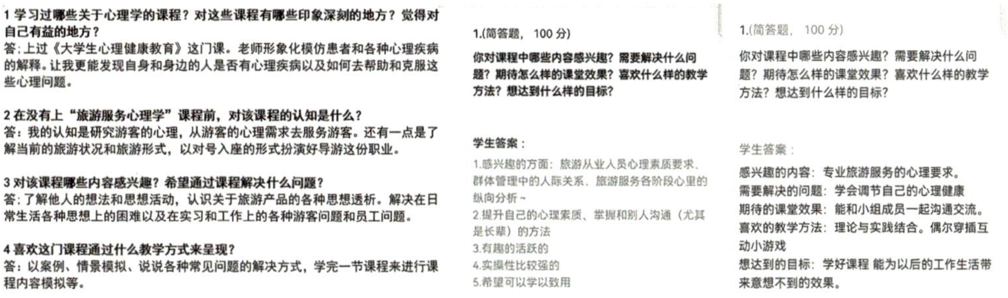

图 4.20　学生课前需求调查范例截图

围绕党的二十大提出的"坚持以人民为中心的发展思想"，乡村振兴不断深化，文旅融合逐步深入，全域旅游全面推进，生态文明落地生根，中国的文旅行业强调"以游客为中心"的服务理念，关注人民的幸福旅行体验，为实现"中国式现代化"而奋斗。随着5G时代加持，旅游人工智能、虚拟增强现实的不断强化，语音讲解、人脸识别、VR 导览、AR 旅游、全息投影、服务机器人、数字营销等新技术将使旅游体验更新奇，在线旅游、数字化产品、线上文博等新业态层出不穷，个性化、品质化、智慧化已经开始成为旅游产品和服务升级的主方向。

这样变革的数字文旅时代，面对行业"理论运用于实践"的要求、学生"学以致用"的诉求，"旅游服务心理学"课程急需内容解构、体系重塑、与时俱进地调整，在思政浸润下进行课程教学内容重构、教学模式方法创新、思政内容供给优化等，从而培养学生经世致用、实践成才。

续表

2. 如何"实现三全育人下学生心理健康维护到文旅职业精神铸造"的问题

习近平总书记在党的二十大报告中指出"青年强，则国家强"，强调"全党要把青年工作作为战略性工作来抓"，寄语广大青年"立志做有理想、敢担当、能吃苦、肯奋斗的新时代好青年"。2021年11月29日，教育部召开全国高校学生心理健康教育工作推进会，部署推动高校学生心理健康教育工作高质量发展，怀进鹏部长表示要"把全面加强和改进学生心理健康教育工作作为培育担当民族复兴大任的时代新人的重要内容"，强调"教育是培养人的事业，让广大学生更加健康阳光，是落实立德树人根本任务的应有之义，要加强源头治理，全面培育学生的积极心理品质"。大学生心理健康教育工作是高校立德树人中心工作的一个重要内容，需要贯彻三全育人理念，系统化加强高校心理健康教育工作。

学生通过大一的"大学生心理健康"课程已经了解个体心理保健的重要性。人的心理维护是一个不断持续的过程，有些原生家庭、人生事件、社会交往带来的心理状况可能会伴随其一生。如果在青少年时期，学生的心理状况被看到、被疗愈，那将会受益终身。"旅游服务心理学"课前调研显示，学生关注"心理学如何帮助我们更好成长，面对各种困境""工作时如何保持良好情绪""面对工作压力，我们该如何调整"等。而课程的开学第一课中，学生的"房树人"心理绘画就充分呈现出来个体心理健康度的差异。

图 4.21　学生课前需求调查范例截图与学生"房树人"心理绘画心理展示范例

新冠肺炎疫情期间，不可回避的现实是文旅行业发展受到一定程度影响，校企同气连枝，从高校旅游管理类招生数量可见一斑。随着文旅行业提振复苏，企业课程需求调研显示，企业需要"激发学生对文旅服务行业的兴趣，强化认同感、幸福感，从而巩固行业人才储备情况""提升抗压能力、分析能力、洞察能力""改善学生对文旅行业服务价值理解"等。

综上所述，贯彻三全育人理念，务必将"旅游服务心理学"等专业类职业应用心理学课程自然融入高职院校心理健康教育体系，在维护好学生心理健康的基础上锻造学生的职业精神，实现从身心健康的个体人到满溢行业情怀的职业人的升华。

续表

（三）问题解决策略（思路、过程和做法等）

1. 解决思路

"旅游服务心理学"课程意识形态鲜明，具有融心理学、旅游学、管理学、哲学、美学等为一体的课程特点，为"课程思政"的有效融入提供广阔平台。本课程既注重旅游服务人员工匠精神的培养、职业心理的培育，也注重对学生"四个意识"与"四个自信"的德育浸润，更注重学生正确的世界观、人生观、价值观的养成。

"厚德强技，奋发敬业"是河源职业技术学院校训，结合高职办学定位、旅游专业特色与人才培养要求，培养新时代旅游青年热爱美丽中国、中华文化、旅游专业，勇担时代大任，成长为文旅行业思想觉悟高、家国情怀深、职业道德好、专业素质硬、身心均健康的技术技能人才。

围绕"一个信念，三个提升，三种熏陶，三项修炼"的思政育人目标，即树立"为人民服务"的理想信念，提升"政治认同""文化自信""责任担当"，熏陶"行业自豪""守法诚信""爱岗敬业"，修炼"感恩精神""和谐心态""健全人格"，依据专业特色与课程特点构建课程思政建设体系，以"全员全程全方位育人"为主线，在思政浸润下重构教学内容、创新教学模式、完善考核评价、优化师资团队，注重行业需要与学生需求相结合，注重知识内化与技能外显相结合，注重校内课堂与校外实践相结合，注重日常教学与竞赛考证相结合，注重校企双元与师生共建相结合，注重积极心理培育与职业精神铸造相结合，从而解决"如何深化旅游服务心理学的理实一体、经世致用、与时俱进""如何实现三全育人下学生心理健康维护到文旅职业精神铸造"的问题。

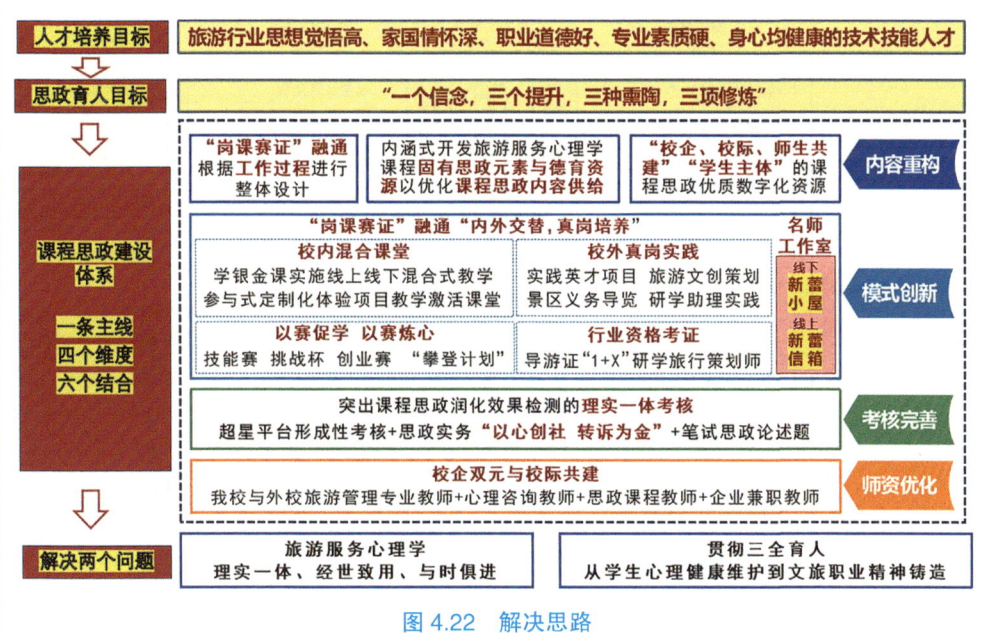

图 4.22 解决思路

续表

2.解决过程和做法
（1）在课程思政浸润下重构教学内容
①课程思政有机融入课程整体设计

　　课程结合旅游产品设计、前台销售、导游带团的工作过程来进行课程整体设计，以"旅游产品设计→旅行社前台产品展示与出售→旅游行程中心理服务→员工心理素质训练与调适"为线索依次组织教学，提炼"导游员""研学导师""旅游策划师"等岗位要求、"导游技能大赛""研学旅行竞赛""旅游文创策划赛""挑战杯"等竞赛要点、"国家导游资格证""1+X研学旅行策划与管理职业技能等级标准""旅行策划职业技能等级标准"等证书考点融入课程内容。

　　在行动导向与因材施教的教学理念下，"以学生为主体"，从解决学生困惑出发，分析中国旅游发展的新技术、新业态、新模式的前沿案例，理论结合实践，从心理学的角度来揭示旅游服务中产品设计、营销推广、咨询接待、体验服务等客我互动实质，及心理调适成长途径，培养学生良好的服务意识和服务心理，树立"为人民服务"的理想信念，拥有勇敢面对服务困境的决心，努力掌握旅游心理服务知识，用心打磨对客心理服务技能，做专研服务艺术的行业工匠。修炼文化创新传承精神，多方面渗透文明旅游精神，培育学生经世济民、诚信服务、德法兼修的职业素养，帮助学生形成正确的旅游从业价值观。将爱国、诚信、责任价值观等教育和旅游服务心理学有机结合起来，将价值塑造、知识传授和能力培养紧密融合。

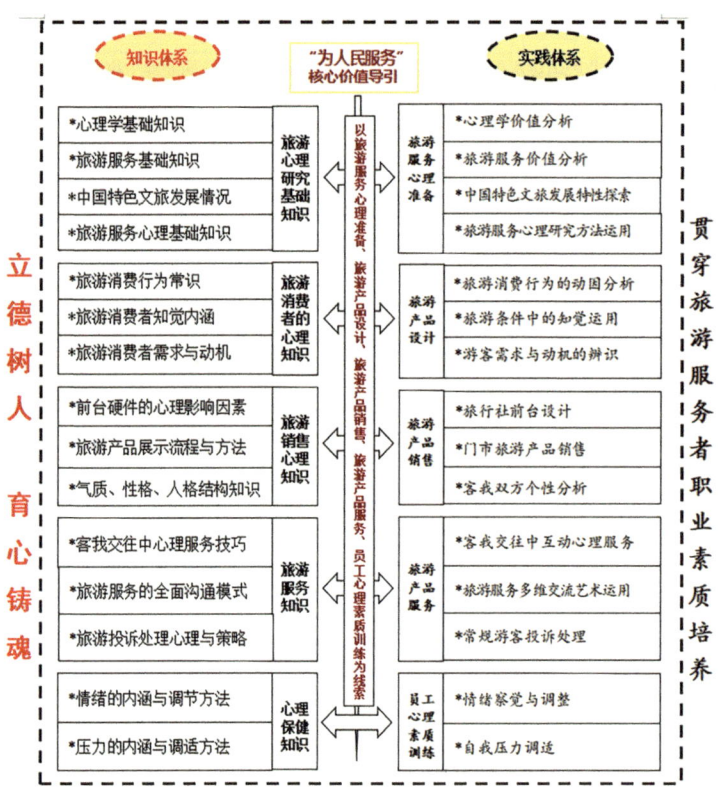

续表

```
• 三个提升："政治认同""文化自信""责任担当"
• 三种熏陶："行业自豪""守法诚信""爱岗敬业"
• 三项修炼："感恩精神""和谐心态""健全人格"
```

图 4.23　"旅游服务心理学"课程思政浸润教学内容整体设计

表 4.1　价值塑造、知识传授与能力培养综合展示

价值塑造	■ 引导学生坚定无产阶级信仰，坚定中国共产党领导的信念，树立"为人民服务"的理想信念与红色精神传承意识，树立正确的世界观、人生观、价值观； ■ 引导学生热爱美丽祖国，树立强烈的爱国主义意识，强化国家自豪感、国家归属感、民族自信心； ■ 引导学生建立文化自信，树立传统文化传承意识、文旅资源保护意识、生态环境保护意识； ■ 培养学生的社会责任意识、团结协作意识和大局观； ■ 激发学生对旅游行业的认同感和作为旅游从业人员的自豪感； ■ 引导学生树立遵纪守法、依法服务、诚信服务的职业道德准则和行业规范以及文明旅游服务意识，具有正确的旅游从业价值观； ■ 培养学生对客服务的专业意识与职业素养，形成首问负责制的服务自觉性，养成爱岗敬业、认真负责、谦虚谨慎、精益求精的服务工匠精神； ■ 引导学生自我反思，觉悟人生意义，提升情商与逆商，形成积极、乐观的健康心理状态，塑造健全人格，实现身心和谐健康全面发展
知识传授	■ 认知心理学的内涵与价值，了解心理学三大学派，掌握旅游服务的心理理论基础与研究方法； ■ 了解旅游行业时事与政策，认知旅游产品内涵与特性，深刻理解服务的价值； ■ 理解旅游消费行为心理背景，掌握当前旅游消费者行为发展趋势； ■ 掌握旅游消费者的知觉属性，理解旅游服务中心理定式的借鉴意义，对旅游交通、住宿、旅游目的地等知觉内容； ■ 掌握马斯洛需求层次理论在旅游产品设计中的运用法则，理解游客的"三求心理"； ■ 掌握游客旅游动机的内涵与分类； ■ 掌握旅游服务场景设计的心理原则，了解色彩心理学； ■ 掌握旅行社门市接待流程，掌握旅游产品出示的步骤与方法； ■ 理解游客气质、性格的基本类型，掌握对应的服务沟通方式； ■ 掌握双重服务内涵，理解旅游服务双方心理互动形式与状态原则；

续表

	续表
知识传授	■ 掌握带团过程中不同时期的心理服务技巧，了解团队调控的心理服务技巧； ■ 掌握全面的服务语言沟通艺术，理解微动作心理学的内涵，掌握基本的身体语言表现方式； ■ 理解游客投诉的心理需求，掌握投诉处理的步骤和方法； ■ 理解情绪的内涵，理解中国黄帝内经中"情志相胜法"，掌握情绪察觉与调整的技巧，掌握构建安全的心理技术； ■ 理解压力的正向意义，掌握自我压力调适的方法，掌握身心舒压的技巧
能力培养	■ 养成时刻关注游客需求，换位思考的能力； ■ 拥有旅游消费者行为的分析与判断能力； ■ 养成文旅产品创意捕捉能力与精准宣传能力； ■ 拥有满足游客关注点的线路主题挖掘能力； ■ 养成完善的旅游产品介绍与展示能力； ■ 养成针对不同游客的个性辨识力与针对性的服务力； ■ 养成良好的导游心理服务能力； ■ 养成较好的景区工作人员心理服务能力； ■ 形成全面完善的语言服务沟通能力； ■ 形成稳定的情绪调整能力； ■ 形成较好的自身抗压能力与逆境反弹能力； ■ 形成灵活应变能力、交际沟通能力、组织协调能力

②全面丰富课程思政内容供给

对"旅游服务心理学"课程固有思政元素与德育资源的内涵式开发。遵循课程逻辑，内涵式深挖课程固有的思政德育资源，回归课程育人的价值本身，启发学生系统性思考。

讲好中国文旅行业时事与特色文旅资源，坚定"四个自信"，浸润家国情怀。

展示中国旅游巨大成就、新技术、新业态和新模式，培养学生关注时事、旅游行业、国家发展的习惯，坚定"四个自信"，胸怀理想、志存高远、立足本职、报效祖国。

讲好中华民族企业与非遗活化等典型案例，勇担传承责任，培养创新精神。

选择中华民族企业、品牌国货、故宫文创、非遗文化等典型案例分析，让学生感悟中华文化之博大精深，激励学生勇于承担民族文化传承使命，开拓学生的文化活化创新能力。

讲好特殊社会背景下的文旅行业时事，提升抗压逆商，修炼阳光心态。

结合艰难时期文旅企业变革案例与心理调整故事等，强化国家自豪感与归属感，强调给点阳光就灿烂的旅游业特性，坚定职业理想，提升抗压与逆商，帮助学生关照自我内心，觉悟人生意义，保持健康心理。

讲好文旅行业服务工匠事迹，营造同辈榜样，塑造积极正向的从业价值观。

"校企共建课程资源"，技能大师、企业专家进微课堂，让学生受到工匠精神熏陶，树立爱岗敬业、精益求精的职业理念，领悟"为人民服务"的崇高境界，树立正确的旅游从业价值观。

续表

图 4.24　技能大师、企业专家拍摄的课程思政优质数字化资源截图

"优秀校友回校园",品学兼优的毕业生、在校生参与现场教学、微课拍摄,树立看得见的同辈榜样,实现"同辈学习圈"激励效果,增强学生全面健康发展的自信。

图 4.25　毕业生、在校生拍摄的课程思政优质数字化资源截图

讲好成长故事,深化感恩情怀,传承优秀家风。

学习气质、性格等人格要素,认识并完善自我,感恩父母、感谢社会,客观看待原生家庭影响,理解不同类型的人相互影响才形成丰富的世界,养成和睦相处、团队协助的意识。

③思政浸润优质数字资源建设

在国家文化产业资金支持媒体融合重大项目、广东省高职院校高水平专业群、广东省高职精品在线开放课程等项目资助下,校企双元导师、师生双方主体共同开发建设优质数字资源。

"旅游服务心理学"课程思政优质数字化资源的亮点体现在"校企共建""校际共建""师生共建""学生主体",包括校企双元导师在校内外实践教学基地拍摄的多场景、多种类的高质量微课,以及师生小信箱兼互动式微课、学生主体的服务情境再现微课、优秀毕业生服务情景剧微课等。河南职业技术学院文化旅游学院以及吉安职业技术学院旅游学院相关课程授课教师也参与到课程微课脚本拟定、动画制作等工作,加强校际联动教研活动,合力进行资源开发。

续表

图 4.26 "以学生为主体"的课程思政优质数字化资源截图

目前课程拥有课程思政优质数字化资源包括课程思政课堂教学实录、课程整体设计介绍视频、课程宣传片、动画、多种类微课、交互式课件及动态视频等。代表性课程思政优质数字化资源如表 4.2 所示：

表 4.2 "旅游服务心理学"学银在线平台代表性课程思政优质数字化资源

教学模块	教学单元	资源类型	微课名称	思政元素
开学第一课	1.1 课程介绍	综合性资源	课程宣传片	大国公民 服务工匠 从业价值观
	1.2 测试调研	交互式课件及动态视频	探索表象系统	文明沟通 社会和谐
	1.3 "房树人"心理绘画	出镜类（春沐源小镇外景拍摄）	走进神奇的艺术心理疗愈	文化自信 修身养性 美学浸润
		出镜类（春沐源小镇外景拍摄）	神奇的艺术心理疗愈之绘画疗愈（上）	健康审美 身心健康 人格健全
		出镜类（春沐源小镇外景拍摄）	神奇的艺术心理疗愈之绘画疗愈（中）	健康审美 和谐心态 人格健全
		出镜类（春沐源小镇外景拍摄）	神奇的艺术心理疗愈之绘画疗愈（下）	健康审美 身心健康 人格健全

续表

教学模块	教学单元	资源类型	微课名称	思政元素
第一模块 认知旅游服务心理	2.1 单元一 认知心理学（课前自主学）	交互式课件及动态视频	西方现代心理学的主要流派	经世致用 厚德载物
	2.1 单元一 认知心理学（课中一起学）	出镜类（影棚抠像）	认知心理学	经世致用 厚德载物 心怀大爱
	2.2 单元二 认知旅游服务心理（课前自主学）	出镜类（影棚抠像）	西方现代心理学的三大流派势力	经世致用 厚德载物
	2.2 单元二 认知旅游服务心理（课中一起学）	出镜类（影棚抠像）	认知旅游服务心理	经世致用 行业自信 责任担当
第二模块 认知文旅服务	3.1 单元一 认知旅游服务（课前自主学）	出镜类（影棚抠像外景综合）	以游客为中心的服务原理（上）	爱岗敬业 责任担当 胸怀大爱
		出镜类（影棚抠像外景综合）	以游客为中心的服务原理（下）	服务工匠 责任担当 胸怀大爱
	3.1 单元一 认知旅游服务（课中一起学）	出镜类（影棚抠像）	认知旅游产品	民族自信 行业自信 国际视野
	3.2 单元二 文旅发展新动向（课前自主学）	动画类	文旅融合	国家自信 文化自信 行业自豪
	3.2 单元二 文旅发展新动向（课中一起学）	出镜类（影棚抠像）	研学旅行之理论篇	行业自信 家国情怀
		出镜类（客天下研学外景拍摄）	研学旅行之访谈篇	行业自信 责任担当
		动画类	全域旅游	行业自信 经世致用

续表

教学模块	教学单元	资源类型	微课名称	思政元素
第二模块 认知文旅服务	3.2单元二 文旅发展新动向（课后共成长）	出镜类（影棚抠像）	漫谈中国旅游的前世故事（上）	家国情怀 行业自信 文化自信
		出镜类（影棚抠像）	漫谈中国旅游的前世故事（下）	家国情怀 行业自信 文化自信
第三模块 旅游产品设计的心理透视	4.1单元一 旅游消费行为的心理分析（课前自主学）	交互式课件及动态视频	旅游消费行为的心理背景	国家自信 经世致用
	4.1单元一 旅游消费行为的心理分析（课中一起学）	出镜类（影棚抠像）	旅游消费行为心理分析	诚信服务 责任担当
		动画类	智慧旅游	行业自信 经世致用
	4.2单元二 旅游消费者知觉分析（课前自主学）	出镜类（影棚抠像）	认知心理定式	诚信服务 健全人格 和谐心态
	4.2单元二 旅游消费者知觉分析（课中一起学）	出镜类（影棚抠像）	基于知觉的旅游线路交通设计	诚信服务 德法兼修 爱岗敬业
		出镜类（影棚抠像）	晕轮效应巧应用	文化自信 诚信服务
	4.2单元二 旅游消费者知觉分析（课后共成长）	动画类	趣谈错觉	经世致用 诚信服务 和谐心态 文明旅游
	4.3单元三 旅游消费者需求动机分析（课前自主学习）	交互式课件及动态视频	辨析旅游动机	家国情怀 爱岗敬业 诚信服务 文明旅游

续表

教学模块	教学单元	资源类型	微课名称	思政元素
第三模块 旅游产品设计的心理透视	4.3 单元三 旅游消费者需求动机分析（课中一起学）	出镜类（谭木匠门店外景拍摄）	一把梳子背后的匠心	文化自信 工匠精神 诚信服务 传承创新
		出镜类（影棚抠像）	从敦煌现象看游客需求	家国情怀 文化自信 爱岗敬业 责任担当 传承创新
		动画类	定制旅游	诚信服务 经世致用 爱岗敬业
第四模块 旅游产品展示出售的心理服务	5.1 单元一 服务场景的心理影响（课前自主学）	交互式课件及动态视频	色彩心理学初探	健康审美 和谐心态 经世致用
	5.1 单元一 服务场景的心理影响（课中一起学）	出镜类（影棚抠像）	服务场景与游客心理	文化自信 爱岗敬业 健康审美
	5.2 单元二 旅游产品规范展示（课前自主学）	出镜类（好世界旅行社拍摄）	旅行社门市接待流程与心理服务技巧（上）	诚信待客 服务工匠 爱岗敬业
	5.2 单元二 旅游产品规范展示（课中一起学）	出镜类（好世界旅行社拍摄）	旅行社门市接待流程与心理服务技巧（下）	德法兼修 服务工匠 爱岗敬业
	5.2 单元二 旅游产品规范展示（课后共成长）	动画类	选择障碍症	家国情怀 坚定初心 责任担当 健全人格

续表

续表

教学模块	教学单元	资源类型	微课名称	思政元素
第四模块 旅游产品展示出售的心理服务	5.3 单元三 客我双方气质与性格分析（课前自主学）	交互式课件及动态视频	人格特征与旅游服务	健全人格 感恩精神 爱岗敬业
	5.3 单元三 客我双方气质与性格分析（课中一起学）	出镜类（影棚抠像）	原来如此——气质与性格的解疑	健全人格 感恩精神 和谐心态
		出镜类（影棚抠像）	揭开自我的面纱	家国情怀 健全人格 坚定初心 和谐心态
		出镜类（影棚抠像）	人格结构与心理成熟	健全人格 责任担当 和谐心态
	5.3 单元三 客我双方气质与性格分析（课后共成长）	动画类	多元智能	文化自信 健全人格
		出镜类（影棚抠像）	埃里克森的人格发展八阶段理论	健全人格 和谐心态
第五模块 旅游行程中的心理服务	6.1 单元一 客我交往，找准时机（课前自主学）	交互式课件及动态视频	旅游服务的心理环境	爱岗敬业 首问负责 和谐沟通
	6.1 单元一 客我交往，找准时机（课中一起学）	出镜类（影棚抠像）	不同时期游客心理需求与服务技巧	行业自信 和谐沟通
		出镜类（影棚抠像）	旅游团队骚动的心理分析与处理	责任担当 爱岗敬业 和谐沟通

续表

教学模块	教学单元	资源类型	微课名称	思政元素
第五模块 旅游行程中的心理服务	6.1 单元一 客我交往，找准时机（课中一起学）	出镜类（影棚抠像）	旅游团队的中心人物	爱岗敬业 首问负责 和谐沟通
		出镜类（影棚抠像）	游客购物心理与服务技巧	文化自信 诚信待客
		出镜类（客天下酒店外景拍摄）	酒店客房体验心理与服务策略	服务工匠 爱岗敬业 诚信待客
		出镜类（影棚抠像）	旅游者过激行为成因分析（上）	诚信待客 德法兼修
		出镜类（影棚抠像与外景拍摄结合）	旅游者过激行为成因分析（下）——"蝴蝶拍"体验	健全人格 和谐心态 责任担当
	6.1 单元一 客我交往，找准时机（课后共成长）	出镜类（影棚抠像）	群体心理之从众心理	健全人格 坚定初心 和谐心态 责任担当
	6.2 单元二 言行一致，全面沟通（课前自主学）	出镜类（影棚抠像）	基于PCA人格理论的交往沟通模式	和谐沟通 健全人格 责任担当
	6.2 单元二 言行一致，全面沟通（课中一起学）	动画类	微动作心理学	健全人格 经世致用 德法兼修
		出镜类（影棚抠像）	微动作心理学的运用	和谐沟通 诚信待客
		出镜类（影棚抠像与外景拍摄）	倾听的内涵与技巧	和谐沟通 经世致用 首问负责

续表

续表

教学模块	教学单元	资源类型	微课名称	思政元素
第五模块 旅游行程中的心理服务	6.2 单元二 言行一致，全面沟通（课后共成长）	动画类	沟通模式	健全人格 经世致用 和谐沟通
	6.3 单元三 转危为机，处理投诉（课前自主学）	出镜类（影棚抠像）	游客异议的理论分析（上）	爱岗敬业 和谐心态
		出镜类（影棚抠像）	游客异议的理论分析（下）	爱岗敬业 和谐心态
	6.3 单元三 转危为机，处理投诉（课中一起学）	出镜类（影棚抠像与外景拍摄）	游客投诉心理分析与处理策略（上）	服务工匠 和谐心态 经世致用
		出镜类（万绿湖外景拍摄）	游客投诉心理分析与处理策略（中）	服务工匠 和谐心态 德法兼修
		出镜类（万绿湖外景拍摄）	游客投诉心理分析与处理策略（下）	服务工匠 和谐心态 文明旅游
	6.3 单元三 转危为机，处理投诉（课后共成长）	动画类	沟通拖延症	和谐沟通 健全人格 责任担当
第六模块 员工心理素质训练与调试	7.1 单元一 情绪察觉，状态调整（课前自主学）	交互式课件及动态视频	情绪劳动及管理	爱岗敬业 和谐心态 经世致用
	7.1 单元一 情绪察觉，状态调整（课中一起学）	出镜类（影棚抠像）	情绪的认知与管理	健全人格 和谐心态

续表

续表

教学模块	教学单元	资源类型	微课名称	思政元素
第六模块 员工心理素质训练与调试	7.1 单元一 情绪察觉，状态调整（课中一起学）	出镜类（影棚抠像与外景拍摄）	构筑我的安全地	健全人格 和谐心态 感恩精神
	7.1 单元一 情绪察觉，状态调整（课后共成长）	出镜类（影棚抠像）	与焦虑和平共处	健全人格 和谐心态 抗压逆商
	7.2 单元二 身心舒压，美好绽放（课前自主学）	动画类	同伴压力	和谐心态 奋发进取 抗压逆商
	7.2 单元二 身心舒压，美好绽放（课中一起学）	出镜类（影棚抠像）	旅游职业压力与应对策略上之理论篇	和谐心态 奋发进取 抗压逆商
		出镜类（中正健康外景拍摄）	旅游职业压力与应对策略中之营养篇	身心健康 国家自信 抗压逆商
		出镜类（重塑普拉提外景拍摄）	旅游职业压力与应对策略下之运动篇	体育精神 身心和谐 抗压逆商
		出镜类（影棚抠像）	严与爱结合的旅游企业员工管理	行业自信 爱岗敬业 抗压逆商
		出镜类（春沐源小镇外景拍摄）	闻香治愈——香氛的秘密（上）	家国情怀 健康审美 身心和谐
		出镜类（春沐源小镇外景拍摄）	闻香治愈——香氛的秘密（中）	文化自信 健康审美 身心健康
		出镜类（春沐源小镇外景拍摄）	闻香治愈——香氛的秘密（下）	家国情怀 文化自信 和谐心态

续表

（2）在课程思政浸润下创新教学模式

"互联网+"教育新时代的精品在线开放课程具有共享范围广、受益学生多等特点，坚持立德树人与以文化人，以课程思政浸润精品在线开放课程的建设势在必行。以课程思政示范课融合省精品在线开放课建设为契机，依据"课程思政浸润精品在线开放课程建设"的宗旨，实施"岗课赛证"融通"内外交替，真岗培养"。

校内课堂采用学银金课慕课端实施线上线下混合教学，运用"参与式定制化体验感"项目教学法激活课堂，重过程、重实践、重体验，多样化、融合性地强化学生知识与技能储备，积极践行"岗（导游、研学导师、旅行策划专员等）课（'旅游服务心理学'等）赛（技能赛、创业赛、'挑战杯'与攀登计划）证（国家导游资格证、'1+X'研学旅行策划与管理职业技能等级标准、旅行策划职业技能等级标准等）"融合育人。剖析"1+X"多项证书考核标准，融入行业岗位要求，强化课程实用性、适用性，将职业技能大赛、创新创业大赛、"挑战杯"大赛、"攀登计划"项目等训练要求融入课程教学内容中，课程任务与备赛要点融会贯通，让所有学生都拥有展示自我的机会。学生用碎片时间"课前自主学"，师生互动"课中一起学"，齐心实现"课后共成长"，全过程强化思政浸润，达到润物细无声的教学效果。

图4.27 "旅游服务心理学"课程思政浸润课堂教学理念、模式与方法

续表

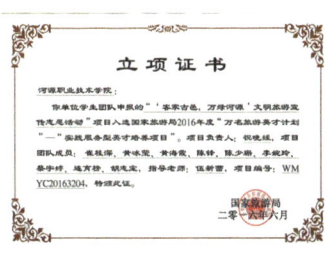  

图 4.28　国家实践英才项目　　图 4.29　实践英才进企业活动　图 4.30　新生游万绿湖导览出发

校外实践依托国家旅游局（现文化和旅游部）"实践英才项目""河职院新生游万绿湖""客家古村仙坑研学旅行""万绿湖风景区义务导览"等真实实践任务与实践基地社会服务，提升学生心理服务实战能力，夯实学生心理服务综合实践运用能力。

图 4.31　被记录进我校宣传片"永恒一日"中的校外导览实践活动

依托"新蕾名师工作室"构建课内课外、线上线下的心理交流小空间。开学第一课完成"房树人"心理绘画，结合学生们绘画分析、课堂表现与课间交流，初步了解每一位学生的当下心情状况，每学期、每一届、每一位学生的绘画全部认真分析并私信沟通，根据反馈情况，分类别进行微信交流、课间沟通、"新蕾小屋"座谈等，帮助大家及时进行心理状态调整。配合线上"新蕾信箱"收集学生的生活烦恼、学习困惑、实习困境等小信件，及时帮助大家解决问题、疏导心理，"新蕾小屋""新蕾信箱"已经成为学生们放心倾诉、寻求帮助的小"树洞"。同时，收集到的典型案例，已经以匿名的形式融入线上微课，普惠更多学生。此外，根据每学期学校心理咨询中心进行的全校学生心理健康量表调查结果，做好重点同学的关注，及时捕捉学生最新情况，配合辅导员、学院二级心理保健站、学校心理咨询中心进行科学识别、实时预警、专业咨询、妥善应对、协同联动、增强合力，精准干预学生各类心理问题，全力维护学生心理健康。

续表

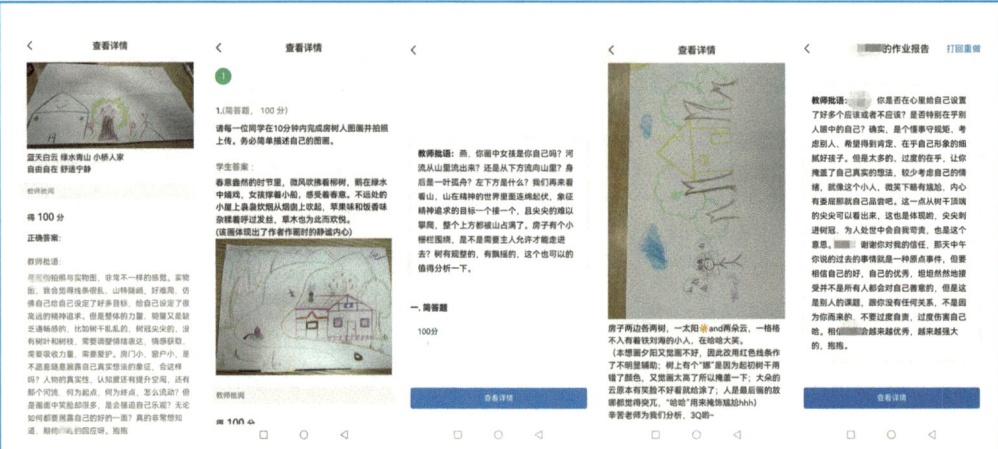

图 4.32　学生"房树人"绘画作业与分析反馈沟通截图

图 4.33　精心打造"新蕾名师工作室"

图 4.34　"新蕾小屋"亦师亦友交流

图 4.35　"新蕾信箱"真实故事分享

（3）在课程思政浸润下完善考核评价

本课程突出课程思政润化效果检测的理实一体考核，重过程、重实践、重体会，评价考核融过程考核和结果考核为一体，既关注学生思政教育的结果，也关注学生思想意识形成和发展的过程。

整体考核＝形成性过程考核（40%）+思政实务考核（30%）+终结笔试考试（30%）。形成性考核主要以学生课前、课中、课后（或活动前、活动中、活动后）对思政元素的理解程度、在旅游活动中对心理学知识与技能的综合应用能力等为依据，思政实务考核主要以学生准备的基于职业过程的思政元素理解和理念践行的作品与分享等为主，考核终结笔试考试设计强调心理知识技能和思政元素的记忆、内化、运用。

续表

依托超星学银平台实现即时评价与结果评价，形成量化考核结果。形成性考核的思政项目任务、测试、讨论占 40%。比如“3 分钟心理小课堂”小组讨论任务，以学生为主体，每周以小组为单位，课前寻找大家喜闻乐见、希望解决的服务心理话题音频上传超星平台，课程中由该小组同学播放并组织大家在超星平台与课程现场进行讨论，上传小组与发表讨论同学均给予加分；“房树人”绘画个人展示任务，学生在老师引导下完成绘画并上传超星平台，解释自己的绘画；旅游定制师模拟任务，每个小组同学分别扮演游客与旅游定制师，分别接受服务与为他组服务，模拟结束后总结游客需求并设计线路主题，进行“游客满意度”模拟评分。

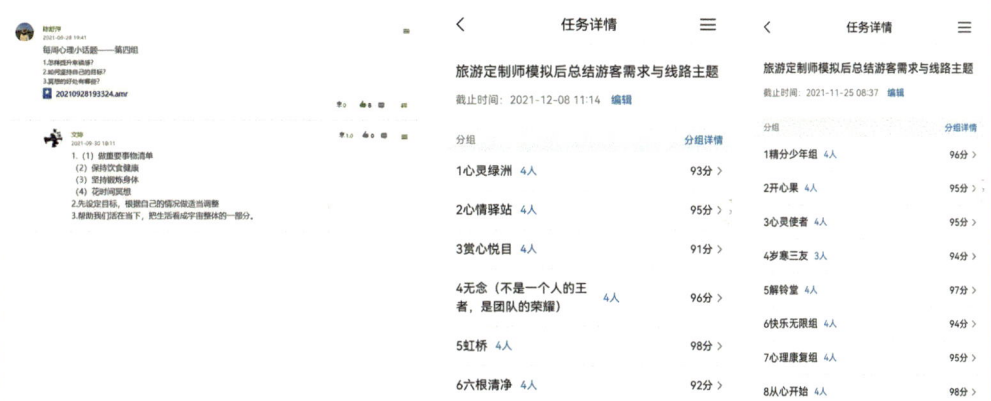

图 4.36 “3 分钟心理小课堂”小组讨论任务以及旅游定制师模拟任务超星展示截图

实务考核包括“以心创社”——关注游客体验的旅行社门市设计展与“转诉为金”——游客投诉处理服务情景剧两项。“以心创社”与“转诉为金”评分量表中涉及“为人民服务”理念、服务艺术、文化创新传承、团队合作等元素占 51%。

设计主题（30 分）	在“为人民服务”的核心价值指引下，体现关注游客体验提升的设施设备（15 分）
	蕴含地方文化特色，具有创新设计点（10 分）
	符合定位城市和游客群体需求（5 分）

考核项目	评分标准
剧本内容（20 分）	在“为人民服务”的核心价值指引下，遵循“以游客为中心”的投诉处理原则来设计投诉处理流程，投诉案例分析透彻，游客心理把握准确，投诉处理策略设计得当（10 分）
	剧本内容完整，包括主题、角色、台词、道具、小组成员承担的任务分工等描述，体现团队合作（6 分）

投诉处理情景还原程度（20 分）	处理游客投诉的真实过程符合实际服务场景、投诉剧本（3 分）
	表演中充分使用标准礼貌服务用语，与他人交流流畅，用言行展示出“服务艺术”（10 分）
	角色定位清晰，表演自然，充分展示角色特点（3 分）
	小组成员各司其职，用心准备，表演配合默契，情景剧观赏度高（4 分）

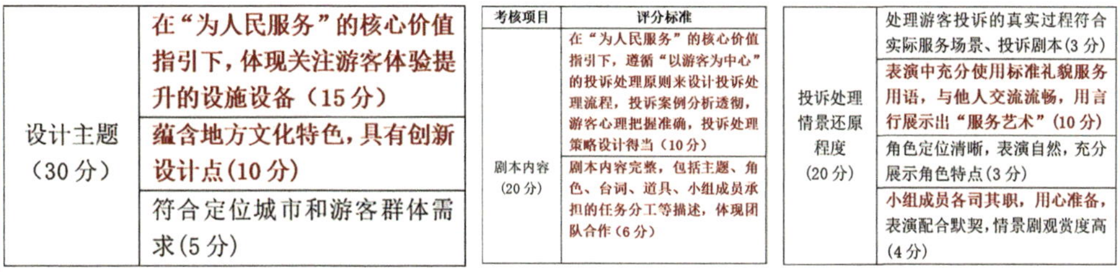

图 4.37 “以心创社”与“转诉为金”评分表截图

续表

期末笔试思政论述题占 10 分。论述题从“树立‘为人民服务’的理想信念，拥有勇敢面对一切服务困境的决心，用心打磨对客心理服务技能，提供优质、周到、体贴、极致的对客服务，做专研服务艺术的行业工匠”“形成关注旅游者心理与服务人员心理素质的习惯，引导其提升心理服务意识与自我心理调节能力，提升情商与逆商，关照自我内心，觉悟人生意义”“强化民族自豪感和自信心，对所学专业具有责任感和使命感，对行业领域发展抱有信心，具有团队合作意识和大局观，能够胸怀理想、志存高远、立足本职、报效祖国”等多角度考核学生的思想的深度、表达清晰度等。笔试考核过程也包含思政教育元素，既培养学生持续学习意志力，也增强学生自我管理、诚信守纪、守时严谨等意识。

六、**论述题**（请将正确答案填写在试卷上，【**得分：**　　】本大题共 1 题，共 10 分）
请您谈谈自己是如何理解“为人民服务”与“以游客为中心的服务”两者关系的。

六、**论述题**（请将正确答案填写在试卷上，【**得分：**　　】本大题共 1 题，共 10 分）
结合“敦煌守护者”案例，谈谈自己如何理解“将个人的价值实现与国家的价值实现相统一”。

图 4.38　代表性期末笔试思政论述题截图

（4）在课程思政浸润下优化师资团队

习近平总书记在中国人民大学考察调研时强调，“好的学校特色各不相同，但有一个共同特点，都有一支优秀教师队伍。对教师来说，想把学生培养成什么样的人，自己首先就应该成为什么样的人”。

“旅游服务心理学”课程校企双元教学团队由旅游管理专业教师、双肩挑教师、心理咨询教师、思政课程教师、企业兼职教师等组成，政治立场坚定，思想觉悟性高，专业素质过硬。本校旅游管理专业教师均是省级高水平专业群——河源职业技术学院旅游管理专业群的核心骨干教师，国家在线精品课程建设团队，教学经验丰富，各类成果丰硕。

河南职业技术学院与吉安职业技术学院相关课程老师也加入课程团队，校际合作加强了兄弟院校同专业之间的课程思政教研活动、跨校多维交流活动，合作开展教学方法研讨、数字资源建设、教案资料完善、教改课题研究等。

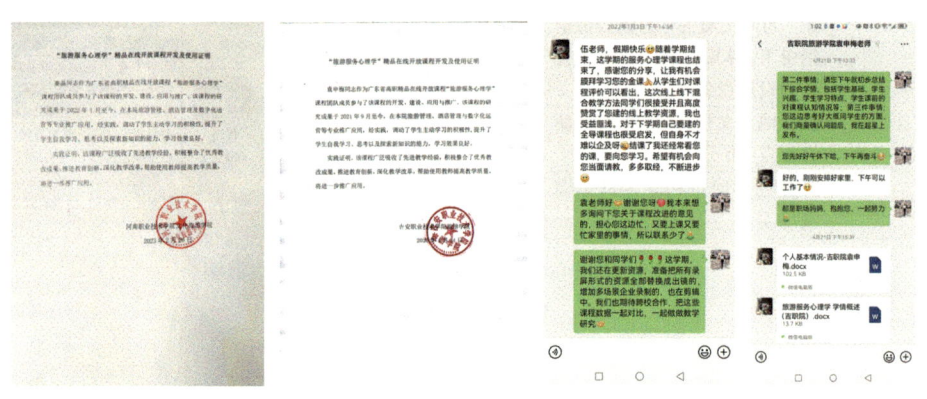

图 4.39　校际合作证明材料与日常教研沟通片段截图

续表

"打铁还需自身硬",课程团队教师们通过"走出去""引进来"等多种途径,不断加强自身政治学习,提高专业素养,曾前往北京大学、中国人民大学、中山大学等知名学府研修学习,参加中国旅游协会等单位举办的知名旅游界大咖的讲座,借助互联网直播平台聆听北京联合大学党委委员、马克思主义学院常务副院长仲计水教授讲授"课程思政的理论思考和实践探索",参加深圳职业技术学院王静霞教授、乌云高娃教授,番禺职业技术学院阚雅玲教授等教学名师的培训课程,更邀请全国五一劳动奖章获得者、中国好人、国家技术技能大师——林大康先生来校讲座,并为"林大康技术技能大师工作室"揭牌。林大康先生是国内知名的实战型旅游专家,33年旅游职业生涯,足迹遍布世界70多个国家和地区,3次受到国家领导人接见,他对工作超常的热情、高超的专业技能和奉献精神感染了河职旅游师生。通过各级教学大赛、课程申报等打磨课程内容,通过参加河源市"七一"党建知识竞赛(获得一等奖)、校"不忘初心、牢记使命"主题教育知识竞赛(获得一等奖)、各种党员学习活动,在各项实践项目中不断成长。

图 4.40　林大康老师授课揭牌　　图 4.41　东莞青旅企业教研活动　　图 4.42　前往长隆进行毕业生课程访谈

课程团队政治立场坚定,思想觉悟性高,热爱三尺讲台,深爱所有学生,十年如一日保持教学质量不动摇,用行动践行着"老师是第一身份,教书是第一工作,上课是第一责任"的使命,立志为党的教育事业奋斗终身,用心用情去唱响育人教书的生命之歌。

3. 课程教学样例做法

举"品味数字敦煌文创,创新旅游产品设计"课程教学样例为做法示范,结合"2019年8月19日习近平总书记在敦煌研究院视察与座谈""敦煌人借数字技术实现文化推广"等思政背景,选取"数字敦煌文创"的综合案例,凝练成"品味数字敦煌文创,创新旅游产品设计"的课程思政教学样例,通过"课前自主学""课中一起学""课后共成长"的三维循环教学环节来强调教学重点、突破教学难点。

续表

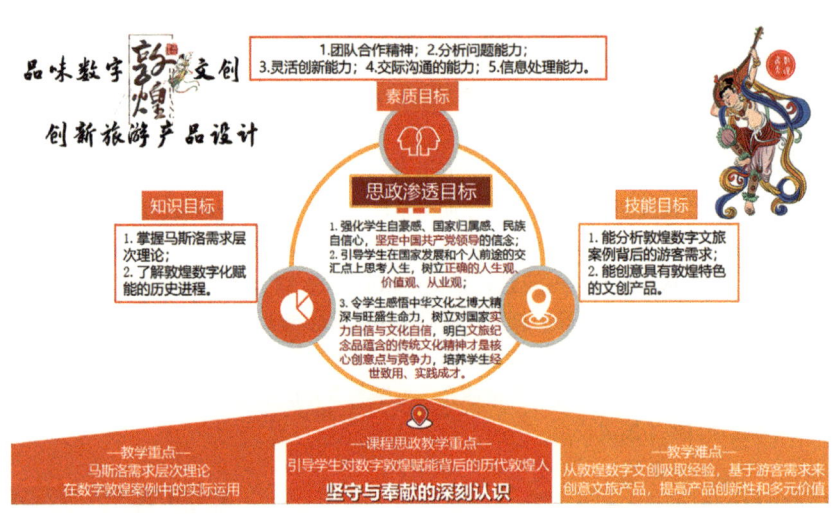

图 4.43　"品味数字敦煌文创，创新旅游产品设计"教学样例综合目标与重难点及教学策略展示

"课前自主学"，学生完成平台慕课学习，自学习近平总书记重要文章《在敦煌研究院座谈时的讲话》及敦煌文化资料；"课中一起学"，学生"动嘴"——朗诵敦煌诗句与描述莫高景观，"动眼"——观看莫高窟文化保护视频与"敦煌动画小剧场"，"动脑"——结合马斯洛需求层次理论思考"云游敦煌"程序的游客需求满足点、结合敦煌数字化保护历程与联名案例思考敦煌文化活化的根源，"动手"——使用"云采丝巾"小程序文创 DIY，从而实现"动心"——感悟中华文化之博大精深与旺盛生命力、感动于"坚守大漠、甘于奉献、勇于担当、开拓进取"的莫高精神，从而使学生获取更全面的认识与收获；"课后共成长"，学生观看《国家记忆》升华思想认识，分组完成"数字敦煌文创"课后任务——文创创意报告，储备大学生创新创业训练计划、"挑战杯"及"互联网+"大赛等参赛力量，赛学互促，培养学生经世致用、实践成才。

续表

学情分析与教学策略	
学生思想状况分析	针对思想状况策略与方法
学生都有一颗爱国之心，思想处于不断成熟的过程中，具有一定判断分析能力，但易受到急功近利的社会负面舆论影响。	选取经典的**敦煌文化传承与守护**的案例、扎根旅游行业的**精英案例**等，向学生讲述一代代**敦煌文旅人坚守岗位、甘于奉献、勇于担当、开拓进取**的故事，引导学生在国家发展和个人前途的交汇点上思考人生，提升学生的"**政治认同**"和"**文化自信**"，将爱国、诚信、责任价值观教育和旅游服务心理学有机结合起来，润物细无声启发学生系统性思考。
学生个性特点分析	针对个性特点策略与方法
学生易接受新事物，思维活跃，有创新意识；动手能力强，喜欢互动课堂；大部分自我主见强，喜欢彰显个性。	遵循**因材施教、行动导向**的教学理念，采用多种教学方法交互使用，营造互动课堂，利用任务驱动，启发学生动脑动手，**多给学生自主发挥的展现舞台**，尊重学生的意见，对学生的展示进行**中肯点评**。
学生学习能力分析	针对学习能力策略与方法
Z世代"网络原住民们"喜爱使用智能手机等信息通信工具，乐于从网络获取资讯，具备一定电脑办公操作技能。	采用**混合教学模式**，借助超星学银平台、微信学习群等优化教学过程，让将手机转变为"互联网+"时代活跃课堂的好助手，开发**成套微课、在线测试**等供学生进行课前预习、课中辅助以及课后巩固，通过网络平台加强与学生的互动交流，**增强学生、教师、课程的黏性**。
学生知识经验分析	针对知识经验策略与方法
学生通过大一专业课学习，初步具备旅游管理专业基础知识，但缺乏专业实践活动，因此缺乏实际经验。	选取符合行业现实的情景案例，**任务驱动课程**，解决实际问题，提高实践能力。师生探讨解决难题，企业导师课外协助。学生自学平台资源库（往届学生优秀作品、行业案例等）积累实践范本。**课外实地考察**，组队参与创业赛、"**挑战杯**"，增强学生行业认知度与实战能力。
学生心理状态分析	针对心理状态策略与方法
本课程学习期间，恰逢学生处于全国导游人员资格考试（毕业资格必考证书）备考阶段，学生普遍处于高压状态。旅游行业就业形势也影响到学生的学习心态。	"敦煌守护者们借数字文旅技术实现文化推广"等系列报道案例，均为学生们展示出文旅行业灵活变通、复工复产的智慧与决心，以及给点阳光就立刻灿烂的旅游行业特性，坚定学生的职业理想与信心。课堂呈现方式轻松活泼，诵诗文、赏美景、看动画、悦心灵等，多鼓励肯定学生，**建立平等、互助、友爱的关系**，营造积极、健康、融洽的**课堂氛围**。

续表

表 4.3 "品味数字敦煌文创,创新旅游产品设计"教学实施

依托学银在线平台(https://www.xueyinonline.com/detail/222688784)
教学实施过程包括"课前自主学—课中一起学—课后共成长"三个阶段。

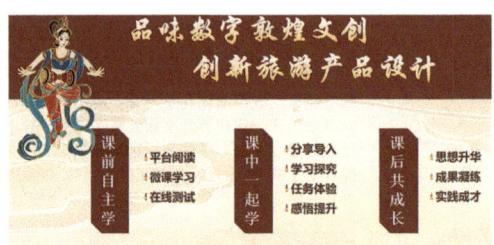

环节	主要教学活动		
	教师活动(主导)	设计意图	学生活动(主体)
课前自主学	●教师发布任务: ①平台阅读 ②微课学习 ③思考测试	●平台辅助学生移动学习,学生课前阅读、微课自学并解决问题,提高学习效率,为课程重难点解决奠定基础。 ●从课前阅读开始就进行思政渗透,达到全过程激发学生心灵感悟的效果。	●学生完成任务: ①登录平台,认真阅读习近平总书记重要文章《在敦煌研究院座谈时的讲话》,敦煌数字化革新的新闻,回忆复盘全导课程中敦煌文化传承知识,优化自我审美,研读敦煌等文旅产品设计经典案例等。 ②完成微课学习与思考测试。

续表

			续表
上课礼	教师发布签到任务，师生互敬上课礼，引导学生做好上课准备。	● 尊重课堂，尊重知识，尊重彼此，养成良好学习习惯，为课堂小组讨论做好准备。	学生小组集中就座，完成签到，互敬上课礼，静心、收心迎上课。
课中一起学	①分享导入 总结课前任务完成情况，邀请学生代表分享答案与心得。 ②学习探究 ● 读敦煌文化诗句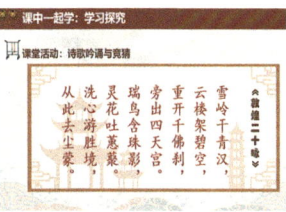 ● 赏敦煌精美壁画	● 引导学生逐步掌握基于马斯洛需求层次理论分析文创产品。 ● 引导学生领略诗词之韵、壁画之美，提高语言文学修养、文化审美品位，为文创产品设计、讲解词撰写等提供素材。	①自学反馈 学生结合马斯洛需求层次理论分析谭木匠梳子产品满足客户需求的方面等。 ②学习探究 ● 齐诵诗文赞敦煌文化 ● 观赏壁画寻文创灵感

续表

续表

课中一起学	●讲数字文创案例③任务体验●布置"敦煌诗巾"任务●引导小组分享与讨论●作品展示点评与赞美	●借助敦煌研究院与腾讯合作开发云游敦煌程序，使用"敦煌诗巾"文创程序进行初步 DIY，引发学生动手探寻的兴趣，感受敦煌文化符号借助科技力量呈现的体验魅力，更让学生意识到文旅企业的强大生命力，顽强自救力。同时所有文创产品收入都有一部分用于敦煌莫高窟的保护，强化学生保护文化遗产意识。●小组讨论加深学生对于马斯洛需求层次理论在文创产品设计中运用价值的认识。	●分析敦煌文化活化根本③任务体验●个人完成文创任务●内部讨论与平台上传●现场展示与组间互评

续表

课中 一起学	④感悟提升 ● 讲敦煌联名案例  ● 讲敦煌守护者的故事  ● 听习近平总书记说敦煌  ● 总结与布置 	● 学生通过案例分析与讨论，自然而然地感悟中华文化之博大精深与旺盛生命力，树立对国家实力自信与文化自信，明白文创产品蕴含的传统文化精神才是其核心创意点与竞争力。 ● 听习近平总书记说敦煌，更加深刻理解坚守大漠、甘于奉献、勇于担当、开拓进取的莫高精神，由衷对这群可歌可泣的敦煌守护者们产生敬意，进而引导学生在国家发展和个人前途的交汇点上思考人生，树立正确的人生观、价值观、从业观。	④感悟提升 ● 悟需求理论深入运用  ● 听可歌可泣的敦煌事迹  ● 谈内心深刻认识与感触  ● 分工与合作 

续表

课后共成长	●教师发布任务： ①发布视频资源  ②发布训练项目  ③带领企业参访与培育参赛梯队 	●引导学生树立正确的人生观、价值观，树立行业自信，坚定职业理想与信心，培养学生经世致用、实践成才。	●学生完成任务： ①思想升华 看《国家记忆》，升华思想认识。 ②成果凝练  ③实践成才 学生凝练出《山情水韵，云游河源》作品获得广东省"创青春"银奖。 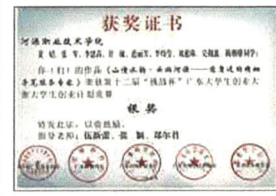

续表

续表

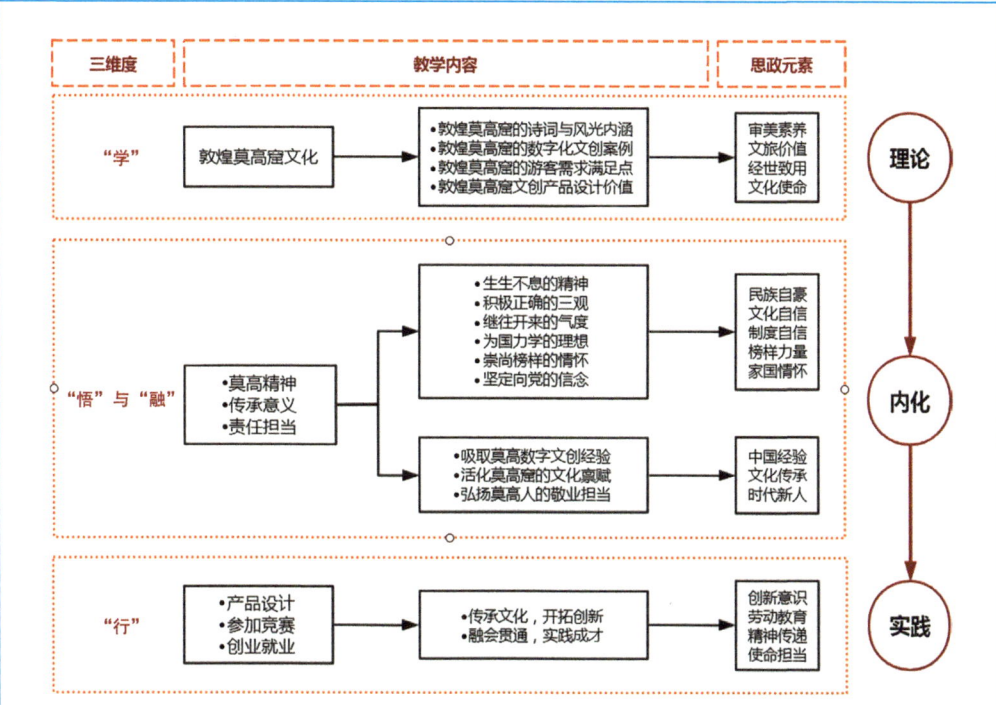

图 4.44 "品味数字敦煌文创，创新旅游产品设计"教学样例的思政浸润路径

课程思政内容从"学"、"悟"与"融"、"行"三个维度来渗透其中，实现从理论提升到精神内化再到执行实践的"知行合一""全面浸润"的目标，初步实现"岗（产品策划专员等）课（'旅游服务心理学'等）赛（创业赛、'挑战杯'与'攀登计划'等）证（'1+X'旅行策划师等）"融合育人。本教学样例已呈现在"旅游服务心理学"精品在线开放课程学银在线平台，借在线课程的辐射效应，拓展课程思政浸润的深度、广度。

图 4.45 "从敦煌现象看游客需求"学银在线课程平台微课截图

续表

（四）实施效果

1. 课程思政浸润省级精品在线开放课程建设成果丰硕

河源职业技术学院旅游管理专业群是广东省第一批立项建设的高水平专业群，其中旅游管理专业是广东省示范性专业、广东省高职教育重点专业，"旅游服务心理学"作为专业群建设核心课程，从校精品课程到优秀混合教改金课再到省级精品在线开放课程、校级课程思政优秀示范课，学校在政策保障、人力物力等方面给予极大支持，已建有支撑一体化教学、混合式教学的"校中厂"万绿湖旅行社大学城营业部、智慧旅游实训室、数字化旅游综合实训室、导游培训室等，这均是学校给予重点建设的成果。

图 4.46 "旅游服务心理学"学银在线课程平台截图

产教融合，校企、校际共建优质数字化、富媒体资源。"旅游服务心理学"课程资源丰富、类型多样，包括课程介绍、课程标准、教学设计、教学大纲、考核大纲、教学进度表、团队介绍、视频案例、文字案例、电子课件、教学图片、课程视频、课程教案、项目单卡、试题库、试卷库、行业新闻、心理测试、多种类微课（动画、录屏、出镜等）、项目成果、作业成果等资源，分布合理，覆盖本课程所有知识点、技能点，颗粒化程度高，做到课程内容的丰富性和与时俱进。

超星尔雅课程平台完整呈现教学设计、教学实施、过程记录、教学评价、自主学习等，开放、自主学习访问量 117 多万人次、选课 2000 多人（均持续使用增加中），不仅在本校成为尔雅公选课，更是通过学银在线慕课平台向兄弟院校辐射，河南职业技术学院、吉安职业技术学院、广州华商学院等 40 多所院校使用课程，社会使用评价优秀、校内外辐射效果显著，得到校内外专家、企业同行的高度评价。

续表

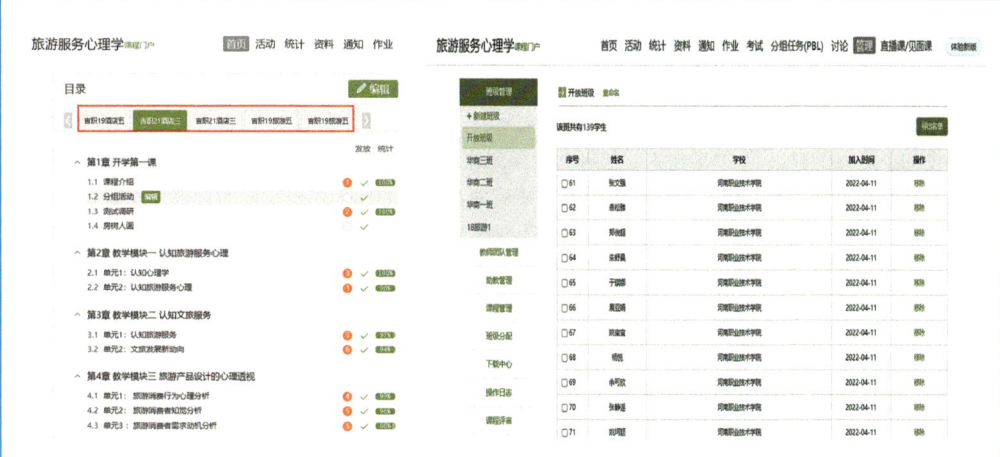

图 4.47 "旅游服务心理学"学银金课兄弟院校使用情况截图

在国家文化产业资金支持媒体融合重大项目、广东省高职院校高水平专业群等项目资助下，结合"Z 世代"学生学情，平台资源与时俱进不断更新，实现高度颗粒化与系统化，力争覆盖所有知识与技能点、思政元素；团队与行业企业合作开发全景 VR，为课程融入旅游行业鲜活的思政案例与德育任务，加强沉浸式、体验感的富媒体教学内容，全面浸润课程思政教学任务及内容，并综合凝练成《旅游服务心理学》课程思政活页式富媒体教材。

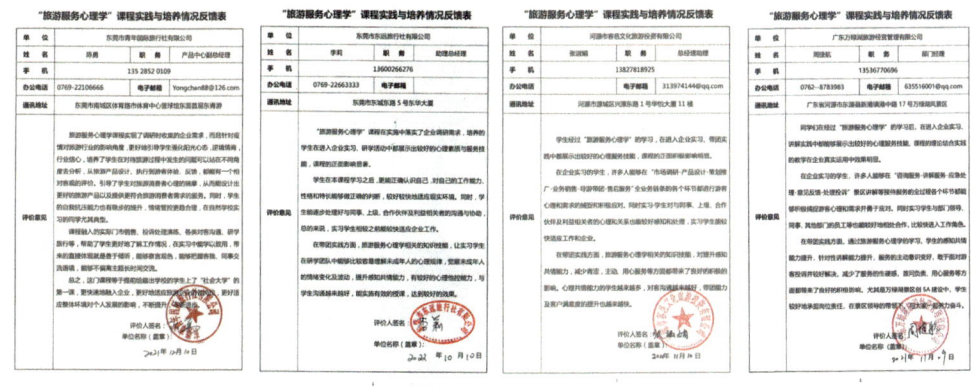

图 4.48 "旅游服务心理学"课程实践与培养情况代表性企业反馈表

课程成果通过各类社会服务项目、向旅游业输出优秀人才实现行业辐射。厚德强技，实践英才献力量，依托文化和旅游部"万名旅游英才计划"等，全方位培养学生，屡获竞赛佳绩，包括全国技能大赛一等奖 4 项、二等奖 5 项、三等奖 3 项，以及省技能大赛、省"挑战杯"特等奖等 30 多项，培养服务欠发达地区旅游人才 1000 多名，被中国网、省文旅厅等 20 多家媒体报道；多元协同，智力帮扶助发展，依托"新蕾名师工作室"等为 60 多家企事业单位提供培训，完成咨询项目 86 项等。

续表

2. 思政浸润的考核评价显著地巩固育人成效

在学生课后评价反馈中，形成性考核中的"房树人"心理绘画个人任务与"3分钟心理小课堂"小组任务等受到学生高度认可与喜欢。同学们表示："'房树人'让我们正视自己的内心，做真实的、有温度的、更好的自己。""'房树人'绘画让我深刻地认识到了情绪是自我的组成部分，我们要拥抱自己，接受它们的存在，要看到每一个负面情绪后面都存在的那个积极正向的诉求，我们一起来努力，悦纳自己，走向更稳定的自我。""蕾蕾子不仅传授我们知识，还关心着每位同学，利用'房树人'等心理小测试，私下对每位同学给予肯定与关心，顾及着每位同学的'心'。""房树人的测试，老师把我们的画全都收上去了耐心地且用心地给我们每个人写了评语。""每一节课，我们的课程小组都会分享一段三分钟心理学，把感兴趣的心理学知识拿出来探讨，通过这种主动学习的方式去扩充心理学知识。""记得在一次'3分钟心理小课堂'里面，新蕾老师与我们分享了自己的人生选择经历的心路历程，让我记忆深刻，老师真的是用自己的爱在授课，她让我知道了从容地面对自己选择的道路并坚定地走下去！"

图 4.49　学生在超星尔雅平台留言评价节选一

当每学期课程结束的时候，学生们再次提笔完成"房树人"心理绘画个人任务，很多同学的画作出现了非常明显的变化，阳光、轻松扑面而来。

续表

图 4.50　开学第一课的心理绘画

图 4.51　最后一次课的心理绘画

从同学们的课后评价、实习反馈等来看,"以心创社"与"转诉为金"思政实务考核方式深受学生喜欢,润物细无声地巩固思政育人效果。十多年来,每一届学生均用课外时间完成"以心创社"与"转诉为金"思政实务考核项目,形成手绘版、沙盘版、电子版的个性化旅行社门市蓝图,沉浸式解决服务难题,全面展示用心用情对待工作场所、服务对象的情景交融的精彩场景,将创新传承、团队合作、劳动教育等融为一体,树立"为人民服务"的使命意识,锻造精益求精的服务工匠。

图 4.52
电子版门市设计

图 4.53
手绘版门市设计

图 4.54
沙盘版门市设计

图 4.55
恐龙研学中心

刘嘉思 ★★★★★

《旅游服务心理学》这门课程对于我的专业知识技能起到很好的帮助。

在课程中,新蕾老师结合许多实际的案例给我们做分析,让我们更深刻地理解知识点并且运用到实际中,课堂上有很多有趣的互动和情景模拟,印象最深的是新蕾老师运用师姐在某旅行社工作的现实案例,让我们模拟店员,并且为扮演"顾客"的同学进行服务,让我在这些有趣的互动中我更好的认识到了服务的重要性以及服务过程中话术的重要性。

在内容的考核上,我印象比较深刻的是新蕾老师通过让我们进行"转诉为金"的情景模拟,分析客人的心理,了解景区如何正确处理客人投诉,并且正视客人需求,解决客人问题起到了很好的帮助。这些学习对我后来在景区实习时候处理客人投诉等事宜都游刃有余。还有一个考核也非常有意思,是让我们设计属于自己的"旅行社",老师让我在讲台上展示自己的作品,并且分享我们的想法,同学们各式各样的创作都非常有趣,我们也通过这样的考核方式,更加地了解一个旅行社应该具备的物品和条件等。

老师还在每堂课设置了三分钟的电台分享,是一些有关"心理知识"的短播,非常有助于我们更好地学习心理知识!

总之,这门《旅游服务心理学》课程的每一堂课都是在快乐中度过,对于我们提升专业知识非常有帮助,新蕾老师的课程节奏把握得非常好,劳逸结合,既不是老师一人的"独角戏",也不是完全让学生"放飞自我",而是运用有趣的互动、各式各样的心理测试、情景模拟让我们参与、思考,是我非常喜欢的课程~

续表

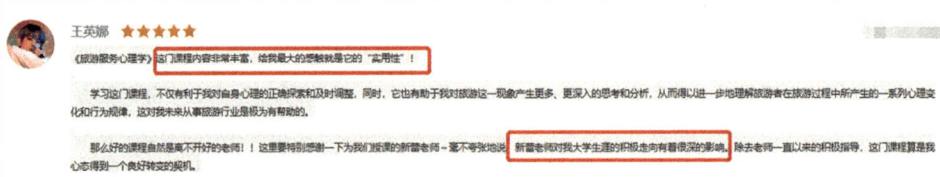

图 4.56　学生在超星尔雅平台留言评价节选二

3. 思政浸润的教学模式获学生高度好评并助力学生分层提升全面发展

"旅游服务心理学"课程自开课以来，得到各届学生好评，期末评优持续居学院前列，在课程思政教学浸润下，学生将所学所思运用在学习、实习、竞赛中，2020 年、2021 年与 2022 年"1+X 研学旅行策划与管理职业技能等级标准"证书通过率分别达到 99%、100%、100%，100% 的同学参加了各级各类比赛，获奖率达到 80% 以上，有的同学在职业技能大赛中独放异彩，有的同学在"挑战杯"竞赛中大放光芒，根据自己优势特长选择不同发展轨道，分层提升后收获成长更加全面显著，得到升学院校、用人单位的一致好评。

续表

表 4.4 2022—2023 学年上半年教学质量评分

1	河源职业技术学院教学质量评价得分表（工商管理学院）						
2	教师姓名	工号	评价归属部门	测评得分	所属学期/学年	排序	选修课开设	是否推荐优秀
3	伍新蕾	110361	工商管理学院	93.21	2022-2023-1	1	是	是
4			工商管理学院	93.19	2022-2023-1	2	是	是
5			工商管理学院	93.18	2022-2023-1	3	是	是
6			工商管理学院	93.16	2022-2023-1	4	是	是
7			工商管理学院	93.04	2022-2023-1	5	是	是
8			工商管理学院	92.96	2022-2023-1	6	是	是

 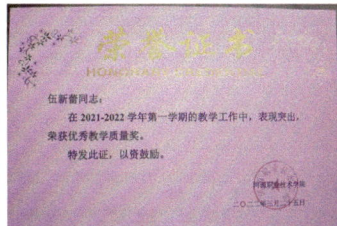 

图 4.57 连续 13 年获 25 次教学质量优秀奖（代表性证书列举）

王丹红 ★★★★★

当我一看见心理学这门课的时候，就对它很感兴趣，因为我觉得这是一门很奇妙的课。果然，在上完第一节课的时候，我就爱上了这门课。在课上，我极其放松和舒适，当然也学到了很多的东西。我觉得新蕾老师是懂学生的，她积极备课，认真上课，新颖风快的上课方式让人很放松，她没有着我们学，反而，我们会愿意紧跟着她的步伐去听。在课上，我们始终保持着相同的频道，这也就让同学们都沉浸在学习。让我最喜欢的地方，就是新蕾老师经常用自己的例子来解释知识点，这不仅让我们更了解新蕾老师，并且对知识点更丰富。我们常常得入了迷并且期待每一次的课程。因为每一次都收获颇多。最让人我惊喜的是，新蕾老师有着与其他老师与众不同的地方。她温柔，善于倾听学生的烦恼和问题；她细心，常常能发现同学们的闪光点；她体贴，让人不自觉地想要靠近她，和她成为好朋友。新蕾老师值得我用许多很美好的词语去形容她，因为她总像一个小太阳一样，温暖着我，也温暖着身边所有的人！

张莹凤 ★★★★★

每周最期待的就是《旅游服务心理学》这门课程了！新蕾老师讲课幽默风趣，贴近生活实际，能够把课堂的内容与工作、生活、学习结合起来，让我们觉得她不像一位老师在给我们上课，而是向好朋友或者知己一样互相倾听与分析，再结合学习内容，课堂变得很活跃很轻松，课程内容也让人十分深刻。讲课内容难易程度有层次，会将重点讲解清楚。对待学生也会很温柔，用足够的耐心将我们不太懂的知识再仔细地给我们讲解！总之！非常喜欢《旅游服务心理学》的课程！有有趣的内容和漂亮的老师！

高明星 ★★★★★

新蕾老师的《旅游服务心理学》这门课让我受益颇多！老师通过对课程的独到深入的讲解，教学内容重点突出，教学目的十分明确，教师具有极高的专业技能。授课方式特别的新颖别致，激起同学们的兴趣。老师也很注重互动，课堂学习氛围轻松愉快，让我们都喜欢上这门课，每次上课前都会期待新蕾老师这节课会讲什么！

起初，听到《旅游服务心理学》的时候 是抱着一种很无所谓的态度去看待，觉得 "当个旅游服务者怎么还要学心理学啊，自己都搞不懂自己的心理，还要去感受别人的。" 但，显而易见的是这种想法是很无脑的。因为在新蕾老师的指导陪伴下，打开了我们对旅游服务心理学的认知。课程最初，不会着急忙慌地把一些枯燥无味的知识点灌输在我们脑海中，而是先让我们清楚地认知自己，并且在认知的同时与学习上相结合是心理学。

这门课的内容循序渐进，先是 "房树人" 的课程 让我们正视自己的内心，学习对我们有用的知识，做真实的、有温度的、更好的自己，而且上课前都会有心理电台的分享，感受我们的心理需求，追寻自己。再到 "认知心理学" 学习了认知——接纳——共存的知识；引以 "认知和旅游服务心理学" 为切线脉为案例引出旅游服务心理学的理论基础 "S-R R-S" 再到对旅游消费行为、旅游消费者知觉、需求分析学习、导游心理服务技巧等等，还有 "马斯洛需求" 的课程教会我们在旅游者旅游时有所需求的方面，对我们以从后从事旅游行业带来了专业性的帮助。

最后，感谢我们遇到了新蕾老师。

续表

李佳欣 ★★★★★

首先旅游服务心理学这门课程，对于我们以后从事服务行业具有重要意义，能让我们更了解游客的心理，及时发现个别游客的情绪，做到及时安抚，而这门课程的整个学习过程，不仅仅让我们只是从课本当中去了解游客，更多地是通过例子式着解决问题，老师的这种教学模式，也让我们能更好地记住方法，当自己未来遇到这种情况的时候，脑海中就会不自觉地反映出，欸这道题我模拟过，这种感觉非常棒！！

再者，我印象中的心理课是给予我们肯定的，不断地讲一些专业词汇从而达到了解皮毛的课程，但新蕾老师的这门旅游服务心理课，总会不由自主地带入到老师所讲地情境中，通过老师的不断引导，越来越感兴趣，进而一步一步深入地了解那些专业的概念，以致于我现在经历一件事脑子就会想到这些专业词汇，感觉脑子都可能再多长点知识啦！

还有疑问，新蕾老师总是给予我们肯定，不断地增强我们的自信心，通过课上回答问题，情景模拟等，不断给我们展示自我的机会，也会觉得自己超棒的耶！课上如果有疑问也会耐心地解答，课上时间解答不了的，也会在课下花时间解答，总之不会让你有一直疑惑，在这门课上的进步也就飞快啦！

这门课程对我的影响还是挺大的，因为在这门课程当中，我重新认识情绪，重新理解如何解决问题，知道解决问题先要解决情绪，这样的知识运用在其他的课程一样有效，自然也是非常适用于今后的工作，有这样一门课程和这样一位亦师亦友的老师，感觉大学生活都变得有趣起来啦！

罗琪 ★★★★★

《旅游服务心理学》这门课程对我来说受益匪浅，刚看到这门课程的时候就很感兴趣，后又看见授课老师是我最喜欢的新蕾老师，我更期待自己在这门课程里的学习历程。在这门课程中，我不仅学习了很多在旅游服务过程中应该怎么样思考的游客的心理，同时让我更加了解自己的内心以及许多深入的想法。从第一次上课看到自己绘画的结果，我便对心理学是一件很神奇的事情，更认为能运用心理学的人简直是了不起！学习了这门课程后，我也对自己的专业以后将从事的服务有了更进一步的发展，明白了做事情应该看重点，思考游客内心本质的想法，这样才能"对症下药"，更好进行旅游服务事业。当然，我觉得能学习好这门课程是最离不开新蕾老师的教教教导，与同学们相处和谐，可以像朋友一样去进行交流，让我能大胆地去表自己的观点，不怕失误。最后，无论是《旅游服务心理学》这门课程还是温婉大方的新蕾老师，都是我学习的榜样！！

林霖 ★★★★★

刚开始没上课看教材的时候感觉同样是有关心理学的，这本书好像比以往我看的有关心理学的书要简洁一点。但是上课之后就会发现，他看起来简洁其实里面蕴含的内容涉及了我们生活中的方方面面。（相对于那些很厚重的心理学的书，这简直就是小白的真爱啊！）

当然一本书能让学生简单离不开一个好老师的讲解，我们亲爱的新蕾老师上课的时候会给我们列举生活中真实发生过的例子来解释心理学概念，有时还会激请同学们一起上台扮演一些情景小剧场，在这过程中我们开心的同时又获得了知识，技能点直接蹭蹭上涨！有什么听不懂的地方蕾蕾子也会耐心的解答，真的是"新蕾魔法店，有事请留言"这种既轻松融洽又不压抑的课堂氛围谁不爱呀！

只能说这种知识自己往脑子里跑的果真是太爱了！

杨林 ★★★★★

"世界那么大，游客要要看看"，作为旅游管理专业的学生，如何更加正确、精准的了解游客的需求是我们做好旅游服务的关键，新蕾老师的《旅游服务心理学》课程不仅结合了真实旅游案例分析，鼓励我们思考互动，从专业心理学的角度帮助我们学习相关知识；同时运用生动有趣的授课风格，清晰明确的教学思路，搭配数字化线上线下课堂相结合，每一节课的内容都能轻松吸引我们的目光，让我们收获满满。在课堂上，她非常热情，课程内容清晰目标明确，节奏松弛有度，关注着每一位学生的课堂状态，注重学生团队合作与个人创新能力的培养。最敢敢说：在生活中，她是由衷心底为我们高兴的好朋友，在《全国最牛旅游院校》，《旅游类》，《服务礼仪》课程里是陪伴我登上了全国和省级旅游服务技能大赛的舞台，新蕾老师作为主带教老师，善于发现学生的闪光点并因材施教，总是耐心温柔的陪伴我前行，通过课程中的房间1人测试，引导我更好的了解自己，安抚我备赛期间紧张焦虑的情绪；还将课程中学到的不同类型游客的旅游心理、如何应对客诉等内容融入到备赛期间，帮助我更好地学习理解，理论与实践相结合，最终才取得了一等奖的殊荣，蕾蕾子实在是功不可没！！

图4.58　学生在超星尔雅平台留言评价节选三

图4.59　负责华为授权店管理的优秀毕业生黄婧同学

图4.60　获得国家奖学金的优秀毕业生张华华同学

续表

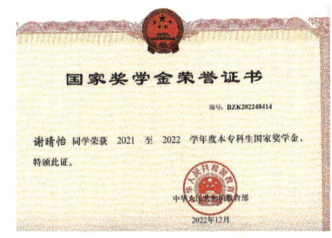  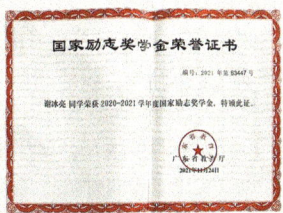

图 4.61　学生国家奖学金与国家励志奖学金荣誉证书

图 4.62　2020 年、2021 年、2022 年"攀登计划"——广东省科技创新战略专项资金（大学生科技创新培育）

 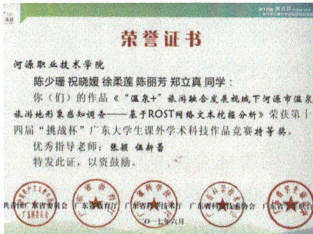 

图 4.63
全国职业院校技能大赛个人二等奖证书

图 4.64
省"挑战杯"特等奖证书

图 4.65
省"创青春"银奖证书

续表

4. 思政浸润的德才兼备"双师"型教学团队成绩斐然

作为学校教学名师，课程主持人自从教以来，始终以中共党员标准严格自律，坚决执行党的教育方针，热爱教育事业，关心爱护学生，扎根本校，坚守一线，上好每一堂课，连续25次获教学质量优秀奖，并于2018年获得"南粤优秀教师"称号，2020年获得"中国旅游杰出青年教师""河源市三八红旗手"称号，2021年获河源教育系统"优秀共产党员"称号，2022年获得校级"课程思政名师"称号，入选广东省教育系统百姓宣讲团。

专注"三教"改革，聚焦旅游类专业课课程思政建设及创新模式探索，坚持立德树人、文化育人，以课程思政浸润省精品在线课程建设，精细挖掘旅游课程自带的思政育人元素，三年来完成"旅游服务心理学""全国导游基础知识""旅行社计调业务""旅游市场营销""营销礼仪"等多门课程思政示范课建设。省级精品在线开放课程"旅游服务心理学"获课程思政示范课验收优秀、课程思政典型案例第一名，在学银在线平台实现6轮开课，同时"旅行社计调业务"获得2022年国家在线精品课程（排第二名）。

表4.5 课程负责人课程思政相关奖励情况

项目	内容
教学成果奖	■2021年，获得广东省教育教学成果奖二等奖1项，河源职业技术学院教学成果奖一等奖1项； ■2016年获得河源职业技术学院教学成果奖二等奖1项
教学比赛	■2014年，获得广东省第二届青年教师教学大赛人文社会科学类第三名（本科与高职合赛），获得河源市职工教学大赛第一名； ■2018年，获广东省职业院校信息化教学大赛课堂教学二等奖； ■2020年，获得校级课程思政典型案例竞赛一等奖； ■2022年，获得校级教案设计竞赛一等奖
教学荣誉	■2009年至2022年，连续获得25次教学质量优秀奖； ■2018年，获得"南粤优秀教师"荣誉称号； ■2020年，获得"中国旅游教育杰出青年教师"荣誉称号； ■2014年，获得"广东省职工经济技术创新能手"称号； ■2015年，获得原国家旅游局（现文化和旅游部）"万名旅游英才"之"双师型教师"称号； ■2021年，获河源市教育系统与河职院"优秀共产党员"称号； ■2020年，获得"河源市三八红旗手"称号； ■2022年，获得"河源职业技术学院课程思政名师"称号； ■2016年，获得"河源职业技术学院教学名师"称号； ■2014年，获得"河源市职工技术能手"称号

续表

项目	内容
学生指导	思政多元引领，培养德才兼备的文旅业实践英才，指导学生参加全国职业院校技能大赛获导游服务赛项二等奖，全国旅游院校技能大赛一等奖4项、二等奖4项，广东省职业院校技能大赛导游服务赛项一等奖6项、二等奖3项，指导学生参加广东"挑战杯"竞赛，获省级特等奖2项、一等奖2项、二等奖1项、三等奖1项、银奖1项、铜奖1项，连续三年（2020年至2022年）指导学生获广东省科技创新战略专项资金"攀登计划"项目
其他方面	2022年，入选广东省教育系统百姓宣讲团

河源职业技术学院旅游管理专业是广东省高职高专示范性专业、广东省高职教育重点专业、广东省优秀教学团队等，曾获得中央财政支持高等职业院校提升专业服务地方能力建设项目等专业建设国家、省级成果10项，其中旅游规划与发展研究中心为全省高职唯一获得国家旅游规划资质单位；获得国家旅游局"万名旅游英才"双师型教师、全国旅游院校杰出青年教师、南粤优秀教师、广东省经济技术创新能手、广东省金牌导游及旅游推广大使等师资团队成果22项；团队承担省部级以上科研项目40项，包括文化和旅游部（原国家旅游局）研究项目、广东省哲学社会科学课题、广东省教育科学"十二五"规划课题、广东省科研平台项目、广东省质量工程教改课题等，纵向科研经费到款41.3万元；团队发表论文157篇，其中EI、ISTP四大索引23篇、中文核心期刊21篇，出版专著6部、传统教材6部、富媒体融合创新教材4部；现有国家级在线精品课1门，广东省精品资源课2门，广东省精品在线开放课程1门，混合教学改革优秀课程5门，课程思政示范课11门。

图4.66 课程思政典型案例一等奖证书　　图4.67 优秀共产党员证书　　图4.68 课程思政名师证书

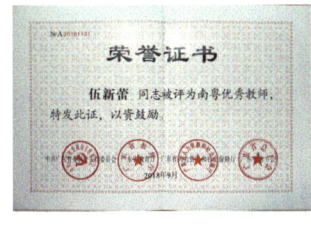  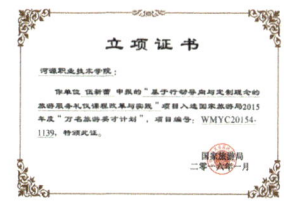

图4.69 南粤优秀教师证书　　图4.70 广东省教育教学成果奖证书　　图4.71 "万名旅游英才"双师型教师证书

续表

(五)创新与示范

1. 专注"三教"改革,打开校企生共建思政浸润精品在线开放课的新思路

在国家文化产业资金支持媒体融合重大项目、广东省高职院校高水平专业群、广东省精品在线开放课程建设等项目资助下,以课程思政示范课结合省精品开放课建设为契机,围绕"课程思政浸润精品在线开放课程建设"的宗旨,校企双元导师、师生双方主体共同开发建设优质课程,"名导讲座""技能大师微课堂""优秀校友进课堂""同辈学习圈"等形式并举,厚德强技,共育文旅业实践英才,产教融合,共建优质数字化资源,打造思政与专业无缝衔接的"金课"课堂,打磨校企共育、校际共建、多维融合的浸润式中国文旅职业精神培育课程。

校际合作开展教学方法研讨、数字资源建设、教案资料完善、教改课题研究等,共同编制课程思政浸润的新形态富媒体教材。通过教学资源汇集—慕课平台支撑—研究项目链接—师生成果转化—人才培养推进,凝练课程创新教法改革模式,深化知识传授与价值引领、显性教育与隐性教育、育才能力与育德能力等三融合,借助互联网学习的传播力,扩大"旅游服务心理学"课程思政改革成效的辐射力。

2. 思政多元引领,铸造人民至上德才兼备的文旅实践英才培育新模式

"旅游服务心理学"专注"一个信念,三个提升,三种熏陶,三项修炼"的育人目标,围绕"一条主线,四个维度,六个结合"进行课程思政建设。培根铸魂,引导学生坚定"为人民服务"的职业理想与信心,贯彻中国服务行业强调的"以客户为中心"的服务理念,发挥旅游服务工匠的举足轻重的人性化情绪服务价值,培育学生做具备现代社会责任心的大国公民、钻研服务艺术的行业工匠,最大限度地关注人民的幸福旅游体验。

以思政教育引领第二课堂等,探索思政育人创新模式。从思政升华竞赛导游词等高度,带领学生完成文化和旅游部"万名旅游英才计划"实践项目、全国职业技能大赛、省级"挑战杯""互联网+创业赛""攀登计划"等,组织"赞华夏文明,讲中国故事"比赛等,大幅提高学生参与度、获得感。引导学生通过各类竞赛、志愿活动、实践实习等,树立正确的世界观、人生观、价值观,强化行业自信,培养学生经世致用、实践成才。

3. 贯彻三全育人,开创职业类心理课程融入高校心理健康教育新途径

教学团队始终坚持以习近平总书记在全国教育大会上提出的"把立德树人融入教育"为理念导向,将育人与教书结合起来,将思想政治教育贯穿教学全过程。"旅游管理专业教师+双肩挑教师+心理咨询教师+思政课程教师+企业兼职教师"组建师资队伍支撑"校级大学生心理咨询中心—二级院部心理保健站—各专业职业心理课堂"的学生心理健康教育的闭环体系,形成心理健康教育合力,促进全员育人工作机制的完善,形成全方位的心理育人氛围,构建阳光积极的线上线下、课内课外结合的心理育人场域,全面满足学生心理成长需求,实现了高水平的"双师"综合师资队伍培养高素质技术技能人才。

课程团队教师把课程思政示范课程建设过程视为自我的政治觉悟、思想意识、教学能力等方面提升与修炼的过程,立志勇敢面对课改过程中的瓶颈与困难,勇担立德树人、教书育人的责任和使命。

续表

（六）反思与改进

1. 反思

因为资金有限、条件不足，课程的智慧化服务 SOP 系统推进较慢。同时，课程的校际合作方面还有可扩展的空间，兄弟院校相同专业层面的课程思政交流平台、研究机构、培训组织等有待增加。

2. 改进

在党的二十大精神的洗礼下，教育工作者定要深入学习、实践落地、坚定扎根！高举中国特色社会主义伟大旗帜，学习贯彻习近平新时代中国特色社会主义思想，弘扬伟大建党精神，自信自强、守正创新、踔厉奋发、勇毅前行，为全面建设社会主义现代化国家、全面推进中华民族伟大复兴而团结奋斗。

（1）践行党的二十大精神，校企继续深度融合，踔厉奋发创新智慧服务新篇章践行党的二十大精神，始终围绕"坚持以人民为中心的发展思想"，继续加强校企深度产教融合，校企双元导师团队结合行业数字化发展现状，贯彻中国服务行业强调的"以客户为中心"的服务理念，完成人工智能无法实现的客我之间情感、意志、心态、情绪、经验等方面的自然交互定制化、灵活化 SOP 梳理。

（2）践行党的二十大精神，始终坚守育人初心，合作共赢升级教育教学新模式践行党的二十大精神，始终牢记"坚持为党育人、为国育才，全面提高人才自主培养质量"的使命担当，全面贯彻实施"时代新人铸魂工程"，胸怀大爱，积极破冰，尊重"Z 世代"新生文旅英才特质，加强兄弟院校的课程思政教研活动、跨校多维交流活动，凝聚教育教学成果，锻造课程改革典型。

第五章 5

思政浸润旅游类精品课配套规划教材建设与创新

- ★ 5.1 思政浸润旅游管理专业教材建设创新策略
- ★ 5.2 "十四五"职业教育国家规划教材案例——
    《旅行社计调业务》
- ★ 5.3 广东省"十四五"职业教育规划教材案例——
    《服务礼仪与形体训练》
- ★ 5.4 广东省"十四五"职业教育规划教材案例——
    《旅游市场营销》

在当今高职教育体系中，思政教育与专业教育的深度融合已成为提升教学质量、培养全面发展人才的重要途径。高职旅游管理专业注重应用性、实践性，其教材建设与创新在思政浸润的大背景下显得尤为重要。本章旨在以《旅行社计调业务》《服务礼仪与形体训练》《旅游市场营销》等规划教材为例，探讨旅游类精品课程配套教材如何分析新时代国情、企情、学情，结合高职办学定位、旅游专业特色与人才培养要求，培养新时代旅游青年热爱美丽中国、中华文化、旅游专业，勇担时代大任，凝练出"时代新人铸魂工程"背景下旅游专业人才培养与思政育人目标，并落实到教材的培养目标，从而推动配套规划教材的建设与创新。

5.1 思政浸润旅游管理专业教材建设创新策略

思政浸润下的旅游管理专业配套规划教材建设与创新，是一项系统工程，需要明确目标、挖掘资源、创新形式、强化实践，构建出一套既符合时代发展要求，又能够深刻影响学生思想行为的优质教材体系，为培养具有高尚品德和专业素养的旅游管理人才奠定坚实基础。

一是明确思政目标与专业目标的结合点。在教材编写之初，须明确思政教育的具体目标，并将其与旅游管理专业的教学目标有机结合，确保教材内容既具有专业性，又蕴含思政教育价值。

二是挖掘教材案例中的思政元素。结合具有中国特色的旅游发展的实际案例，深入挖掘其中的思政教育资源，如旅游扶贫、文化遗产保护等，使学生在学习专业知识的同时，受到思政教育的熏陶。

三是创新教材形式与内容。采用多元化、新形态的教材形式，如线上线下结合、图文并茂、视频辅助等，使教材内容更加生动有趣。同时，注重更新教材内容，及时反映旅游业的新发展、新趋势，以及与之相关的思政议题。

四是强化实践环节中的思政教育。在教材中设计具有思政教育意义的实践项目，如社区服务旅游、绿色旅游规划等，让学生在实践中深化对思政理念的理解和认同。

5.2 "十四五"职业教育国家规划教材案例——《旅行社计调业务》

图 5.1 "十四五"职业教育国家规划教材：《旅行社计调业务》（第二版）

5.2.1 教材简介

教材编写遵循职业教育规律，体现"以学生为中心"的教育理念，推动"课堂革命"，坚持"德技并修、工学结合"。2018 年 8 月，教材正式出版，2021 年 11 月改版。目前，教材已入选首批"十四五"职业教育国家规划教材，其依托课程入选 2022 年职业教育国家在线精品课程、广东省高等职业教育"课堂革命"典型案例，也是广东省职业院校高水平专业群——旅游管理专业核心课程。

教材编写团队均为广东省优秀教学团队核心成员，为聚焦新生代旅游人才的培养，利用信息化技术，有效提供富媒体线上学习资源、打造"岗课赛证"融通课堂，并结合课程思政，出版颗粒化程度高、表现形式适当的融媒体智能型、任务引领式、活页式教材。

教材呈现形式新颖，适应理实一体化教学，扎实推进信息化教学改革，结合行业发展变化及时更新内容。具体情况如下：

（1）结合党的二十大精神，及时更新"思政探索"栏目，积极推进党的二十大精神进教材、进课堂、进头脑。

（2）聚焦旅游信息化应用、策划创意与设计等领域最新发展，更新旅行社管理软件、典型产品介绍，开展旅行社计调综合能力的实践与训练，深化"岗课赛证"融通。

（3）与长隆集团、东莞青旅等企业深度合作，不断更新数字资源。

5.2.2 教材产教融合特征情况

5.2.2.1 编写理念

教材充分融入党的二十大精神，落实立德树人根本任务，依据专业教学标准，立足智慧旅游战略目标，以学生为中心，紧扣产教融合、高水平专业群建设背景下的专业人才培养目标，将课程思政融入其中。依托行业企业深度合作项目，原创富媒体学习资源，编撰项目化任务式教材内容，衔接"旅行策划"证书、竞赛等，推动"岗课赛证"融通。

5.2.2.2 编写团队

团队既包括旅游职教领域专家、教科研人员、一线教师，也有行业企业能工巧匠，均具有丰富的业绩成果及行业实践经验。主编张颖主持国家在线精品课程及规划教材、广东省社科规划研究项目，入选文化和旅游部"万名旅游英才计划"、中国旅游教育杰出青年教师、广东省旅游教指委委员；副主编伍新蕾为南粤优秀教师、广东省经济技术创新能手、校级教学名师；副主编曾惠华任职广东万绿湖旅行社总经理12年，现为广东万绿湖研学中心负责人。

5.2.2.3 编写体例

教材适应理实一体化教学，以"课程思政有效融入·项目任务式引领·递进式教学实施·富媒体教学资源支撑·企业行业资讯演练·学习过程考核评价"为编写思路，基于"沉浸式体验·富媒体互动"构建项目任务引领式学习任务，注重教学内容与职业能力培养的有效对接，解决学与训、训与评的难题，适应在线学习和混合式学习需求。

5.2.2.4 教材内容

教材精准分析计调岗位标准，按照"理论实践一体化、实训任务企业化、素质培养全程化"的精准育人模式，优化课例教学目标。教材结合"Z世代"学生的学情分析，精选案例与项目，原创长隆VR及动画等，融入行业发展的新知识、新技术、新方法，体现了旅游职业教育改革要求、高素质技术技能人才培养特色。

5.2.2.5 教材形态及行业企业参与

教材呈现形式丰富多样，装帧设计形式新颖，以富媒体、智能型、活页式教材实现了传统纸质教材与数字技术的融合。与长隆集团、东莞青旅等一批旅游企业紧密合作，推进产教融合，将VR、微课、交互式课件、动画等富媒体资源呈现给用户。

5.2.3 教材特色与创新

教材迎合职业教育提质增优、混合式教学改革趋势，构建校企共建编撰机制。教材获得文化和旅游部"万名旅游英才计划"双师型项目、国家文化产业资金支持媒体融合重大项目等资助，教材的编写依托广东省职业院校高水平专业群"旅游管理"专业群，所配套课程作为河源职业技术学院第一批混合教学改革"优秀"课程、"课程思政"示范课程，已建成国家级在线精品课程，并完成了学银在线慕课11次开课，教材课例获得广东省职业院校信息化教学大赛二等奖、广东省高等职业教育"课堂革命"典型案例。

教材聚焦于"能学、辅教"，精准分析计调岗位（群）标准，校企共同构建教学内容，使课程更具针对性、实用且有效。教材配套的"旅行社计调业务"超星学银慕课，已经建成并运行6年，院校班级及学员来自全国100多所学校，使用和对外开放共享情况优秀。

教材的特色与创新，主要体现在以下三个方面。

一是重德强技，提升学生"责任担当"素养。好的教育应该培养学生成为"责任担当者、问题解决者"，课例通过精心设计，将诚信、责任价值观等思政元素和旅游产品策划与设计有机结合起来，提升学生对国内主题公园的景区认同感，实现旅游学与思政教育的有机契合，培养爱国主义情怀与文化自信。

二是实践英才，熏陶学生"行业自信"品格。坚持"岗课赛证"融通，通过沉浸式、富媒体资源，产教联动充实教学的"源头活水"，围绕"一个中心，四个结合"，实施课程教学，激发学生对旅游行业的认同感和作为旅游从业人员的自豪感。

三是创新驱动，凝聚课程"三教"改革成果。按照"理论实践一体化、实训基地企业化、教学实训项目化、素质培养全程化"的精准育人模式，教材围绕旅行社计调职业核心能力的内涵，通过富媒体资源汇集—慕课平台支撑—沉浸式体验—企业项目链接—设计成果转化，凝聚"三教"改革成果，教材配套资源丰富多样。

5.3 广东省"十四五"职业教育规划教材案例——《服务礼仪与形体训练》

图 5.2　广东省"十四五"职业教育规划教材：《服务礼仪与形体训练》（第三版）

5.3.1 教材简介

《服务礼仪与形体训练》依据高等职业学校专业教学标准，坚持"立德树人"教育宗旨，紧扣文旅业思想觉悟高、家国情怀深、职业道德好、专业素质硬、审美形象佳的技术技能人才培养目标，围绕"以礼载德育人，校企双元开发，师生教学相长，内容体例鲜活，资源综合更新"编著。

2009年9月校本讲义运用教学实践，2015年入选原国家旅游局（现文化和旅游部）"万名旅游英才计划"双师型教师项目，2016年6月凝练出版（54万字）；得益国家文化产业资金支持媒体融合重大项目、优秀混改课程支持，2019年8月第二版富媒体教材面市；在党的二十大精神的洗礼下，2023年3月第三版思政浸润活页式富媒体教材应运而生。

作为广东职业院校高水平专业群"旅游管理专业群"建设项目，教材由中国旅游教育杰出青年教师、南粤优秀教师伍新蕾副教授编著，身为广东教育系统百姓宣讲团成员、学校教学名师、课程思政名师，担任第23届世客会政务导游与志愿者礼仪教师，拥有丰富的职教改革成果及行业实践经验。

践行教育部"时代新人铸魂工程"，全面服务乡村振兴，按"适农"要求改造旅游管理传统教材，以助力乡村人才、文化、组织振兴为重点，第三版教材顺应信息化混合式教学，深化"岗课赛证"融通，创新活页设计，与长隆集团、御临门温泉度假村、翔丰国际酒店、碧桂园物业发展有限公司等产教融合，共建数字化、颗粒化、系统化的富媒体资源，打造编排科学规范、图文表并茂、形式新颖灵活、信息技术适度的浸润式文旅职业素养培育教材，深受使用院校好评。

5.3.2 教材编写理念与内容设计

5.3.2.1 教材编写理念

教材针对高职旅游专业人才培养特色及要求，依据高等职业学校专业教学标准，服务乡村振兴战略，基于文旅融合背景，践行"时代新人铸魂工程"，弘扬中华优秀传统文化、红色文化和社会主义先进文化，立足学生职业发展和成才规律，体现"德技并修""育训结合""岗课赛证"融通等新时代职教育人理念。

5.3.2.2 教材内容设计

教材广泛调研文旅行业人才实际需求，在尊重专家意见、企业岗位需要、学生兴趣爱好与认知规律的基础上，将礼仪知识与文旅行业岗位的职业能力标准相结合。突出课程思政浸润，遵循行动导向、任务驱动，以服务工作过程为主线，围绕礼仪知识储备、职业形象塑造、社交礼仪展示、美丽体态雕塑等四大模块、十三个项目呈现文旅服务岗位礼仪文化知识、文明服务技能、综合职业素养，"知礼习礼微课""知识广角镜"呈现数字资源，结合活页设计灵活支撑信息化混合教学实践。

（1）"思政浸润始终"实现"以礼铸魂"

党的二十大报告提出："推动明大德、守公德、严私德，提高人民道德水准和文明素养。"和谐社会，文明乡村，礼仪先行，社会主义核心价值观是中华礼仪文化灵魂。满溢文化自信的"思政浸润小课堂"展示思政素材、凝练思政元素、抒发思政感悟，思政浸润显性化，立德树人，培根铸魂。

（2）"岗课赛证"融通完善"以礼塑人"

提炼服务岗位、技能大赛、导游资格证、"1+X"研学旅行策划与管理等证书对职业礼仪核心要求，全面融通于教材，引导学生"知礼、懂礼、习礼、用礼"，实现"知行合一、内外兼修、德技双馨"。

（3）"校企生共合作"打造"活页式富媒体教材"

遵循"教学做一体化"原则，"动感小课堂"融入丰富教学方法，"知礼习礼微课""知识广角镜""趣味超链接"提供大量扫码学习的数字资源、阅读资料，通过课前自学—课中研学—课后提升进阶编排，原创精美图表，结合活页设计，方便教学安排，利于自主学习。学校主导、企业共建、学生参与，合力建设基础性资源与富媒体资源，树立同辈榜样，熏陶职业素养。

5.3.3 教材特色与创新

5.3.3.1 围绕"一个核心，三个维度，四类结合"实施教材编写

积极推进党的二十大精神进教材，围绕"职业礼仪规范能力培养和职业综合文明素质提升"的编写核心，从"中华传统礼仪文化传承、社会主义核心价值观熏陶、服务人员工匠精神培育"三个维度，将知识内化与技能外显结合，将课内学习与课外拓展结合，将线上学习与线下面授结合，将解决思想问题与实际问题结合，内化学生道德情操，外化学生行为气质，培根铸魂，启智润心。

5.3.3.2 对旅游服务礼仪的固有思政元素与德育资源内涵式开发

挖掘礼仪之"灵魂根源"，陈述中华传统礼仪与现代服务礼仪，筑牢政治认同，熏陶家国情怀，树立文化自信；分析礼仪之"核心精髓"，讲好中国文旅服务礼仪思政故事，弘扬工匠精神，突出经世致用，深化爱岗敬业；营造礼仪之"气质风范"，学习、实践服务礼仪与形体训练，强化服务意识，塑造职业形象，注入体育精神。思政浸润目标引领"思政浸润小课堂"，培养"社会文明倡导者、礼仪文化传承者、

服务艺术践行者、人民至上奉献者"。

5.3.3.3 教材内容与教学方法的交相辉映展示"三教"改革成果

提炼"岗课赛证"对职业礼仪核心要求，全面融通于教材与教法，"动感小课堂"呈现多元化行动导向教学方法，课前自学—课中研学—课后提升契合线上线下混合式教学，活页式装订使教材灵活组成礼仪知识册、礼仪实训册、礼仪培训册等。编者总结的"参与式定制化"项目教学法多次获奖，并立项文化和旅游部、广东省教育厅等教研课题，发表多篇教改文章。

5.3.3.4 "校企生"合作共建教材内容与综合资源突出"学生主体"

教材基于新时代学生特质选择内容、设置任务，校企共建还原企业情景、汇总前沿案例，企业专家与优秀学生进教材，树立行业楷模，实现同辈激励，增强学生自信，激发学生内驱力。

5.3.3.5 从教材内容到编排形式全方位发挥礼仪美育的润化功能

教材文本字斟句酌，图片表格精美丰富，雅致服务形象塑造，处处体现中华美学神韵，让学生沉浸在内容与形式的美学熏陶，发挥礼仪美育功能。

5.3.4 教材实践应用及效果

作为广东省高职院校高水平专业群"旅游管理专业群"建设项目，教材获原国家旅游局（现文化和旅游部）"万名旅游英才计划"、国家文化产业资金支持媒体融合重大项目等资助，依托课程思政示范课、优秀混改课、精品在线课，助力培育文旅实践英才，多次获得教学奖项。自发行以来，本教材获得本科（如首都师范大学科德学院、三明学院）及高职（如西安职业技术学院、广东省外语艺术职业学院、佛山职业技术学院）等多所院校老师选用超上万册，受到师生高度好评，体现令人满意的教学应用效果。

5.3.4.1 教师反馈——思政浸润职业素养教材建设，德技并修教学实践成效显著

以礼载德育人，该教材既注重对中华传统礼仪文化的传承，又贯穿社会主义核心价值观的熏陶，也强化德技双馨文旅职业素养的浸润。微课、动画、大纲、日历、教案、课件、题库、指南等配套数字化教学资源丰富适用，可直接采纳，结合活页设计辅助实施混合式教学。课前自学，便于教师发布预习与测试，提前了解学情调整课堂实施；课中研学，借助"动感小课堂"任务驱动，注重礼仪实操，培育职业

素养，"做中学""学中做"激发学生探究兴趣；课后提升，教师借助配套测试加强学生内驱力，借助"知识广角镜""趣味超链接"增长学生见识，引导分层学习。

5.3.4.2 学生反馈——"校企生"三方合作教材建设，学生乐用爱用接受程度高

学生普遍反映该教材形式精美、编排新颖、内容实用、贴合行业，实现价值共创、情感共鸣，丰富全面优质的富媒体资源便于课内学习、课外阅读、课程自测，对于自主学习、分层提升、体验实际工作有较大帮助和指导作用，堪称学生职业礼仪素养修炼工具书。

5.3.4.3 竞赛验证——"岗课赛证"融通教材建设，培育文旅实践英才成果突出

作为全国职业院校技能大赛导游服务赛项成果转化教材，河源职业技术学院旅游管理专业依据本教材进行选手礼仪训练，丰硕成果充分证实教材实用性、有效性。教材支撑实践英才项目、"挑战杯""攀登计划"、顶岗实习、"1+X"证书试点等均取得显著成效。

 5.4 广东省"十四五"职业教育规划教材案例——《旅游市场营销》

图5.3 广东省"十四五"职业教育规划教材：《旅游市场营销》（第三版）

5.4.1 教材简介

教材编写基于文旅产业新趋势，体现"以学生为中心"的教育理念，推动"课堂革命"，坚持"德技并修、工学结合"。教材于 2016 年 1 月出版，2022 年 10 月已经更新至第三版。

经过 6 年实践与探索，教材获得东北财经大学出版社"优秀教材奖"，其依托课程入选广东省高职教育精品在线开放课程与优质继续教育网络课程、配套慕课已在"学银在线"运行 7 期，也是广东省职业院校高水平专业群——旅游管理专业核心课程、课程思政示范课。

为更好地服务乡村振兴战略，按"适农"要求改造旅游管理传统专业课教材，结合"互联网+"、乡村旅游新趋势，为教材注入数字新元素，打造"岗课赛证"融通内容，并结合课程思政改革，打造工作手册式教材，配套颗粒化程度高、表现形式适当的融媒体、数字化学习资源。

教材编写团队依托广东省职业院校高水平专业群、广东省优秀教学团队。主编张颖入选文化和旅游部"万名旅游英才计划"双师型教师、广东省"千百十"人才培养工程、中国旅游教育杰出青年教师、校级教学名师；主编伍新蕾为南粤优秀教师、广东省经济技术创新能手、校级教学名师；副主编朱智教授及胡晓晶副教授、主审赵立民教授，均具有丰富的职教改革业绩成果及行业实践经验。

该教材编排方式科学、呈现形式灵活、信息技术应用适当，在编写过程中，积极推动"岗课赛证"融通，并与长隆集团、东莞市青年国际旅行社有限公司、广东万绿湖旅游经营管理有限公司等旅游企业紧密合作，校企合作制作了丰富的产教融合、融媒体教学资源，得到使用院校的广泛好评。

5.4.2 教材编写理念与内容设计

5.4.2.1 教材编写理念

教材依据高等职业学校专业教学标准，立足智慧旅游战略目标，基于旅游市场营销工作过程设计编写体例，融入课程思政，扎实推进信息化教学改革，紧扣产教融合背景下的旅游营销岗位能力目标、知识目标、素养目标，以旅游产品销售认知、旅游市场营销环境分析等九个项目为载体。教材结合鲜活的案例与项目、原创制作富媒体资源、实施工作手册式教学内容，推动"岗课赛证"融通，积极探索"3+2"高本衔接旅游类教材建设。

5.4.2.2 教材内容设计

（1）课程思政和"岗课赛证"内容融通

教材坚持立德树人与文化育人，聚焦"三教"改革，通过绘制"思政导图"，设置"思政探索"栏目，课程思政浸润始终，积极推动"岗课赛证"融通综合育人，探索教材与"1+X"旅行策划职业技能等级证书、"1+X"研学旅行策划与管理职业技能等级证书的融通，充分体现了职业教育"教、学、做一体化"的原则。

（2）校企双元与工作手册式任务融合

教材在编写过程中与旅游企业开展紧密合作，包括广州长隆集团、东莞青年国际旅行社、广东万绿湖风景区等，行业企业的能工巧匠参与教材配套富媒体教学资源的制作、提供了丰富的一手资料与前沿动态信息，有效拓展了教材内容的深度和广度。教材以旅游业销售核心能力模块为主线，遵循理论联系实际的编写原则，每一个项目都由理论和实践两大部分组成，学习者可以将全书内容组装成一本翔实的"知识手册"、实用的"实训手册"，从而使纯理论化的教学内容演变成了结合旅游业鲜活的案例与操作项目的工作手册式教材。

（3）富媒体和沉浸式学习资源全面融入

为了服务旅游职业教育数字化转型，教材配套资源丰富、呈现形式灵活、信息技术应用适当的数字化资源。除了日常学习所需的电子课件、教学大纲、课程教案、教学日历、学习指南、题库等基础性资源，还原创制作交互式课件、微课、VR全景、动画、互动小游戏、边听边记等融媒体资源，均以二维码的形式在书中呈现，以增强学习者的直观、沉浸式体验，有利于提高学习者自主学习的积极性。

5.4.3 教材特色与创新

教材迎合职业教育提质培优、混合式教学改革趋势，构建校企共建编撰机制。教材编写依托广东省职业院校高水平专业群"旅游管理"、编写团队结构合理。教材获得文化和旅游部"万名旅游英才计划"、国家文化产业资金支持媒体融合重大项目等资助，编写团队获得广东省职业院校信息化教学大赛二等奖，其依托课程已建成精品在线开放课程、课程思政示范课、混合教学改革"优秀"课程，入选广东省优质继续教育网络课程。

教材配套的"旅游市场营销"学银在线慕课已运行 8 期，累计页面浏览量超 158 万人次、累计互动次数超 2 万人次，覆盖学校常德财经学校、青岛酒店管理职业技术学院、临汾职业技术学院、河北旅游职业学院等一批职业院校，使用和对外开放共享情况优秀。

5.4.4 教材实践应用及效果

教材以"重塑教学空间，回归教学本源"为原则，秉持编排方式科学、配套资源丰富、呈现形式灵活、信息技术应用适当的理念，以数字化资源实现了传统纸质教材与数字技术的融合，通过二维码建立链接，将 VR、微课、视频、动画、音频、知识点游戏等融媒体资源呈现给学习者。从教材内容的选取整合来说，不仅注重专业教学内容与职业能力培养的有效对接，而且很好地解决了课程思政、"岗课赛证"等内容的有机融入。

5.4.4.1 立德树人，项目任务引领式教学实践成效显著

教材内容坚持立德树人，根据职业教育国家教学标准要求，优化课例教学目标，拓展教学内容深度和广度，体现产业发展新趋势、新业态、新模式。教材结合"Z 世代"学生的学情分析，扎实推进信息化教学改革，紧扣能力与知识目标，结合旅游营销鲜活的案例与项目、原创长隆 VR 及动画、天港成旅行社管理软件等，以"课程思政有效融入·项目任务式引领·递进式教学实施·富媒体教学资源支撑·企业行业资讯演练·学习过程考核评价"为解决思路，基于"沉浸式体验·富媒体互动"构建项目任务引领式学习任务，贯穿于课前预学、课中导学、课后巩固与拓展，并做好课程思政内容设计、有机融入工匠精神等育人新要求，培养学生经世济民、诚信服务、德法兼修的职业素养。

5.4.4.2 实践英才，教材支撑"岗课赛证"获奖成果突出

近年来，教材支撑学生顶岗实习、技能竞赛、"1+X"证书试点等，取得积极成效，共获得广东省"挑战杯"大学生课外学术科技作品、全国旅游院校导游服务技能比赛、"互联网+"创新创业比赛等项目特等奖 2 项、一等奖 2 项、二等奖（银奖）3 项、三等奖 1 项；学生参加"1+X"证书考试，保持高通过率。

5.4.4.3 开放共享，教材使用及配套慕课应用效果显著

教材主要使用院校包括广东财贸职业学院、广东农工商职业技术学院、柳州职业技术学院、长春汽车工业高等专科学校、马鞍山职业技术学院等，其配套慕课覆盖郴州职业技术学院、大理农林职业技术学院、厦门城市职业学院等一批院校，实践应用效果显著。

第六章 6

思政浸润高职旅游类在线精品课程创新路径与策略

★ 6.1 旅游专业人才培养与思政育人目标凝练

★ 6.2 思政元素与德育资源及数字化课程内涵开发

★ 6.3 "岗课赛证"融通"内外交替,真岗培养"的思政浸润教学模式创新

★ 6.4 思政浸润"三教"改革与创新路径

在新时代背景下，教育部对课程思政及在线精品课程的建设提出了明确要求，强调要将立德树人作为教育的根本任务，通过课程思政的融入，培养学生的社会主义核心价值观、爱国情怀和社会责任感。

围绕思政育人目标，本章依据专业特色与课程特点构建旅游类在线精品课程的课程思政建设的系统路径，厘清思政浸润下旅游类在线精品课程创新路径主线，提出旅游专业人才培养与思政育人目标凝练、旅游类在线精品课程思政元素与德育资源的内涵式开发与数字化建设，以及思政浸润下重构教学内容、创新教学模式、完善考核评价、优化师资团队等建设维度的具体实践对策。

6.1 旅游专业人才培养与思政育人目标凝练

针对紧密合作的文旅企业、优秀毕业生、在校生等进行广泛的调研，结合国情、企情、学情，旅游专业从时代责任、职教目标、专业属性等方面，全面梳理、分析、总结新时代旅游行业人才核心素养，凝练出"时代新人铸魂工程"背景下旅游专业人才培养与思政育人的综合目标，进而提炼出落实到旅游专业课程的育人目标。

6.1.1 时代背景与"时代新人铸魂工程"

在新时代背景下，青少年思想政治教育工作显得尤为重要。党的二十大精神和习近平总书记的重要论述精神为新时代青少年教育指明了方向。《用好红色资源 培育时代新人 红色旅游助推铸魂育人行动计划（2023—2025年）》的印发，标志着"时代新人铸魂工程"的全面实施。该行动计划旨在通过红色资源的有效利用，引导青少年厚植爱党、爱国、爱社会主义的情感，培养担当民族复兴大任的时代新人。在这一背景下，旅游专业人才培养与思政育人目标的凝练显得尤为重要。

6.1.2 旅游专业人才培养与思政育人目标

旅游专业作为服务性、体验性、文化性极强的学科，其人才培养不仅要求学生掌握扎实的专业知识与技能，更需具备高度的社会责任感、爱国情怀和良好的职业道德。因此，旅游类在线精品课程的建设需紧密围绕思政育人目标，将立德树人作为根本任务，通过课程思政的融入，培养学生的文化自信、民族自豪感和社会责任感。

具体目标包括：首先强化社会主义核心价值观，通过课程思政的浸润，引导学生树立正确的世界观、人生观和价值观，培养学生的爱国主义情怀和集体主义精神；其次提升学生的职业素养，包括服务意识、创新精神和实践能力，使其成为符合市场需求的高素质旅游人才；最后增强学生的历史责任感和时代使命感，通过红色旅游资源的利用，激发学生对革命传统的认同和对新时代的热爱，培养学生的家国情怀和时代责任感。

6.2 思政元素与德育资源及数字化课程内涵开发

对旅游类在线精品课程固有思政元素与德育资源的内涵式开发与深入性挖掘，遵循课程逻辑，内涵式深挖课程固有的思政德育资源，全面丰富课程思政内容供给，回归课程育人的价值本身，启发学生系统性思考。同时，可依托高水平专业群、国家级与省级在线精品课程、省级课程思政示范课程等项目资助，校企双元导师、师生双方主体共同开发建设优质课程思政、数字资源。旅游类在线精品课程的建设深入挖掘课程中的思政元素、德育资源及数字化课程内涵，可以从以下五个方面入手。

6.2.1 红色文化融入

结合丰富的红色旅游资源，开发一系列红色文化研学项目，不仅限于理论学习，更要注重实践体验。在课程设计中，可以将著名的红色故事、革命先烈的英雄事迹以及革命精神作为核心内容，通过视频讲解、图文展示、音频解说等多种形式，生动再现历史场景。实地考察是不可或缺的一部分，组织学生参观革命遗址、纪念馆、博物馆等，让学生亲身体验革命传统的伟大力量，增强他们的爱国情怀和历史责任感。

6.2.2 地方文化挖掘

深入挖掘地方特色文化资源，如非物质文化遗产、历史遗迹、民俗风情等，开展具有地域特色的文化认知教育。通过线上课程介绍地方文化的历史背景、独特价值和现状，线下则组织实地考察、访谈当地文化传承人等实践活动，让学生亲身体验并理解地方文化的魅力。此外，鼓励学生参与地方文化的保护与传播工作，如组织文化节庆活动、制作宣传视频等，从而培养他们的文化认同感和自豪感。

6.2.3 生态环保意识

在旅游规划与开发的课程中，将生态环保理念作为核心议题之一，强调旅游资源可持续利用的重要性。通过案例分析，展示生态旅游的成功案例与失败教训，引导学生思考如何在旅游发展中平衡经济、社会与环境的关系。模拟实训环节，可设置具体的旅游规划项目，要求学生在设计方案时充分考虑生态保护措施，如减少碳排放、保护生物多样性、推广绿色交通等，以此树立学生的绿色发展观。

6.2.4 职业道德与职业素养

结合旅游行业的实际需求，强化职业道德与职业素养教育，确保学生在掌握专业知识技能的同时，也具备良好的职业操守。课程内容应涵盖服务意识、诚信经营、团队协作精神、危机处理能力等多个方面。通过情景模拟、角色扮演等教学方法，模拟旅游服务中的各种场景，让学生在实践中学习和体验如何有效沟通、解决冲突、维护客户利益等，从而提升学生的职业竞争力，为他们未来的职业生涯打下坚实的基础。

6.2.5 课程数字化建设

随着信息技术的快速发展，数字化建设已成为旅游类在线精品课程的重要方向。具体实践包括：一是在线教学平台构建。利用云计算、大数据等技术，构建功能完善、操作便捷的在线教学平台。实现课程资源的数字化存储与共享，方便学生随时随地进行学习。二是多媒体教学资源开发。制作高质量的视频、音频、PPT 等多媒体教学资源。增强课程的趣味性和互动性，提高学生的学习效果和学习兴趣。三是虚拟仿真实验教学。开发虚拟仿真实验教学系统，让学生在虚拟环境中进行旅游规划、服务操作等实践训练。通过模拟真实的工作场景，提升学生的实际操作能力和问题解决能力。四是智慧学习档案袋建设。利用学习行为记录、虚拟仿真设备操作记录等数据，构建智慧学习档案袋。客观反映学生的学习成长情况，为个性化教学提供依据和支持。

6.3 "岗课赛证"融通"内外交替，真岗培养"的思政浸润教学模式创新

深化旅游专业"内外交替，真岗培养"教学模式的职业教育优势，积极践行"岗（导游、研学导师、旅行策划专员等）课（旅游类在线精品课程、课程思政示范课程等）赛（技能赛、创业赛、'挑战杯'与'攀登计划'）证（国家导游资格证、'1+X'研学旅行策划与管理职业技能等级标准、旅行策划职业技能等级标准等）"融合育人。校内课堂采用学银金课慕课端实施线上线下混合教学，剖析"1+X"多项证书考核标准，融入行业岗位要求，强化课程实用性、适用性，将职业技能大赛、创新创业大赛、"挑战杯"大赛、"攀登计划"项目等训练要求融入相应的课程教学内容中，课程任务与备赛要点融会贯通，运用"参与式定制化体验感"项目教学法激活课堂，重过程、重实践、重体验，多样化、融合性地强化学生知识与技能储备。校外实践依托原国家旅游局（现文化和旅游部）"实践英才项目""研学旅行课程设计与开发""景区义务导览"等真实实践任务与实践基地社会服务，提升学生服务实战能力，夯实学生服务综合实践运用能力，助力学生经世致用、实践成才。

6.3.1 "岗课赛证"融通模式

"岗课赛证"融通模式是指将就业岗位、课程内容、技能大赛、职业资格证书有机融合的教学模式。该模式旨在通过与实际工作岗位紧密对接的课程设置、以赛促学的教学机制、职业资格证书的融入，提升学生的专业技能和职业素养。

一是就业岗位导向。根据旅游行业（如导游、研学旅行、计调、旅游电子商务等）的需求，明确就业岗位类型及技能要求。制定与岗位需求相匹配的课程体系，确保学生所学内容与行业需求相契合。二是课程内容与岗位技能对接。旅游专业课程内容需紧密围绕岗位技能需求进行设计与优化。将思政元素融入课程内容，实现知识传授与价值引领的同频共振。三是技能大赛促学。通过组织或参与导游、研学旅行等省级国家级技能大赛，激发学生的学习兴趣和竞争意识。教师需将技能大赛中的新标准、新工艺融入日常教学，推动教学内容与行业需求的无缝对接。四是职业资格证书融入。将全国导游人员资格考试等职业资格证书的考核内容融入课程教

学中，使学生在完成学业的同时获得相应的职业资格证书，增强其就业竞争力。

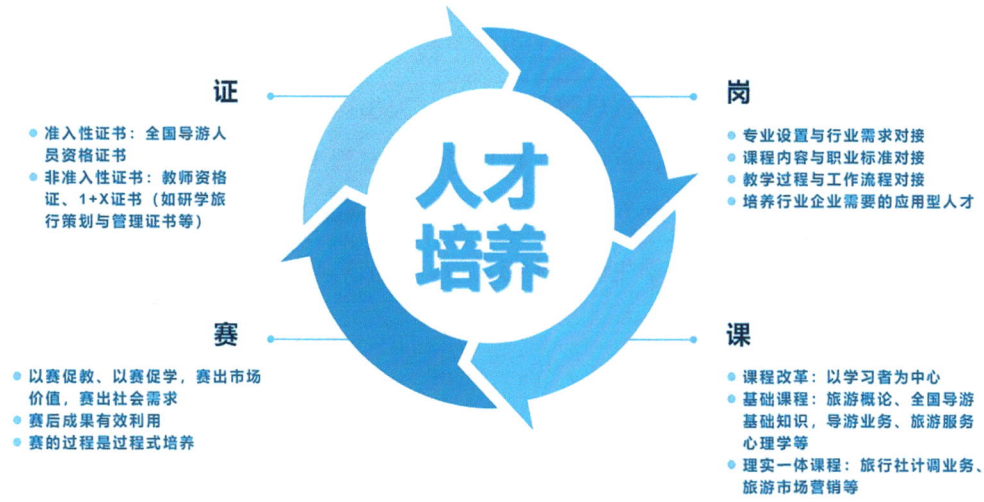

图 6.1　旅游管理专业"岗课赛证"融通模式

6.3.2 "内外交替，真岗培养"教学模式

"内外交替，真岗培养"教学模式是指通过校内外实训基地的交替使用，以及真实工作岗位的实习锻炼，实现学生技能与职业素养的全面提升。其关键环节有三点。一是校内外实训基地建设。校方需要加强校内外实训基地的建设与管理，确保实训基地的设施设备与行业标准相一致。通过校企合作共建生产性实训基地、产业学院等，为学生提供真实的工作环境和实践机会。二是真岗实习锻炼。专业组织学生到旅游企业、景区等真实工作岗位进行实习锻炼，让学生在实践中掌握岗位技能、积累工作经验、提升职业素养。同时，通过企业师傅的指导与带教，确保实习效果的最大化。三是思政浸润与职业素养培养。在实习过程中，校企协同，注重思政元素的融入与职业素养的培养。通过企业师傅的言传身教、企业的文化熏陶等方式，引导学生树立正确的职业观和价值观、工匠精神，培养良好的职业道德和团队协作精神。

6.4 思政浸润"三教"改革与创新路径

思政浸润赋能教师、升级教材、激活教法，锤炼旅游类课程思政教学团队，加强项目团队课程思政教育教学能力提升，修炼教师德育能力，确定全员育人的核心责任人，找到全程育人突破关键点；创编与升级在线精品课程配套的思政浸润富媒体活页教材；依托在线精品课程平台，以线上线下混合教学模式全过程"润物细无声"地融入课程思政，创新课程思政教学方法，突出课程思政润化效果检测的理实一体考核，重过程、重实践、重体会，评价考核融过程考核和结果考核为一体，既关注学生思政教育的结果，也关注学生思想意识形成和发展的过程。通过课程前期、中期、后期的分段式企业与学生的调研与访谈，评估思政浸润"三教"改革的效能状况。

6.4.1 教师团队优化与能力提升

教师是课程思政教育理念的具体落实者，优化教师团队、提升教师能力是实现课程思政目标的重要保障。具体实践包括三个方面。一是加强师德师风建设。学校需要从顶层制度设计，完善师德师风考核评价制度，明确课程思政是教师的分内职责。通过开展课程思政相关培训、组织教师集体研讨等方式，促使教师高站位认识课程思政的时代价值，树立起课程思政的正确认识，增强教师的责任感和使命感。二是提升教师课程思政能力。以专业为单位，组建"课程思政"研究团队，建立课程思政集体教研制度。通过专业课教师与思政课教师的充分交流、通力研讨，提升教师对课程中所蕴含的思政元素的挖掘能力和融合能力。鼓励教师积极参与社会实践、行业调研等活动，拓宽知识视野、提高思想素养。三是打造"双师型"教师团队。通过校企合作、教师下企业实践等方式，打造既懂教学又懂实践的"双师型"教师团队。鼓励教师深入企业一线学习新技术、新工艺、新标准，了解行业发展趋势和人才需求变化，为课程内容的更新与优化提供依据和支持。

6.4.2 教材内容更新与德育主线突出

教材是教学内容的支撑和依据。通过更新教材内容、突出德育主线，可以确保课程思政目标的顺利实现。具体实践包括三个方面。一是坚持正确政治方向和价值导向。职业院校教材编写必须体现党和国家意志，坚守马克思主义在教材编写中的指导地位，全面推进社会主义核心价值观进教材，充分体现社会主义办学方向。二是突出教材内容的德育主线。在教材大纲制定和内容编写过程中，除要考虑相关课程的知识体系外,还要思考其价值导向。通过组建结构化教材编写团队,共同确定本课程的育人目标、梳理课程所蕴含的思政元素、发掘并优化课程思政案例。在教材主体内容、阅读材料、习题等各环节编写时,将遴选出的与本课程相关的思想政治教育元素融入其中,形成融知识、能力、课程思政为一体的内容体系。三是动态更新教材内容。专业课教材不仅要实时纳入本专业的新工艺、新技术和新规范,还要及时更新育人导向鲜明的教学案例,坚持"动态开发"的原则,与时俱进地更新教材内容,从而确保教材专业知识的先进性和育人思想的时代性。

6.4.3 教学方法创新与评价机制完善

教学方法的创新与评价机制的完善是实现课程思政目标的重要手段。具体实践包括两个方面。一是创新教学方法。教师要用好课堂教学"主渠道",将思政教育内容融入专业课程教学过程中。通过提升课堂思想性、增强育人亲和力等方式创新教学方法。使课堂教学内容上"有货有料"、形式上"学生爱听乐听",实现知识传授和价值引领的同频共振。例如,可以采用情景教学、案例教学、项目教学等方法将思政元素融入专业课程教学中;利用多媒体教学资源增强课程的趣味性和互动性;组织课堂讨论、小组合作等学习活动激发学生的学习兴趣和思考能力。二是完善评价机制。学校需要建立科学合理的评价机制是确保课程思政目标实现的重要保障,评价机制应涵盖知识掌握情况、技能水平提升等多个方面。

第七章 7

结 论

★ 7.1 研究总结
★ 7.2 研究展望

7.1 研究总结

本研究以"立德树人、匠心筑梦、技术赋能"为指引,深入探究了产教融合大背景下,高职旅游类在线精品课程建设与实践中课程思政的有效浸润方式。研究采用文献分析、案例研究和实地调查等方法,结合河源职业技术学院旅游管理专业的核心课程,包括"旅行社计调业务""旅游服务心理学""旅游市场营销"等,进行了详尽的案例分析。

在高等职业院校协同培育时代新人的前提语境下,以国家级在线精品课程"旅行社计调业务"、省级精品在线开放课程"旅游服务心理学""旅游市场营销"、省级课程思政示范课程"旅游服务心理学"等为建设实践的典型范例,提炼聚焦"课程思政浸润旅游类在线精品课程建设"的目标凝练、思路厘清、模式创新、师资锤炼等多维融合育人经验。通过梳理国家政策导向,分析旅游管理专业课程特点与思政教育需求,本研究提出了针对性的课程思政浸润策略,并通过具体的教学实践进行了验证。

本研究主要有以下结论。

一是浸润式思政教育能够有效地提升学生的职业素养和思政意识。二是产教融合背景下的高职旅游类在线精品课程建设需要注重立德树人、匠心筑梦和技术赋能三个方面的融合。三是通过实施课程思政浸润策略并持续改进教学质量可以推动高职旅游教育的改革与发展并满足国家"岗课赛证"融通、金课建设的要求。

研究结果显示,通过浸润式思政教育,学生的职业素养和思政意识得到了显著提升,同时,这种教育模式也有效地促进了学生对专业知识的掌握和应用。本研究还构建了完善的评估体系,从学生满意度、学习成绩、职业素养和思政意识等多个维度对实践效果进行了全面评估,证实了课程思政浸润策略的有效性和可行性。

基于研究结果,本研究提出了三方面相应对策:一是要深化产教融合,不断优化课程内容,确保其与行业需求紧密相连;二是加强师资队伍建设,提升教师的思政教育能力;三是完善教学质量评估体系,实现持续改进。这些对策旨在为高职旅游类课程思政建设提供有益的参考,推动高等职业教育与思政教育的深度融合,从而培养出更多高素质旅游类人才。本研究以精品在线开放课程、课程思政示范课程的建设，以及从挖掘德育素材、开发立体化的课程思政案例资源库、创编校企双元思政浸润富媒体教材等视角，深入探讨了产教融合背景下高职旅游类在线精品课程中的课程思政浸润策略。金课建设强调高质量、高标准的教学内容与方法，本研究在此背景下，结合河源职业技术学院旅游管理专业的核心课程，通过构建精细化的知识图谱，将思政教育元素巧妙地融入专业课程中。研究运用先进的教育技术，对旅游服务心理学等课程进行了系统性的知识梳理与图谱绘制，旨在打造内容丰富、结构清晰、思政点鲜明的在线精品课程。研究成果不仅符合国家"岗课赛证"融通、金课建设的要求，而且为高职旅游类课程思政建设提供了有益的参考与借鉴。

7.2 研究展望

未来我们将继续关注高等职业教育与思政教育的融合发展动态，并深入探讨如何将更多的思政教育元素融入高职旅游类在线精品课程的建设与实践中。同时我们将加强与企业的合作与交流，共同推动高职旅游教育的改革与发展，为培养更多具备高素质职业素养和思政意识的人才贡献力量。此外，我们还将关注新技术在高职旅游教育中的应用探索，以及利用现代信息技术手段提升教学效果和学习体验，以满足学生个性化发展的需求。

主要参考文献

［1］陈年友，周常青，吴祝平．产教融合的内涵与实现途径［J］．中国高校科技，2014（8）：40-42．

［2］储白珊，蒋丰蔓．提升产教融合水平［N］．福建日报，2024-03-26（7）．

［3］崔志钰．产教融合的问题解析与深化策略［J］．江苏教育，2020（44）：75-76．

［4］邓明润，马月成．基于产教融合的特殊教育人才培养模式探究［J］．黑河学刊，2023（6）：85-89．

［5］邓尧．国际关系和传媒方向的产教融合研究与实践［C］//河南省民办教育协会．2024年高等教育发展论坛论文集（下册）．三亚理工职业学院，2024：2．

［6］侯林峰，王洁琼，郭丽朋，等．"互联网+"模式下的产教结合问题探讨［J］．新疆职业教育研究，2015，6（4）：33-34+48．

［7］金蕾．产教融合生态系统的优化路径［J］．山西财经大学学报，2023，45（S2）：71-73．

［8］孔原．基于互联网思维的产教融合模式创新与实践［J］．职教论坛，2015（8）：62-65．

［9］孙善学．产教融合的理论内涵与实践要点［J］．中国职业技术教育，2017（34）：90-94．

［10］唐静静，卢娜，赵静．利益相关者协同治理视角下的产教融合深化机制研究［J］．河南教育（高教版），2024（1）：13-14．

［11］王凤兰．产教融合在高职院校职业能力培养中的应用研究［J］．山东商业职业技术学院学报，2024，24（1）：32-35．

［12］王家言．深化产教融合［N］．安徽经济报，2023-09-21（1）．

［13］薛中海，汪俊枝，饶培俊.产业转型升级背景下职业教育产教融合探析［J］.河南工业大学学报（社会科学版），2014，10（3）：139-142+146.

［14］余玉秀，吕思萱，迟文婷.产教融合视域下翻译实践教学路径探究［C］//河南省民办教育协会.2024年高等教育发展论坛论文集（上册）.三亚学院外国语学院，吉林大学东北亚研究院，三亚学院法学院，2024：2.

［15］白琳.论课程思政在"推销与谈判"课程教学中的融入［J］.陕西教育（高教版），2021（12）：10-11.

［16］边频.课程思政理念下英语教学模式与评价体系改革研究［C］//国家教师科研基金管理办公室.中小幼教师新时期首届"教育教学与创新研究"论坛论文集.山西金融职业学院，2022：3.

［17］陈理宣，董玉梅，李学丽.课程思政的内生机制、实现路径与教学方法［J］.国家教育行政学院学报，2021（8）：80-86+95.

［18］代玉良.从思政课程到课程思政：高校思想政治教育创新路径探析［J］.宁波职业技术学院学报，2019，23（2）：37-41.

［19］付坚强，朱娅.课程思政：背景、内涵与路径［J］.中国农业教育，2020（4）：28-34.

［20］桂汪洋，吴扬扬.课程思政理念下建筑学专业教学的探索与实践［J］.中国建设教育，2022（2）：132-138.

［21］贾孟喜.课程思政的内涵特色、价值指向与实施路径［J］.百色学院学报，2024（2）：118-127.

［22］李春萌，马翠凤.三全育人格局下课程思政建设的实践探索——以广西水利电力职业技术学院为例［J］.中国职业技术教育，2020（26）：55-58.

［23］李文忠，牛童.课程思政课程教学实践探索与研究［J］.山西青年，2020（3）：46.

［24］刘文静，艾于兰，董小丹，等.高职院校课程思政探索与设计——以数据库课程教学为例［J］.中国现代教育装备，2022（5）：109-111.

［25］刘艳玲，虞满华.新时代课程思政的价值追求及其推进路径［J］.佳木斯大学社会科学学报，2020（4）：222-225.

［26］刘志学.课程思政的内涵、价值与实现路径［J］.牡丹江师范学院学报（社

会科学版），2022（5）：88-90.

［27］罗光晔.“课程思政”视角下高校思想政治教育优化建设研究［J］.遵义师范学院学报，2021（5）：110-113.

［28］马晓红，刘小丽，王欣.课程思政建设的内生逻辑和路径探索［J］.邢台学院学报，2023（3）：141-145+152.

［29］孙义.课程思政融入专业课教学的"三同"模式研究［J］.汽车维护与修理，2022（6）：14-15.

［30］张兴华.课程思政在高职软件技术专业课程教学中的应用研究［C］//百色学院马克思主义学院.2024年思想政治教育论坛郑州分论坛论文集.黑龙江职业学院，2024：3.

［31］赵继伟."课程思政"：含义、理念、问题与对策［J］.湖北经济学院学报，2019（2）：114-119.

［32］赵小青.西部地区高校课程思政建设现状、问题及对策［J］.学术与实践.2023（2）：62-72.

［33］郑莉芳，杨明明，宋琦.新时代背景下高校课程思政建设与实践——以北京科技大学机械工程学院机器人科创班为例［J］.北京教育（高教），2024（2）：93-96.

［34］陈杏梅.精品课程建设的归宿［J］.中学政治教学参考，2014（Z2）：77.

［35］方旭.国家精品在线开放课程认定的实证分析［J］.中国高教研究，2018（7）：94-99.

［36］顾晓薇，胥孝川，王青.国家精品在线开放课程建设研究［J］.现代教育管理，2020（6）：77-83.

［37］侯爽，王龙.国家精品课程项目：利用开放教育资源提升本科教学质量［J］.开放教育研究，2012（1）：124-132.

［38］李光飞，郑俏.精品课程网络化建设存在问题与解决对策［J］.浙江海洋学院学报（人文科学版），2011（4）：76-79.

［39］刘泽华.精品课程学习与资源管理平台设计与实现［D］.电子科技大学，2013.

［40］柳礼泉，丁蕾.精品课程和国家精品课程建设研究综述［J］.大学教育科

学，2010（5）：34-37.

［41］路秋丽，孙华，田雨，等.国家精品课程建设现状的调查分析［J］.中国远程教育，2010（4）：49-54+79-80.

［42］苗苗，沈玉顺.普通高校国家精品课程建设研究述评［J］.现代教育科学，2009（5）：37-42.

［43］潘爱珍，沈玉顺.国家精品课程建设回顾与检视［J］.高等工程教育研究，2012（3）：141-145.

［44］钱袁萍，陈在铁，刘静静.基于MOOC平台的国家在线精品课程建设探究［J］.沙洲职业工学院学报，2023（1）：53-56.

［45］秦炜炜.国家精品课程发展十年现状调查［J］.中国远程教育，2013（8）：53-57+96.

［46］王利民.精品课程研究主题衍变及其对精品资源共享课建设的启示［J］.课程教育研究，2018（47）：220-221.

［47］魏翠萍.高职院校在线课程考试质量评价探究［J］.广西广播电视大学学报，2023（6）：16-20.

［48］杨晓宏，周海军，周效章，等.国内在线课程质量认定研究述评［J］.电化教育研究，2019（6）：50-57.

［49］姚玉华.国家精品在线开放课程的教学方式现状调研［D］.西华师范大学，2020.

［50］张久美，胡光忠，张玲玉，等.基于OBE理念的产品创新设计在线开放课程建设［J］.机械设计，2018（S2）：383-385.

［51］白长虹.文旅融合背景下的行业人才培养——实践需求与理论议题［J］.人民论坛·学术前沿，2019（11）：36-42.

［52］曹雨薇.基于个性化需求的旅游业创新人才培养模式研究［D］.上海交通大学，2016.

［53］陈萍.旅游市场需求与旅游人才培养的探讨［J］.中国人才，2013（6）：146-147.

［54］李新月.旅游高职教育人才培养发展演变研究［D］.上海师范大学，2021.

［55］李莹莹，张宏梅.基于CiteSpace的旅游教育研究进展与展望［J］.旅游研

究，2023，15（2）：80-98.

[56] 彭丽. 中国旅游高等教育存在问题及发展设想［J］. 旅游学研究，2010（1）：44-48.

[57] 田娜，王丽华，刘婷磊. 近年来期刊类旅游教育文献综述［J］. 旅游研究，2013（4）：19-25.

[58] 王昆欣. 旅游高等教育人才培养模式的思考［J］. 旅游学刊，2008（1）：11-12.

[59] 王琼，李云辉. 高职旅游专业人才培养模式初探［J］. 教育与职业，2006（21）：15-16.

[60] 魏洁文. 高职旅游人才培养供求差距的调查与分析［J］. 职教论坛，2010（17）：88-90.

[61] 薛琳琳. 中国旅游高等教育研究综述［J］. 旅游学研究，2010（0）：76-80.

[62] 栾淳钰. "时代新人"的精神状态及其塑造［J］. 理论导刊，2022（7）：46-52.

[63] 陶文昭. 铸魂育人的理论基础和实施路径［J］. 教学与研究，2022（5）：19-23.

[64] 王学俭，石岩. 新时代课程思政的内涵、特点、难点及应对策略［J］. 新疆师范大学学报（哲学社会科学版），2020，41（2）：50-58.

[65] 曲建武，郝夏，姜琳. 高校培养担当民族复兴大任时代新人的三重维度［J］. 现代教育管理，2023（5）：43-51.

[66] 黎玲. 从"课程思政"到"专业思政"：高职旅游类专业育人路径与模式研究［J］. 四川省干部函授学院学报，2022（3）：90-95.

[67] 贺静. 课程思政视角下高职旅游专业教学改革实践研究［J］. 教育理论与实践，2021，41（3）：58-61.

[68] 窦群. 旅游专业"课程思政"建设的理论支撑与典型案例分析［J］. 北京联合大学学报，2020，34（4）：39-43.

[69] 王杨，韩红梅，王业娜，等. 高职院校旅游管理专业"课程思政"核心要义与案例研究［J］. 北京经济管理职业学院学报，2020，35（3）：74-80.

[70] 周春林，吕新河，杨洁，等. 高职旅游类国家精品课程评价：基于内容与

功能[J].旅游论坛.2012,5(5):120-125.

[71]戴勇.高职国家精品在线开放课程建设的思考[J].中国职业技术教育,2018(5):52-55.

[72]潘美,蒋瑜.高校在线开放课程建设模式创新与应用研究[J].大学教育,2022(4):179-184.

[73]禤凤娟.广东省高职院校精品在线开放课程评估指标体系构建研究[D].广东技术师范学院,2017.

[74]丁春文.信息化环境下在线课程差异化教学的实践研究——以"浙江乡土旅游"课程为例[J].职业技术教育,2021,42(26):28-32.

[75]伍新蕾.课程思政浸润下精品在线开放课程建设探索——以"旅游服务心理学"为例[J].现代商贸工业,2022,43(5):150-153.

附　录

附录1 "旅游服务心理学"课程标准

（2023年12月修订版）

1. 课程信息

（1）课程名称：旅游服务心理学

（2）课程归口学院：工商管理学院

（3）主讲教师：伍新蕾

（4）学分学时：2学分，36学时

（5）先修课：旅游服务礼仪、导游业务

（6）平行课：旅行社计调业务、旅游美学

（7）后续课：旅游市场营销、旅行社经营与管理

（8）授课对象：旅游管理专业二年级学生

2. 课程地位与任务

（1）课程在课程体系中的地位

旅游管理专业通过多种途径获取最新的行业岗位需求与能力需要信息，比如广泛的行业企业调研，定期召开专业指导委员会，对毕业生进行调查访谈等，逐步明确了旅游管理专业的主要岗位及对应职业能力，从而确立了本专业课程体系（见图1）。

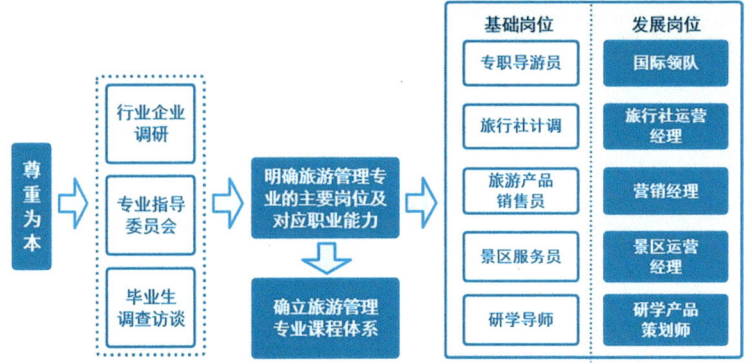

图 1 旅游管理专业岗位、职业能力、课程体系关系

从旅游管理工作岗位、工作任务、能力素质要求与课程对应分析（见表1）中，可以清楚地发现"旅游服务心理学"课程是所有典型工作岗位所对应的基础课程，符合旅游管理专业人才培养目标和专业相关技术领域职业岗位（群）的任职要求。

表 1 旅游管理工作岗位、工作任务、能力素质要求与课程对应分析

典型工作岗位	典型工作任务	职业能力与素质要求	核心支持课程	专业拓展课程	基础课程
专职导游员	1. 地陪服务； 2. 全陪服务； 3. 景点讲解	1. 接待旅游团队； 2. 导游讲解； 3. 灵活应对导游过程出现的问题； 4. 安排游客入店及餐饮； 5. 同游客进行有效沟通、协调，提供良好的服务	导游业务	专业实习、毕业实习、模拟导游	旅游概论 旅游服务礼仪 认识实习 全国导游基础知识 旅游政策法规 广东导游基础知识 （旅游服务心理学）
旅行社运营经理	1. 市场调查与经营分析； 2. 产品开发与策划； 3. 旅行社战略管理； 4. 旅行社项目管理； 5. 旅行社企业文化建设	1. 产品调研； 2. 旅游市场分析； 3. 企业发展战略策划； 4. 对旅行社项目予以规范化管理； 5. 对旅行社企业文化建设进行策划和宣传	旅行社经营与管理	旅游市场营销、专业实习、毕业实习	旅游概论 旅游服务礼仪 认识实习 （旅游服务心理学）

续表

典型工作岗位	典型工作任务	职业能力与素质要求	核心支持课程	专业拓展课程	基础课程
营销经理	1. 市场信息收集及处理； 2. 游客需求分析； 3. 旅游产品设计； 4. 旅游产品宣传推广； 5. 旅游市场营销控制与管理； 6. 旅游企业形象策划与维护	1. 收集和分析旅游市场信息； 2. 根据游客需求设计旅游产品； 3. 与游客及管理部门进行有效的协调沟通，促进旅游市场顺利营销； 4. 创新宣传推广方式； 5. 应对旅游的公关危机	旅游市场营销	景区服务与管理、旅游市场营销、专业实习、毕业实习	旅游概论 旅游服务礼仪 认识实习 (旅游服务心理学)

"旅游服务心理学"课程为旅游管理高素质技术技能型人才的培养目标服务，是旅游专业职业领域课程中的专业核心必修课程，旅游管理专业课程体系结构如图2所示。

（2）课程的基本任务

"旅游服务心理学"是针对旅游管理专业学生的培养目标而设定的专业必修课。本课程为旅游管理高素质技术技能型人才的培养目标服务，"旅游服务心理学"在先修课程的基础上，通过旅游服务工作过程及岗位分析，培养学生理解社会因素与旅游消费行为的关系，引导学生重点掌握优质服务与服务心理学知识，关注旅游服务人员的职业意识与心理素质，为后续营销类、管理类课程学习打下良好基础。

因此本课程在专业课程体系中对培养学生职业核心能力、实现人才培养目标起着关键的支撑作用，对其他课程的建设起着承前启后的基础作用。

立德树人　匠心筑梦　技术赋能
产教融合背景下课程思政浸润高职旅游类在线精品课程研究与实践

调研岗位	典型工作任务	职业能力	学习领域	职业领域课	
 专职导游员 国际领队	①旅游接团服务 ②餐饮、住宿服务 ③沿途讲解与沿途活动设计与组织 ④景点服务 ⑤定点参观、会谈服务 ⑥安全防范与管理 ⑦突发事件处理 ⑧购物、娱乐服务 ⑨送团与总结	①导游词编写能力 ②导游法规应用能力 ③导游讲解能力 ④商旅服务能力 ⑤旅游安全防范能力 ⑥突发事件处理技巧能力	基础学习领域： ①语言艺术训练 ②文化基础知识 ③政策法规常识	职业技能等级证书课程： ①研学旅行指导师实务 ②旅游政策法规 ③全国导游基础知识 ④地方导游基础知识 ⑤导游业务	旅游管理专业课程体系
 旅行社计调 （产品策划） 旅行社运营经理	⑩旅游咨询与门市接待 ⑪旅游线路与旅游方案设计与推介 ⑫旅游计价与报价 ⑬订房、定餐、定车等六大事项安排 ⑭导游管理与派遣 ⑮团队监控与突发事件处理 ⑯团队反馈与客户管理 ⑰单团核算与账单管理	⑦特色旅游商品推介能力 ⑧门市收客能力 ⑨团队计划能力 ⑩单项委托能力 ⑪客户与档案管理 ⑫财务核算 ⑬经营策略 ⑭企业文化建设	专业学习领域： ①旅行社计调实务 ②旅行社外联实务 ③导游业务 ④娱乐活动设计与组织 ⑤游客心理服务 ⑥旅游安全服务 ⑦旅游市场营销 ⑧旅游电商运营 ⑨旅游产品策划 ⑩旅行社经营 ⑪景区服务管理 ⑫涉外旅游咨询 ⑬研学旅行指导	专业方向课程： ①旅游概论 ②旅游服务礼仪 ③旅行社计调业务 ④旅游服务心理学 ⑤导游词写作 ⑥旅游美学 ⑦研学旅行 ⑧旅游电子商务 ⑨实用旅游英语听说 ⑩旅行社经营与管理 ⑪旅游市场营销 ⑫普通话训练 ⑬景区服务与管理	
 旅游产品销售员 销售经理	⑱市场信息收集及处理 ⑲客户需求分析 ⑳旅游产品宣传推广 ㉑旅游企业形象策划与维护 ㉒市场调查与经营分析 ㉓旅游资源开发与产品策划	⑮旅景区接待、商业服务能力 ⑯旅游景区产品开发与营销管理能力 ⑰旅游景区自然与人文环境管理能力 ⑱旅游景区运营管理能力 ⑲研学课程开发能力 ⑳研学课程实施能力 ㉑研学保障服务能力 ㉒研学安全防控能力 ㉓研学课程策划与开发能力			
 景区服务员 景区运营经理	㉔旅行社战略管理 ㉕旅游企业文化建设 ㉖旅行社战略管理 ㉗旅游景区接待服务 ㉘旅游景区商业服务 ㉙旅游景区产品开发 ㉚旅游景区营销管理 ㉛旅游景区自然环境管理 ㉜旅游景区人文环境管理 ㉝旅游景区运营管理				
 研学导师 研学产品策划师	㉞研学课程教学实施与引导 ㉟研学行程服务与改进 ㊱研学安全落实与管理 ㊲研学市场调查与经营分析 ㊳研学课程策划与开发				

图2　旅游管理专业课程体系结构

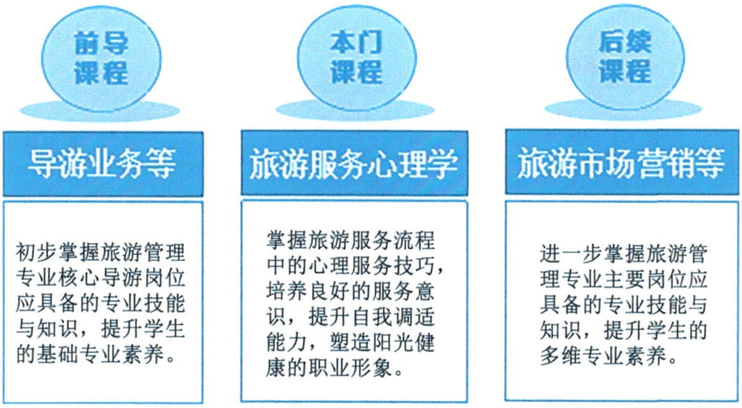

前导课程	本门课程	后续课程
导游业务等	旅游服务心理学	旅游市场营销等
初步掌握旅游管理专业核心导游岗位应具备的专业技能与知识，提升学生的基础专业素养。	掌握旅游服务流程中的心理服务技巧，培养良好的服务意识，提升自我调适能力，塑造阳光健康的职业形象。	进一步掌握旅游管理专业主要岗位应具备的专业技能与知识，提升学生的多维专业素养。

图 3　旅游服务心理学课程与前导、后续课程关系

通过对旅游心理学的理论基础入门学习，使学生了解旅游心理学研究的对象与方法，理解内外部因素与旅游消费行为的关系，能在掌握旅游消费心理学知识的基础上分析旅游者的需求与动机，通过观察分析等方法辨识游客的个性特征与心理状态，运用心理互动形式调节游客的心理状态，采用合适的心理服务技巧提供针对性的优质服务，建立良好的客我互动、同事互动关系。培养学生形成关注旅游者心理与服务人员心理素质的习惯，引导其提升心理服务意识与自我心理调节能力，为学生在今后的学习与工作中保持健康的心理状态奠定基础，促进其塑造阳光健康的职业形象。

3. 课程目标

2018 年 5 月 2 日，习近平总书记在北京大学师生座谈会上的讲话中，对广大青年提出"爱国、励志、求真、力行"四点希望，这些重要论述既是对新时代青年的殷切希望和谆谆教诲，更对新时代青年提出了严格要求和明确目标。习近平总书记在党的二十大报告中指出"青年强，则国家强"，强调"全党要把青年工作作为战略性工作来抓"，寄语广大青年"立志做有理想、敢担当、能吃苦、肯奋斗的新时代好青年"。

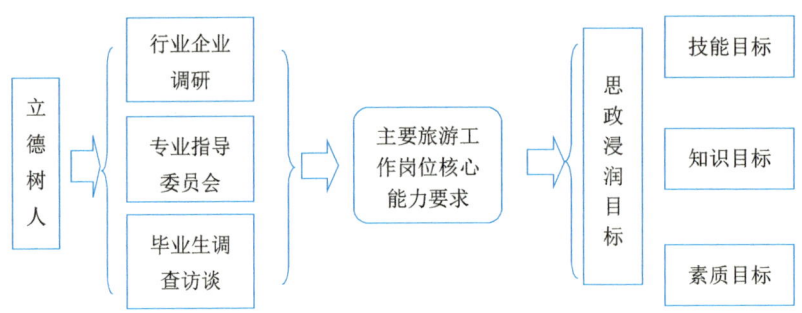

图 4　课程目标设计思路

　　据此，课程团队进一步凝练出新时代旅游人才核心素养：坚定的信念、高尚的品德、宽广的知识、完善的人格、旅游的情怀、国际的视野、实践的能力和创新的精神，并把专业人才核心素养要求落实到"旅游服务心理学"课程育人目标中——培养新时代旅游青年热爱美丽中国，热爱中华文化，热爱旅游专业，担当时代大任。此外，"旅游服务心理学"课程通过调研社会对旅游专业人才实际需求状况，将心理知识与旅游行业岗位的职业能力标准相结合，构建以职业活动为导向、心理知识积淀为目的、与行业零距离的职业素养培育为目标的课程教学目标。通过向学生介绍中国丰富的文旅资源，中国旅游发展的巨大成就，中国旅游发展的新技术，新业态和新模式，中国旅游产业的发展方向，并进行红色旅游实践，来培养学生坚定"四个自信"，强化民族自豪感和自信心，对所学专业具有责任感和使命感，对行业领域发展抱有信心，具有团队合作意识和大局观，能够胸怀理想、志存高远、立足本职、报效祖国；学生通过校企双方导师微课学习、旅游服务案例讨论、旅游服务情景模拟等，掌握一线旅游服务岗位的心理服务方式，培养学生良好的职业服务意识和服务心理，树立"为人民服务"的理想信念，拥有勇敢面对一切服务困境的决心，用心打磨对客心理服务技能，提供优质、周到、体贴、极致的对客服务，做专研服务艺术的行业工匠。培养学生的开拓创新精神、良好的人际沟通及团队协作能力，能够运用所学的旅游服务心理学知识与技能去观察、分析和解决旅游服务实践问题。强调依法服务，将文明旅游精神渗透到工作的方方面面，培育学生经世济民、诚信服务、德法兼修的职业素养，具有正确的旅游从业价值观；培养学生形成关注旅游者心理与服务人员心理素质的习惯，引导其提升心理服务意识与自我心理调节能力，提升情商与逆商，关照自我内心，觉悟人生意义，为学生在今后的学习与工作中保持健康的心理状态奠定基础，促进其塑造阳光健康的职业形象，成长为旅游行业思想觉悟高、家国情怀深、职业道德好、专业素质硬、身心均健康的技术技能型人才。

表2　具体课程教学目标

价值塑造	●引导学生坚定无产阶级信仰，坚定中国共产党领导的信念，树立"为人民服务"的理想信念与红色精神传承意识，树立正确的世界观、人生观、价值观； ●引导学生热爱美丽祖国，树立强烈的爱国主义意识，强化国家自豪感、国家归属感、民族自信心； ●引导学生建立文化自信，树立传统文化传承意识、文旅资源保护意识、生态环境保护意识； ●培养学生的社会责任意识、团结协作意识和大局观； ●激发学生对旅游行业的认同感和作为旅游从业人员的自豪感； ●引导学生树立遵纪守法、依法服务、诚信服务的职业道德准则和行业规范以及文明旅游服务意识，具有正确的旅游从业价值观； ●培养学生对客服务的专业意识与职业素养，形成首问负责制的服务自觉性，养成爱岗敬业、认真负责、谦虚谨慎、精益求精的服务工匠精神； ●引导学生自我反思，觉悟人生意义，提升情商与逆商，形成积极、乐观的健康心理状态，塑造健全人格，实现身心和谐健康全面发展
知识传授	●认知心理学的内涵与价值，了解心理学三大学派，掌握旅游服务的心理理论基础与研究方法； ●了解旅游行业时事与政策，认知旅游产品内涵与特性，深刻理解服务的价值； ●理解旅游消费行为心理背景，掌握当前旅游消费者行为发展趋势； ●掌握旅游消费者的知觉属性，理解旅游服务中心理定式的借鉴意义，对旅游交通、住宿、旅游目的地等知觉内容； ●掌握马斯洛需求层次理论在旅游产品设计中的运用法则，理解游客的"三求心理"； ●掌握游客旅游动机的内涵与分类； ●掌握旅游服务场景设计的心理原则，了解色彩心理学； ●掌握旅行社门市接待流程，掌握旅游产品出示的步骤与方法； ●理解游客气质、性格的基本类型，掌握对应的服务沟通方式； ●掌握双重服务内涵，理解旅游服务双方心理互动形式与状态原则； ●掌握带团过程中不同时期的心理服务技巧，了解团队调控的心理服务技巧； ●掌握全面的服务语言沟通艺术，理解微动作心理学的内涵，掌握基本的身体语言表现方式； ●理解游客投诉的心理需求，掌握投诉处理的步骤和方法； ●理解情绪的内涵，理解中国黄帝内经中"情志相胜法"，掌握情绪察觉与调整的技巧，掌握构建安全地的心理技术； ●理解压力的正向意义，掌握自我压力调适的方法，掌握身心舒压的技巧

续表

能力培养	• 养成时刻关注游客需求，换位思考的能力； • 拥有旅游消费者行为的分析与判断能力； • 养成文旅产品创意捕捉能力与精准宣传能力； • 拥有满足游客关注点的线路主题挖掘能力； • 养成完善的旅游产品介绍与展示能力； • 养成针对不同游客的个性辨识力与针对性的服务力； • 养成良好的导游心理服务能力； • 养成较好的景区工作人员心理服务能力； • 形成全面完善的语言服务沟通能力； • 形成稳定的情绪调整能力； • 形成较好的自身抗压能力与逆境反弹能力； • 形成灵活应变能力、交际沟通能力、组织协调能力

4. 学情分析

（1）学生特点

• 学生思想状况分析：

孩子们都有一颗爱国之心，思想正处于不断成熟的过程中，具有一定判断分析能力，但容易受到急功近利的社会负面舆论影响。

• 学生个性特点分析：

新生代学生易接受新事物，思维活跃，有创新意识；动手能力强，喜欢互动课堂；大部分自我主见强，喜欢彰显个性。

• 学生学习能力分析：

学生喜爱用智能手机等信息通信工具，具备基本电脑操作技能。

• 学生知识经验分析：

学生通过一年多的专业课程学习，如"导游业务""旅游概论""全国导游基础知识""旅游政策法规"等，初步具备旅游管理专业基础知识，但缺乏专业实践活动，因此缺乏实际经验。

• 学生心理状态分析：

本学期是学生备考全国导游人员考试阶段，普遍处于高压状态。

（2）教学对策

●针对价值观功利化趋向的策略：

选取经典的敦煌文化传承与守护的案例、扎根旅游行业的精英案例等，向学生讲述一代代文旅人坚守岗位、甘于奉献、勇于担当、开拓进取的故事，请行业工匠现身说法、精英同辈分享心得，引导学生在国家发展和个人前途的交汇点上思考人生，提升学生的"政治认同"和"文化自信"，将爱国、诚信、责任价值观教育和旅游服务心理学有机结合起来，润物细无声地启发学生系统性思考。

●针对个性鲜明、思维活跃、爱互动表现的策略：

遵循因材施教、行动导向的教学理念，采用多种教学方法交互使用，营造互动课堂，利用任务驱动，启发学生动脑动手，多给学生自主发挥的展现舞台，尊重学生的意见，对学生的展示进行中肯点评。

●针对学生热衷网络电子设备的策略：

采用混合式教学模式，借助网络学习平台、微助教等优化教学过程，让新生代手机党们从刷微博、微信主动转为刷签到、参与答题和课堂互动，把手机转变为"互联网+"时代活跃课堂的好助手，开发成套微课、在线测试等供学生进行课前预习、课中辅助以及课后巩固，帮助学生充分利用碎片化时间进行学习。同时，课后通过网络平台加强与学生的互动交流，增强学生、教师、课程的黏性。

●针对实践经验较薄弱的策略：

设计符合行业现实的情景案例，使用各项任务驱动课程，引导学生进行角色扮演、案例分析，真正解决实际问题，提高实践能力。课程中遇到难题，可以直接连线资深旅游企业导师进行实时解答。此外，学习平台上的教学资源库囊括学生优秀设计作品、行业案例等，学生可以通过课余、课上学习，增加实践范本积累。课外，本课程还设置实地考察、创新创业项目等任务，增强学生行业认知度与实战能力。

●针对学生压力较大的策略：

课堂呈现方式轻松活泼，多鼓励肯定学生建立平等、互助、友爱的关系，营造积极、健康、融洽的课堂氛围。

5. 课程内容说明

（1）课程内容组织思路

本课程从心理学的角度揭示旅游服务中的产品设计、营销推广、咨询接待、体验服务等客我互动情境的实质，以及心理调适成长的途径。德才兼备的校企双元教师们，本着"传道、授业、解惑"的初心，从解决学生困惑出发，走进旅游企业，还原鲜活场景，分析前沿案例，理论与实践相结合，培养学生良好的职业服务意识和服务心理，树立"为人民服务"的理想信念，拥有勇敢面对服务困境的决心，努力掌握旅游心理服务知识，用心打磨对客心理服务技能，做专研服务艺术的行业工匠。帮助学生形成正确的旅游从业价值观，将文明旅游精神渗透到工作方方面面，培育学生经世济民、诚信服务、德法兼修的职业素养，修炼文化创新传承精神，成长为旅游行业思想觉悟高、家国情怀深、职业道德好、专业素质硬、身心均健康的技术技能人才。

本课程旨在让学生熟悉一线旅游服务岗位的心理服务方式，培养学生良好服务意识和服务心理，塑造良好的心理素质与专业气质，重点掌握旅游产品设计、销售、服务过程中心理知识与技能的运用。本课程结合旅游产品设计、旅游产品销售、旅游产品服务等工作过程来进行课程整体设计，以"旅游服务心理准备→旅游产品设计→旅游产品销售→旅游产品服务→员工心理素质训练"为线索依次组织教学。课程采用线上线下混合式教学、翻转课堂等教学模式，课堂上综合运用参与式教学、项目式教学、研讨式教学等方法，采用小组头脑风暴、影音图文资料观摩、典型案例分析、情景角色扮演、绘画心理测试、游戏互动演练、挑战任务PK等，注重适应与调整学生实际学习与接受能力，最大限度地调动学生课堂参与的积极性与主动性。

（2）课程知识体系与实践体系的联系说明

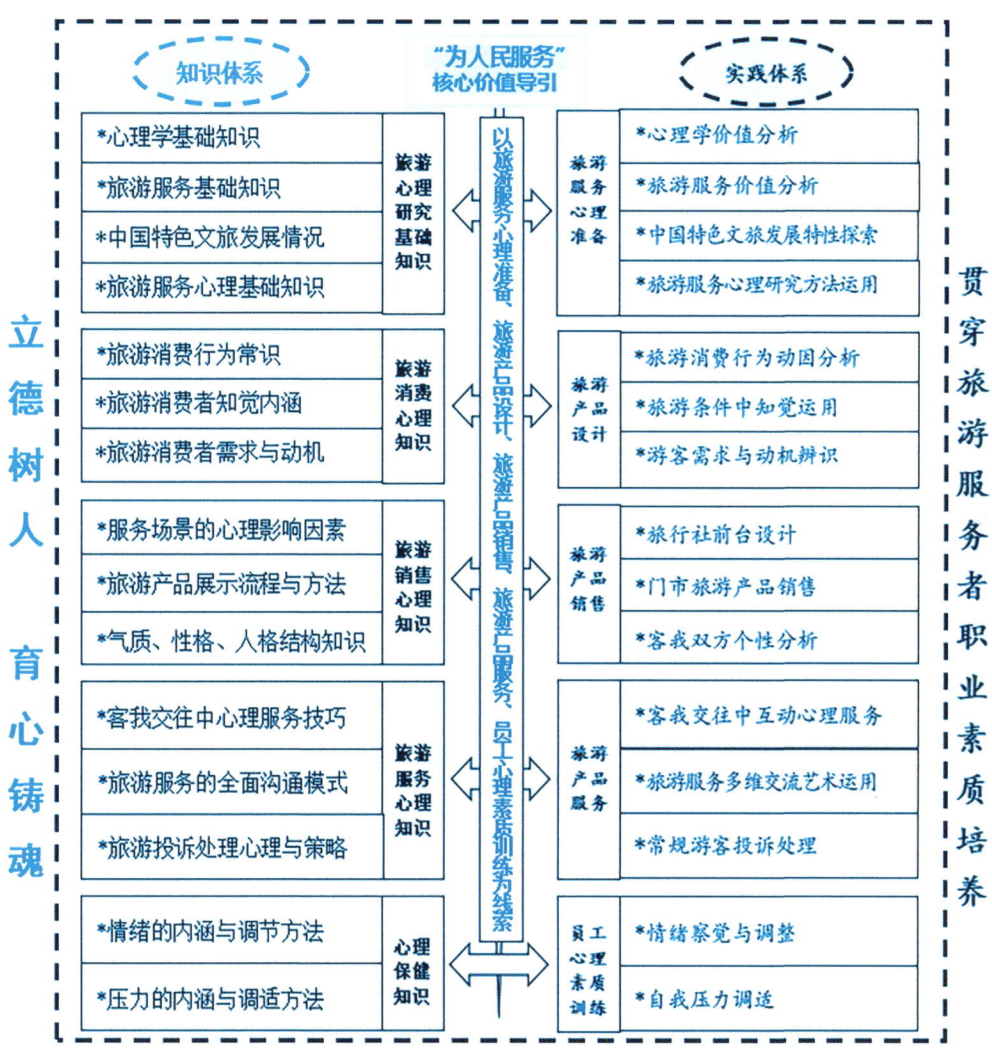

图 5 "旅游服务心理学"课程知识体系与实践体系对照

（3）课程知识结构体系介绍

本课程知识结构体系如表 3 所示：

表3 "旅游服务心理学"课程知识体系

一、旅游心理研究基础知识	（一）心理学基础知识	1. 了解心理学主要学派； 2. 理解心理学的内涵与价值
	（二）旅游服务基础知识	1. 掌握旅游服务和旅游产品的内涵； 2. 理解"以游客为中心"的服务原理
	（三）中国特色文旅发展情况	1. 了解中国旅游发展的历程； 2. 了解中国特色文旅发展的新动态
	（四）旅游服务心理基础知识	1. 掌握旅游服务心理的理论基础； 2. 掌握旅游心理研究方法，重点掌握心理访谈法、量表测试法； 3. 理解旅游心理的研究与运用意义
二、旅游消费心理知识	（一）旅游消费行为常识	1. 理解旅游消费者及其价值； 2. 理解旅游消费者行为车轮模式； 3. 掌握旅游消费行为动因及特点； 4. 理解旅游消费环境与心理因素
	（二）旅游消费者知觉内涵	1. 掌握知觉及其基本规律； 2. 理解旅游消费者的心理定式； 3. 掌握旅游条件的知觉分析方法
	（三）旅游消费者需求与动机	1. 掌握马斯洛需求层次理论； 2. 掌握旅游者的三求心理； 3. 掌握旅游动机的多元性
三、旅游销售心理知识	（一）服务场景的心理影响因素	1. 理解旅行社前台硬件心理影响重要性； 2. 掌握旅行社前台设计原则
	（二）旅游产品展示流程与方法	1. 掌握门市接待人员服务步骤； 2. 掌握旅游产品展示的方法； 3. 掌握交易促成的心理技巧
	（三）气质、性格、人格结构知识	1. 掌握气质、性格特征与分类； 2. 了解旅游服务人员人格类型； 3. 理解旅游消费者的人格结构
四、旅游服务心理知识	（一）客我交往中心理服务技巧	1. 掌握双重服务的内涵与心理服务的要诀； 2. 理解游客对导游服务、食宿服务、购物服务的心理需求； 3. 掌握导游带团、旅游食宿、旅游购物的心理服务技巧
	（二）旅游服务的全面沟通模式	1. 理解全面沟通模式的内涵； 2. 掌握基于PCA人格理论的交往沟通模式； 3. 掌握沟通的语言艺术与微动作心理

续表

四、旅游服务心理知识	（三）旅游投诉处理心理与策略	1. 理解投诉的价值； 2. 掌握游客投诉的心理诉求； 3. 掌握投诉的处理步骤、策略与技巧
五、心理保健知识	（一）情绪的内涵与调节方法	1. 理解情绪的内涵； 2. 掌握自我情绪调节方法
	（二）压力的内涵与调适方法	1. 理解压力调适的重要性； 2. 掌握压力调适的基本方法

（4）课程实践载体设计

本课程实践结构体系如下：

表 4　"旅游服务心理学"课程实践体系

一、旅游服务心理准备	（一）心理学价值分析	能分析心理学对于自身、社会、国家的价值
	（二）旅游服务价值分析	1. 能多元化分析旅游服务的价值； 2. 能梳理广义的旅游服务流程
	（三）中国特色文旅发展特性探索	能通过官方网站等渠道获取确切的中国文旅发展新资讯进行特性分析
	（四）旅游服务心理研究方法运用	1. 能运用刺激与结果公式分析新生游中游客的真实感受； 2. 能运用访谈法初步调查游客心理状态； 3. 能分析旅游企业服务质量提升的关键因素
二、旅游产品设计	（一）旅游消费行为动因分析	1. 能辨识旅游消费者购买价值； 2. 能解释消费者行为车轮模型； 3. 能分析当今旅游消费者新的发展特点； 4. 能初步结合旅游消费者决策时机给出相应营销策略
	（二）旅游条件中知觉运用	1. 能解释知觉及规律在旅游中的运用； 2. 能解释心理定式带来的优势与劣势； 3. 能认知旅游条件中的知觉影响运用
	（三）游客需求与动机辨识	1. 能分析游客的基本需求； 2. 能阐述旅游者的三求心理； 3. 能辨识游客的动机来源

续表

三、旅游产品销售	（一）旅行社前台设计	1. 能分析不同旅行社前台所面对的客户群体； 2. 能初步梳理旅行社前台设计思路	
	（二）门市旅游产品销售	1. 能初步接待进店咨询的游客； 2. 能向游客逐步介绍旅游产品； 3. 能解决游客疑问，努力促成交易	
	（三）客我双方个性分析	1. 能初步认知自己的气质与性格； 2. 能初步认知游客的气质与性格； 3. 能跟不同人格状态下的游客维持良好互动关系	
四、旅游产品服务	（一）客我交往中互动心理服务	1. 能根据心理发展图判断游客的心理状态； 2. 能为游客提供较好的导游、食宿、购物的心理服务； 3. 能处理好与团队中心人物的关系，防止与平息旅游团队骚动等情况	
	（二）旅游服务多维交流艺术运用	1. 能基于PCA人格理论进行妥善沟通； 2. 能在客我交往中正确运用肢体语言； 3. 能运用柔性服务语言建立良好的客户关系	
	（三）常规游客投诉处理	1. 能正确看待游客投诉； 2. 能根据游客投诉心理、投诉类型、投诉原因，正确运用投诉处理方法解决投诉及预防投诉	
五、员工心理素质训练	（一）情绪察觉与调整	1. 能认知自己的情绪来源； 2. 能在对客服务中调节自我情绪状态	
	（二）自我压力调适	1. 能正确认知压力状态； 2. 能初步调整自我压力水平	

（5）课次、训练任务、学时、实施进程分解

①整体设计说明

本课程以"旅游工作过程系统化"为主线，基于"旅游服务心理准备→旅游产品设计→旅游产品销售→旅游产品服务→员工心理素质训练"设立"了解旅游服务心理""旅游产品设计的心理透视""旅游产品销售的心理服务""旅游产品体验的心理服务""员工心理素质训练与调适"5个教学模块，共15个项目驱动课程项目化教学。

②教学模块、项目训练、支撑知识、学时等实施进程分解

表5 课程内容与训练任务

教学模块名称	课次	课次名称	训练任务	技能目标	知识目标	素养目标	学时
一、走进"心"的世界——了解旅游服务心理	1	认知心理学	1.开课分组游戏、信息接收测试与心理绘画活动； 2.苹果热爱度投票互动分析； 3.小组讨论心理学价值活动	能分析心理学对于自身、社会、国家的价值	1.了解心理学主要学派； 2.理解心理学的内涵与价值	◎养成对客服务的专业意识，形成首问负责的服务自觉性； ◎养成独立深入思考的习惯，提升主动分析问题、解决问题的判断与应变能力	2
	2	认知旅游服务	1.情景模拟，服务内涵与特性分析问答； 2.服务价值思考的头脑风暴投屏展示	1.能多元化分析旅游服务的价值； 2.能梳理广义的旅游服务流程	1.掌握旅游服务和旅游产品内涵； 2.理解"以游客为中心"的原理		
	3	认知中国特色文旅发展	根据平台测试结果，请回答具有代表性的同学介绍自己对于所搜索到的资讯的思考与想法	能通过官方网站等渠道获取确切的中国文旅发展新资讯进行特性分析	1.了解中国旅游发展的历程； 2.了解中国特色文旅发展新动态		
	4	认知旅游服务心理	1.通过新生游的典型案例分析来引出刺激与结果心理分析公式； 2.通过小组讨论与心理对话来初步掌握研究法； 3.通过图片、案例等分析旅游心理运用意义	1.能运用刺激与结果公式分析新生游中游客真实感受； 2.能运用访谈法初步调查游客心理状态； 3.能分析旅游企业服务提升关键因素	1.掌握旅游服务心理的理论基础； 2.掌握旅游心理研究方法； 3.理解旅游心理的研究与运用意义		2

续表

教学模块名称	课次	课次名称	训练任务	技能目标	知识目标	素养目标	学时
二、倾听"心"的声音——旅游产品设计的心理透视	5	旅游消费行为心理分析	1.故事分享，引导学生理解旅游者购买产品的心理需求；2.案例分析，引导学生理解消费者购买循环；3.图文视频观赏，总结消费者行为动因；4.新闻解读，热点透视，理解社会环境因素对消费者的决策影响	1.能辨识旅游消费者购买价值；2.能解释消费者行为车轮模型；3.能分析当今旅游消费者新的发展特点；4.能初步结合旅游消费者决策时机给出相应营销策略	1.理解旅游消费者及其价值；2.理解旅游消费者行为车轮模式；3.掌握旅游消费行为动因及特点；4.理解旅游消费环境与心理因素	◎养成团队合作意识，提升交际沟通能力，树立风险防范意识；◎养成主动关注国家时事、获取行业资讯等习惯，提高信息接收、分析与处理的能力，吸收正能量信息，形成较好的思辨精神	4
	6	旅游消费者的知觉分析	1.音乐游戏，引导学生理解知觉；2.视频观摩，案例分析，知识连线，引导学生认识心理定式；3.视频观摩，案例分析，引导学生理解旅游者对旅游目的地知觉	1.能解释知觉及规律在旅游中的运用；2.能解释心理定式带来的优势与劣势；3.能认知旅游条件中的知觉影响运用	1.掌握知觉及其基本规律；2.理解旅游消费者的心理定式；3.掌握旅游条件的知觉分析方法		4

续表

教学模块名称	课次	课次名称	训练任务	技能目标	知识目标	素养目标	学时
二、倾听"心"的声音——旅游产品设计的心理透视	7	旅游消费者的需求动机分析	1.案例分析，学生分析游客需求； 2.故事分享，总结旅游三求心理； 3.视频案例，理解旅游多元动机	1.能分析游客的基本需求； 2.能阐述旅游者的三求心理； 3.能辨识游客的动机来源	1.掌握马斯洛需求层次理论； 2.理解旅游三求心理； 3.掌握多元旅游动机		2
三、用"心"做好服务——旅游产品销售的心理服务	8	服务场景的心理影响	1.视频观摩，图文欣赏旅行社前台设计范例； 2.小组讨论，明确旅行社前台设计与游客感受之间的关系	1.能分析不同旅行社前台所面对的客户群体； 2.能初步梳理旅行社前台设计思路	1.理解旅行社前台硬件心理影响重要性； 2.掌握旅行社前台设计原则	◎养成形象修饰习惯，提升审美，打造综合性专业职业形象； ◎养成加强语言修养习惯，改善沟通协调方式，协调客我人际关系； ◎养成自觉调整自我角色状态习惯，提升自省能力，稳定双胜心态； ◎养成关注时事习惯，提高数字素养适应科技未来	2

续表

教学模块名称	课次	课次名称	训练任务	技能目标	知识目标	素养目标	学时
三、用"心"做好服务——旅游产品销售的心理服务	9	旅游产品的规范展示	1.情景演练，小组合作练习门市旅游产品销售过程；2.角色扮演，学生练习促成旅游产品交易过程	1.能初步接待进店咨询的游客；2.能向游客逐步介绍旅游产品；3.能解决游客疑问，努力促成交易	1.掌握门市接待人员服务步骤；2.掌握旅游产品展示的方法；3.掌握交易促成的心理技巧		2
	10	客我双方的个性分析	1.案例分析，介绍气质与性格内涵；2.量表测试，了解自我气质与性格；3.情景模拟，引导学生正确面对旅游者的不同人格状态	1.能初步认知自己的气质与性格；2.能初步认知游客的气质与性格；3.能跟不同人格状态下的游客维持良好互动关系	1.掌握气质、性格特征与分类；2.了解旅游服务人员人格类型；3.理解旅游消费者的人格结构		4

160

续表

教学模块名称	课次	课次名称	训练任务	技能目标	知识目标	素养目标	学时
四、用"心"创造服务——旅游产品体验的心理服务	11	客我交往找准时机	1. 图表分析，找准不同心理状态的客户特点； 2. 案例分析，引导学生面对不同团队采用差异化接团技巧； 3. 描述辨别，学生根据游客话语不同辨别游客所处游览时期并提供针对性心理服务； 4. 情景演练，小组演练客我关系处理的案例	1. 能根据心理发展图判断游客的心理状态； 2. 能为游客提供较好的导游、食宿、购物的心理服务； 3. 能处理好与团队中心人物的关系，防止与平息旅游团队骚动等情况	1. 掌握双重服务的内涵与心理服务的要诀； 2. 理解游客对导游服务、食宿服务、购物服务的心理需求； 3. 掌握导游带团、旅游食宿、旅游购物的心理服务技巧	◎养成细致观察习惯，提升主动服务意识，形成首问负责的服务自觉性，逐步完善对客心理服务的基本素养； ◎养成独立深入思考的习惯，提升主动分析问题、解决问题的判断与应变能力； ◎养成团队合作精神，全面提升沟通协调能力，树立风险防范意识，构建和谐的客我人际关系	4
	12	言行一致全面沟通	1. 案例分析，学生更加明确沟通的全面性； 2. 情景分析，借助PCA人格理论分析游客状态； 3. 视频图片观摩，分析游客的微动作心理状况； 4. 角色扮演，充分使用柔性语言技巧与游客交流	1. 能基于PCA人格理论进行妥善沟通； 2. 能在客我交往中正确运用肢体语言； 3. 能运用柔性服务语言建立良好的客户关系	1. 理解全面沟通模式的内涵； 2. 掌握基于PCA人格理论的交往沟通模式； 3. 掌握沟通的语言艺术与微动作心理		4

续表

教学模块名称	课次	课次名称	训练任务	技能目标	知识目标	素养目标	学时
四、用"心"创造服务——旅游产品体验的心理服务	13	转危为机处理投诉	1. 视频观摩，分析投诉心理诉求，区分投诉类别； 2. 情景演练，根据投诉处理步骤、策略与技巧重新解决视频中的投诉案例，进行投票筛选与总结	1. 能正确看待游客投诉； 2. 能根据游客投诉心理、投诉类型、投诉原因，正确运用投诉处理方法解决投诉及预防投诉	1. 理解投诉的价值； 2. 掌握游客投诉的心理诉求； 3. 掌握投诉的处理步骤、策略与技巧		2
五、给"心"一缕阳光——员工心理素质训练与调适	14	情绪察觉状态调整	1. 案例分析，引导学生认知自我情绪状态； 2. 角色扮演，学生以小组为单位展示客我交往中情绪互动的过程	1. 能认知自己的情绪来源； 2. 能在对客服务中调节自我情绪状态	1. 理解情绪的内涵； 2. 掌握自我情绪调节方法	◎养成从全局出发思考和解决问题的思维习惯，具备大局观； ◎养成自我觉察、疗愈习惯，提升抗压与逆商，具备良好心理素质	2
	15	身心舒压美好绽放	1. 寓言分享，学生理解压力带来的危害，重视压力调适重要性； 2. 头脑风暴，学生展示压力调适的方法	1. 能正确认知压力状态； 2. 能初步调整自我压力水平	1. 理解压力调适的重要性； 2. 掌握压力调适的基本方法		2

（6）思政教学内容选择与安排

表6 "旅游服务心理学"思政教学内容选择与安排

序号	授课要点	思政映射与融入点	教学方式	预期教学成效
1	旅游服务的内涵与价值，蕴含对旅游行业的认同感和作为旅游从业人员的自豪感、树立"为人民服务"的理想信念与红色精神传承意识等思政育人素材	学生围绕"旅游服务的价值""服务一定要收取钱财吗"等问题展开投屏讨论，引导学生树立"为人民服务"的理想信念，通过视频观摩服务岗位代表的先进事迹，树立正确的红色精神传承意识，引导学生树立正确的世界观、人生观、价值观。同时从"为人民服务"角度来理解服务产品提供的过程，提高旅游职业认同感与自豪感	●微课学习 ●信息化载体 ●投屏讨论 ●头脑风暴 ●视频观摩 ●题目测试 ●互动讲授 ●参考资料：结合教材与相关影音文字资料	学生通过讨论观摩，教师引导，深刻领悟服务工作中的奉献精神、职业精神，服务提供的过程，是自我锻炼成长的过程，是让他人受益的过程，能够更加坚定自己的职业理想与信念
2	旅游消费者行为发展的趋势，蕴含树立强烈的爱国主义意识，强化国家自豪感、国家归属感、民族自信心，坚决拥护中国共产党的领导等思政育人素材	向学生介绍中国旅游发展的新技术、新业态和新模式，国家对于旅游行业的扶持政策与文旅企业自救复苏等现实情况，在这样的背景下旅游消费者行为呈现的趋势状态，令学生产生国家的实力自信，强化学生的国家自豪感、国家归属感、民族自信心，坚定中国共产党领导的信念	●微课学习 ●信息化载体 ●互动讲授 ●视频观摩 ●小组讨论 ●参考资料：结合教材与相关影音文字资料	学生课前完成微课学习后总结消费者行为趋势特点，结合课上小组讨论等活动，深刻领悟身为中国人的自豪感与幸福感，坚决拥护中国共产党的领导
3	旅游目的地知觉，蕴含文化自信，树立传统文化传承意识、文旅资源保护意识、生态环境保护意识等思政育人素材	学生通过观赏知名旅游目的地视频，站在游客角度归纳感知方面，令学生明白文旅资源、生态环境等是一个地区乃至国家旅游发展的基础，只有传承传统文化，保护文旅资源，守住"绿水青山"，才能有旅游的可持续发展	●微课学习 ●视频观摩 ●信息化载体 ●投屏讨论 ●互动讲授 ●小组任务 ●参考资料：结合教材与相关影音文字资料	学生对比观赏同一旅游目的地的多版宣传片，以及不同旅游目的地的宣传片，总结旅游感知内容，通过小组讨论，强化文旅资源保护意识

续表

序号	授课要点	思政映射与融入点	教学方式	预期教学成效
4	马斯洛需求层次理论在旅游产品设计中的运用法则，关注产品的文化价值与精神价值，蕴含传统文化传承意识、树立对国家的实力自信与文化自信、开拓创新精神等思政育人素材	将敦煌文创、品牌国货等作为旅游纪念品的典型案例，引导学生探访一把梳子背后的匠心，围绕旅游纪念商品——谭木匠木梳背后蕴含的工匠精神、文化传承等进行教学，令学生既感悟中华文化之博大精深与旺盛生命力，树立对国家的实力自信与文化自信，明白旅游纪念品蕴含的传统文化精神才是其核心创意点与竞争力。学生通过数字敦煌的案例得到正确的世界观、人生观、价值观的熏陶，树立正确的从业观	● 微课学习 ● 信息化载体 ● 投屏讨论 ● 互动讲授 ● DIY任务 ● 小组展示 ● 参考资料：结合教材与相关影音文字资料	结合课前微课学习，学生针对认领的旅游纪念品分析其背后满足马斯洛需求层次理论的具体方面，自己动手用敦煌文旅小程序DIY纪念商品，深刻理解传统文化的魅力，培养学生的创新精神
5	旅游动机的内涵与种类，蕴含文旅资源保护意识、生态环境保护意识等思政育人素材	旅游动机包括9大类型，恰恰需要不同的文旅资源组合成产品进行满足，只有保护文旅资源，守住"绿水青山"，才能有旅游的可持续发展	● 交互式课件学习 ● 信息化载体 ● 案例讨论 ● 互动讲授 ● 小组展示 ● 参考资料：结合教材与相关影音文字资料	围绕张家界资源开发与营销推广案例来总结旅游动机的类型，深刻理解文旅资源保护的重要性
6	旅游服务蓝图与流程，蕴含遵纪守法、依法服务、诚信服务，树立文明旅游服务意识、社会责任意识和大局观、正确的旅游从业价值观等思政育人素材	通过服务蓝图的分析，强调服务流程的环环相扣与紧密联系，服务全流程注重一线与二线、一线之间等互相配合，突出大局观与人际沟通的重要性。一切服务必须在遵纪守法前提下来提供，依法服务、诚信服务、文明服务是所有旅游服务流程实施基础，旅游服务者在做好自我监督的同时也要引导游客文明旅行，富有社会责任感	● 蓝图分析 ● 信息化载体 ● 视频案例讨论 ● 小组展示 ● 互动讲授 ● 参考资料：结合教材与相关影音文字资料	学生根据原始蓝图画出自选旅游企业的专属服务蓝图，深刻理解服务提供的大局观念。通过视频案例讨论，明确依法服务、诚信服务、文明服务的重要性，树立社会责任意识

续表

序号	授课要点	思政映射与融入点	教学方式	预期教学成效
7	服务场景与游客心理，蕴含行业认同感、社会责任感、国家自豪感等思政育人素材	通过云旅游、阿里无人酒店等最新案例，展示旅游行业借助AI、AR、VR等科技以及直播等新媒体途径，不断寻求发展出路的现状，培养学生关注时事、关注旅游行业、关注国家发展的习惯，鼓励学生勇担新时代旅游青年责任	●微课学习 ●信息化载体 ●视频案例讨论 ●小组展示 ●互动讲授 ●参考资料：结合教材与相关影音文字资料	学生通过微课学习、案例讨论等，展示自己所搜集的文旅行业新兴发展新闻，强化专业责任感和使命感，对行业领域发展抱有信心，胸怀理想、志存高远、立足本职、报效祖国
8	旅行社门市接待流程，蕴含爱岗敬业、认真负责、谦虚谨慎、精益求精的服务工匠精神，正确的旅游从业价值观等思政育人素材	旅行社门市接待流程实景的微课学习与情景演练，引导学生树立对客服务的专业意识与职业素养，形成首问负责制的服务自觉性。通过邀请品学兼优的毕业生与在校生参与课程视频拍摄，展现爱岗敬业、认真负责、谦虚谨慎、精益求精的服务工匠形象，体现良好运用人际沟通方法的价值	●门市实景接待微课学习 ●信息化载体 ●小组展示 ●情景模拟 ●互动讲授 ●参考资料：结合教材与相关影音文字资料	学生根据微课内容总结门市接待服务流程图，进行定制旅游咨询情景模拟，强化对客服务专业素质、职业素养、责任意识。学生通过看得见的榜样，增强自身全面健康发展的自信
9	气质内涵与类型，气质与性格的关系，蕴含从内心理解与孝顺父母、塑造健全的人格、团结协作意识等思政育人素材	通过对气质、性格等人格要素学习，更好地认识自己，塑造自己，更客观地看待原生家庭对自己的成长影响，理解父母、感恩父母。同时理解正是由于世界上各种类型的人相互影响才形成了丰富多彩的世界，养成和睦相处、团队协助的意识	●交互式课件学习 ●信息化载体 ●视频案例讨论 ●互动讲授 ●情景模拟 ●小组展示 ●量表测试 ●参考资料：结合教材与相关影音文字资料	学生完成气质、性格等测试量表，了解自己气质、性格特点；通过视频案例讨论感悟父母不易；通过情景模拟，分析游客个性，锻炼心理服务技能，提升团队合作意识

续表

序号	授课要点	思政映射与融入点	教学方式	预期教学成效
10	酒店客房体验心理与服务策略，蕴含工匠精神的熏陶，树立爱岗敬业的职业理念等思政育人素材	邀请有18年行业经验的企业专家主讲课程，展示企业工匠提供优质、周到、体贴、极致的对客服务，让学生得到工匠精神的熏陶，立志做专研服务艺术的行业工匠	• 微课学习 • 信息化载体 • 投屏讨论 • 互动讲授 • 参考资料：结合教材与相关影音文字资料	让学生感受到工匠精神在日复一日的服务岗位上是如何体现的，立志用心打磨对客心理服务技能
11	旅游工作者压力来源与应对压力的方法，蕴含红色精神传承意识，坚定职业理想，做新时代阳光旅游人等思政育人素材	结合红色旅游实践案例、旅游行业正面案例、心理压力调整故事等，引导学生关照自我内心，觉悟人生意义，用红色精神照亮自己，引导学生勇于面对现实，发挥主观能动性，积极寻求解决办法，提升抗压能力与逆境商数	• 微课学习 • 信息化载体 • 投屏讨论 • 视频观摩 • 学生展示 • 互动讲授 • 参考资料：结合教材与相关影音文字资料	学生感受到旅游行业给点阳光就立刻灿烂的行业特性，鼓励学生拥有勇敢面对一切服务困境的决心，形成关注旅游者心理与服务人员心理素质的习惯
12	中国传统医学典籍《黄帝内经》中的"情志相胜法"，蕴含中华优秀传统文化熏陶与文化自信、健康阳光心态塑造等思政育人素材	学生通过学习"情志相胜法"来调整自我情绪状态，面对旅游服务工作与生活不顺利、受委屈的局面，能勇敢面对并积极改善，营造乐观向上的工作心态，进而提高对客服务水平。中华优秀中医文化的熏陶，引导学生注重身心平衡发展，过积极健康有意义的人生	• 微课学习 • 平台测试 • 案例讨论 • 学生分享 • 参考资料：结合教材与相关影音文字资料	学生掌握"情志相胜法"的内涵，并总结"情志相胜法"的自我运用案例，在形成稳定的情绪调整能力，塑造阳光健康的职业形象

6. 教学方法及手段与信息化技术运用策略

依托省精品在线开放课程建设平台，借助学银在线实施线上线下混合式教学；校内课堂运用"参与式定制化体验感"项目教学法强化学生知识与技能储备，依托国家文旅部"实践英才项目"等实践任务，提升学生心理服务实战能力；剖析"1+X"证书考核标准，融入行业岗位要求，强化课程实用性、适用性；赛学互促，将职业技能大赛、创新创业大赛、"挑战杯"竞赛、"攀登计划"项目等要求融入课程教学;"名导专访""技能大师微课堂""优秀校友进课堂""同辈学习圈"等形式并举,校企合力共建精品课程,培育实践英才。

图6 "旅游服务心理学"课程学情分析与策略方法

图7 "旅游服务心理学"课程"参与式定制化体验感"项目教学法展示

本课程依托学银在线平台展开课程教学,实施了"课前—课中—课后"全平台支持的教学过程,包括课前调查、微课预习、测试项目、任务导入、课堂实操、互动讲授、小组展示、即时评价、总结提升、课后拓展等教学步骤,突出学生主体,开展"课前自主学、课中一起学、课后共成长"的教学活动,保证教学设计、教学实施、过程记录、教学评价、自主学习等功能完备。

借助学银在线平台、学习通 App 来实施线上线下混合式教学模式，优化教学过程，让新生代手机党们从刷微博、微信主动转为刷签到、参与答题和课堂互动，把手机转变为"互联网+"时代活跃课堂的好助手，实现移动式教学应用。本课程开发的成套微课、在线测试、在线讨论、在线阅读等供学生进行课前预习、课中辅助以及课后巩固，帮助学生充分利用碎片化时间进行学习。同时，课后通过微信学习群、网络平台加强与学生的互动交流，增强学生、教师、课程的黏性。

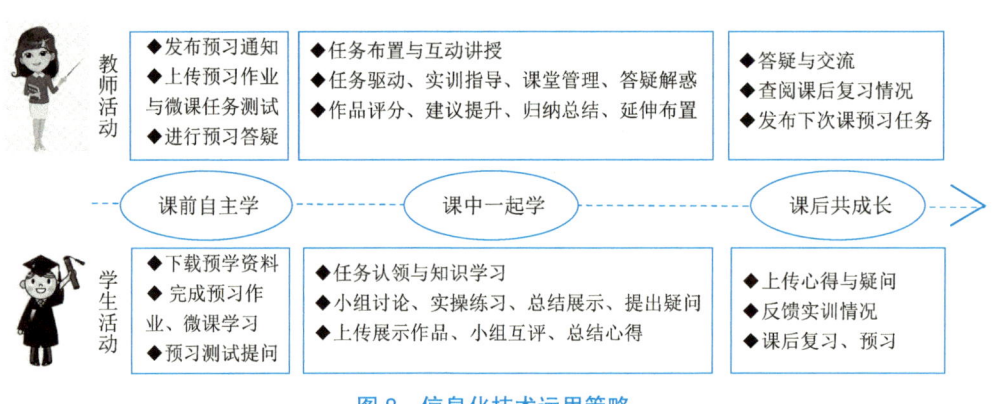

图 8　信息化技术运用策略

7. 考核与评价方式

课程思政考核要过程考核和结果考核相结合，不仅关注学生思政教育的结果，也关注学生思想意识形成和发展的过程。因此本课程考核分为形成性考核（40%）与终结性考核（60%），即整体考核＝形成性过程考核（40%）＋思政实务考核（30%）＋终结笔试考试（30%）。形成性考核主要以学生课前、课中、课后（或活动前、活动中、活动后）对思政元素的理解程度、在旅游活动中对心理学知识与技能的综合应用能力等为依据，思政实务考核主要以学生准备的基于职业过程的思政元素理解和理念践行的作品与分享等为主，考核终结笔试考试设计强调心理知识技能和思政元素的记忆、内化、运用。

形成性考核依托学银在线平台在线上完成，具体比重如下：形成性考核 100%＝微课预学（30%）＋思政项目任务与测试（20%）＋签到（10%）＋课堂各项互动（含小组 PBL，25%）＋超星平台讨论区小组思政案例与资讯发布（10%）＋访问次数（5%），课堂各项互动表现包括思政案例分析、小组 PBL 讨论任务、情景模拟直播、任务成果展示、选人、抢答、问卷等活动参与程度及质量，均在学银在线平台进行整体统计。思政实务考核采用多元主体考核，包括学生自评、互评、教师评价等。终结笔试考试采用期末闭卷理论考核形式，在理论知识考核题库中随机抽卷而成。

考核也蕴含了思政教育元素，既培养了学生持续学习的意志力，也增强了学生自我约束、诚信守纪等意识（见表7）。

表7 考核中的思政教育

观测对象		观测内容	思政教育内容
整体考核	形成性考核	● 课前预习，完成课程任务 ● 签到上课，遵守课堂纪律 ● 融入集体，小组合理分工 ● 独立自主，重视个人作业	1. 自我管理意识 2. 纪律规则意识 3. 团队协作意识
	终结性考核	● 按时提交思政实务作品 ● 认真汇报感悟践行心得 ● 学期结束参加诚信考试	1. 守时守纪意识 2. 严谨治学意识 3. 诚信做人意识

另外，课程设置增值评价，对于学生在国家导游资格证考试、"攀登计划"项目申报、职业技能大赛、"挑战杯"竞赛等方面有突出成绩者，可以根据证书等证明材料进行1~10分线下增值评价。

8. 课程资源

（1）网络资源

现有"旅游服务心理学"的网络资源详见学银在线课程。"旅游服务心理学"精品在线开放课程资源丰富、类型多样，包括课程介绍、课程标准、教学设计、教学大纲、考核大纲、教学进度表、团队介绍、视频案例、文字案例、电子课件、教学图片、课程视频、课程教案、项目单卡、试题库、试卷库、行业新闻、心理测试、多种类微课（录屏、出镜等）、动画、VR、交互式课件、项目成果、作业成果等资源，分布合理，覆盖本课程所有知识点、技能点，颗粒化程度高，做到课程内容的丰富性和与时俱进。学银在线课程平台完整呈现教学设计、教学实施、过程记录、教学评价、自主学习等，开放、自主学习访问量超225万人次（在持续使用增加中），社会评价优秀、效果显著。

图 9　学银在线课程截图

表 8　课程基本资源清单

基本资源	主要内容
课程介绍	1. 课程性质与作用 2. 课程设计的理念与思路 3. 教学组织与安排 4. 课程特色与创新
教学文件	1. "旅游服务心理学"课程标准 2. "旅游服务心理学"教学大纲 3. "旅游服务心理学"课程进度表 4. "旅游服务心理学"课程形成性考核大纲
教案与演示文稿	1. 教学课件集 2. 课程教案集 3. 课程训练任务单集
教学团队介绍	1. 课程负责人介绍 2. 课程组教师简介
教学录像（含微课）	1. 课程整体介绍录像 2. 课程教学实录 3. 系列微课
试题库	1. 标准试卷库、实训项目库 2. 选择题、简答题、名词解释等分项试题库 3. 实务、理论考试测试题
参考资料目录	1. 心理测试 2. 旅游经典案例 3. 旅游行业新闻 4. 教师及学生典型成果

续表

基本资源	主要内容
案例库	1. 文本案例：产品设计、投诉处理、导游服务等案例 2. 视频案例：景区宣传片、旅行社广告片等

表9 "旅游服务心理学"学银在线平台代表性优质数字化富媒体资源

教学模块	教学项目	资源类型	资源名称	主讲人员	思政元素
开学第一课	课程导入	综合性数字资源	课程宣传片	课程组	大国公民 服务工匠 从业价值观
	"房树人"心理绘画	出镜类（春沐源小镇外景拍摄）	走进神奇的艺术心理疗愈	伍新蕾	文化自信 修身养性 美学浸润
		出镜类（春沐源小镇外景拍摄）	神奇的艺术心理疗愈之绘画疗愈（上）	伍新蕾 王朝晖	健康审美 身心健康 人格健全
		出镜类（春沐源小镇外景拍摄）	神奇的艺术心理疗愈之绘画疗愈（中）	伍新蕾 王朝晖	健康审美 和谐心态 人格健全
		出镜类（春沐源小镇外景拍摄）	神奇的艺术心理疗愈之绘画疗愈（下）	伍新蕾 王朝晖	健康审美 身心健康 人格健全
	测试调研	交互式课件及动态视频	探索表象系统	伍新蕾等	文明沟通 社会和谐
模块一 走进"心"的世界——了解旅游服务心理	项目一 认知心理学（课前自主学）	交互式课件及动态视频	西方现代心理学的主要流派	伍新蕾 谭健萍	经世致用 厚德载物
	项目一 认知心理学（课中一起学）	出镜类（影棚抠像）	认知心理学	伍新蕾及学生团队	经世致用 厚德载物 心怀大爱
	项目一 认知心理学（课后共成长）	出镜类（影棚抠像）	埃里克森的人格发展八阶段理论	冯四朵	健全人格 和谐心态

续表

教学模块	教学项目	资源类型	资源名称	主讲人员	思政元素
模块一 走进"心"的世界——了解旅游服务心理	项目二 认知旅游服务（课前自主学）	出镜类（影棚抠像外景综合）	以游客为中心的服务原理（上）	伍新蕾及学生团队	爱岗敬业 责任担当 胸怀大爱
		出镜类（影棚抠像外景综合）	以游客为中心的服务原理（下）	伍新蕾及学生团队	服务工匠 责任担当 胸怀大爱
	项目二 认知旅游服务（课中一起学）	出镜类（影棚抠像）	认知旅游产品	俞彤	民族自信 行业自信 国际视野
	项目三 中国特色文旅发展（课前自主学）	动画类	文旅融合	伍新蕾 秦晶	国家自信 文化自信 行业自豪
	项目三 中国特色文旅发展（课中一起学）	出镜类（影棚抠像）	漫谈中国旅游的前世故事（上）	伍新蕾	家国情怀 行业自信 文化自信
		出镜类（影棚抠像）	漫谈中国旅游的前世故事（下）	伍新蕾	家国情怀 行业自信 文化自信
		出镜类（影棚抠像）	研学旅行之理论篇	张颖	行业自信 家国情怀
		出镜类（客天下研学外景拍摄）	研学旅行之访谈篇	叶文杰 伍新蕾	行业自信 责任担当
		动画类	研学旅行	张颖	行业自信 经世致用
		动画类	全域旅游	伍新蕾 秦晶	行业自信 经世致用
		动画类	非遗+旅游	张颖	文化自信 创新传承

附 录

续表

教学模块	教学项目	资源类型	资源名称	主讲人员	思政元素
模块一 走进"心"的世界——了解旅游服务心理	项目三 中国特色文旅发展（课后共成长）	录制类	旅游的前世今生（上）	伍新蕾	家国情怀 行业自信 文化自信
		录制类	旅游的前世今生（下）	伍新蕾	家国情怀 行业自信 文化自信
		动画类	后危机时代的旅游产业发展	张颖	行业自信 创新发展
	项目四 认知旅游服务心理（课前自主学）	出镜类（影棚抠像）	西方现代心理学的三大流派势力	冯四朵	经世致用 厚德载物
	项目四 认知旅游服务心理（课中一起学）	出镜类（影棚抠像）	认知旅游服务心理	俞彤	经世致用 行业自信 责任担当
	项目四 认知旅游服务心理（课后共成长）	交互式课件及动态视频	二十四个经典心理效应	伍新蕾 谭健萍	创新意识 经世致用
模块二 倾听"心"的声音——旅游产品设计的心理透视	项目一 旅游消费行为的心理分析（课前自主学）	交互式课件及动态视频	旅游消费行为的心理背景	伍新蕾 张颖	国家自信 经世致用
	项目一 旅游消费行为的心理分析（课中一起学）	出镜类（影棚抠像）	旅游消费行为心理分析	张颖	诚信服务 责任担当
		动画类	智慧旅游	伍新蕾等	行业自信 经世致用
	项目一 旅游消费行为的心理分析（课后共成长）	动画类	区块链与旅游行业	张颖	行业自信 创新合作

续表

教学模块	教学项目	资源类型	资源名称	主讲人员	思政元素
模块二 倾听"心"的声音——旅游产品设计的心理透视	项目二 旅游消费者知觉分析（课前自主学）	出镜类（影棚抠像）	认知心理定式	伍新蕾	诚信服务 健全人格 和谐心态
		出镜类（影棚抠像）	基于知觉的旅游线路交通设计	张淑娟	诚信服务 德法兼修 爱岗敬业
	项目二 旅游消费者知觉分析（课中一起学）	VR体验课堂	长隆欢乐世界	课程组	行业自信 传承创新
		出镜类（影棚抠像）	晕轮效应巧应用	伍新蕾	文化自信 诚信服务
	项目二 旅游消费者知觉分析（课后共成长）	动画类	趣谈错觉	伍新蕾 谭健萍	经世致用 诚信服务 和谐心态 文明旅游
		出镜类（影棚抠像）	旅游线路设计	张颖	爱岗敬业 诚信服务 文明旅游
		出镜类（影棚抠像）	山情水韵 云游河源	学生	家国情怀 创新传承
	项目三 旅游消费者需求动机分析（课前自主学）	交互式课件及动态视频	辨析旅游动机	伍新蕾等	家国情怀 爱岗敬业 诚信服务 文明旅游
	项目三 旅游消费者需求动机分析（课中一起学）	出镜类（谭木匠门店外景拍摄）	一把梳子背后的匠心	伍新蕾 门店经理等	文化自信 工匠精神 诚信服务 传承创新
		出镜类（影棚抠像）	从敦煌现象看游客需求	伍新蕾及学生团队	家国情怀 文化自信 爱岗敬业 责任担当 传承创新
		动画类	定制旅游	伍新蕾等	诚信服务 经世致用 爱岗敬业

续表

教学模块	教学项目	资源类型	资源名称	主讲人员	思政元素
模块二 倾听"心"的声音——旅游产品设计的心理透视	项目三 旅游消费者需求动机分析（课后共成长）	交互式课件及动态视频	态度偏好与旅游行为	伍新蕾 秦晶	诚信服务 经世致用
模块三 用"心"做好服务——旅游产品销售的心理服务	项目一 服务场景的心理影响（课前自主学）	交互式课件及动态视频	色彩心理学初探	伍新蕾 秦晶	健康审美 和谐心态 经世致用
	项目一 服务场景的心理影响（课中一起学）	出镜类（影棚抠像）	服务场景与游客心理	伍新蕾	文化自信 爱岗敬业 健康审美
		VR体验课堂	东莞青年国际旅行社	课程组	行业自信 传承创新
	项目二 旅游产品规范展示（课前自主学）	出镜类（好世界旅行社拍摄）	旅行社门市接待流程与心理服务技巧（上）	伍新蕾 优秀毕业生张华华 游客等	诚信待客 服务工匠 爱岗敬业
	项目二 旅游产品规范展示（课中一起学）	出镜类（好世界旅行社拍摄）	旅行社门市接待流程与心理服务技巧（下）	优秀毕业生张华华 伍新蕾	德法兼修 服务工匠 爱岗敬业
	项目二 旅游产品规范展示（课后共成长）	动画类	选择障碍症	伍新蕾 袁申梅	家国情怀 坚定初心 责任担当 健全人格
	项目三 客我双方气质与性格分析（课前自主学）	交互式课件及动态视频	人格特征与旅游服务	伍新蕾 秦晶	健全人格 感恩精神 爱岗敬业

175

续表

教学模块	教学项目	资源类型	资源名称	主讲人员	思政元素
模块三 用"心"做好服务——旅游产品销售的心理服务	项目三 客我双方气质与性格分析（课中一起学）	出镜类（影棚抠像）	原来如此——气质与性格的解疑	伍新蕾	健全人格 感恩精神 和谐心态
		出镜类（影棚抠像）	揭开自我的面纱	伍新蕾	家国情怀 健全人格 坚定初心 和谐心态
		出镜类（影棚抠像）	人格结构与心理成熟	伍新蕾	健全人格 责任担当 和谐心态
	项目三 客我双方气质与性格分析（课后共成长）	动画类	多元智能	伍新蕾 秦晶	文化自信 健全人格
模块四 用"心"创造服务——旅游产品体验的心理服务	项目一 客我交往，找准时机（课前自主学）	交互式课件及动态视频	旅游服务的心理环境	伍新蕾 谭健萍	爱岗敬业 首问负责 和谐沟通
	项目一 客我交往，找准时机（课中一起学）	出镜类（影棚抠像）	不同时期游客心理需求与服务技巧	张淑娟	行业自信 爱岗敬业 和谐沟通
		出镜类（影棚抠像）	旅游团队骚动的心理分析与处理	伍新蕾	责任担当 爱岗敬业 和谐沟通
		出镜类（影棚抠像）	旅游团队的中心人物	伍新蕾及学生团队	爱岗敬业 首问负责 和谐沟通
		出镜类（影棚抠像）	游客购物心理与服务技巧	伍新蕾及学生团队	文化自信 诚信待客
		出镜类（客天下外景拍摄）	酒店客房体验心理与服务策略	伍新蕾 蔡春枚等	服务工匠 爱岗敬业 诚信待客

续表

教学模块	教学项目	资源类型	资源名称	主讲人员	思政元素
模块四 用"心"创造服务——旅游产品体验的心理服务	项目一 客我交往，找准时机（课中一起学）	出镜类（影棚抠像）	旅游者过激行为成因分析（上）	伍新蕾	诚信待客 德法兼修
		出镜类（影棚抠像与外景拍摄结合）	旅游者过激行为成因分析（下）——"蝴蝶拍"体验	伍新蕾及学生团队	健全人格 和谐心态 责任担当
	项目一 客我交往，找准时机（课后共成长）	出镜类（影棚抠像）	群体心理之从众心理	伍新蕾	健全人格 坚定初心 和谐心态 责任担当
	项目二 言行一致，全面沟通（课前自主学）	出镜类（影棚抠像）	基于PCA人格理论的交往沟通模式	伍新蕾	和谐沟通 健全人格 责任担当
	项目二 言行一致，全面沟通（课中一起学）	动画类	微动作心理学	伍新蕾	健全人格 经世致用 德法兼修
		出镜类（影棚抠像）	微动作心理学的运用	伍新蕾	和谐沟通 诚信待客
		出镜类（影棚抠像与外景拍摄）	倾听的内涵与技巧	伍新蕾及学生团队	和谐沟通 经世致用 首问负责
	项目二 言行一致，全面沟通（课后共成长）	动画类	沟通模式	伍新蕾	健全人格 经世致用 和谐沟通
	项目三 转危为机，处理投诉（课前自主学）	出镜类（影棚抠像）	游客异议的理论分析（上）	冯四朵	爱岗敬业 和谐心态
		出镜类（影棚抠像）	游客异议的理论分析（下）	冯四朵	爱岗敬业 和谐心态

续表

教学模块	教学项目	资源类型	资源名称	主讲人员	思政元素
模块四 用"心"创造服务——旅游产品体验的心理服务	项目三 转危为机，处理投诉（课中一起学）	出镜类（影棚抠像与外景拍摄）	游客投诉心理分析与处理策略（上）	伍新蕾及学生团队	服务工匠 和谐心态 经世致用
		出镜类（万绿湖外景拍摄）	游客投诉心理分析与处理策略（中）	周捷航及学生团队	服务工匠 和谐心态 德法兼修
		出镜类（万绿湖外景拍摄）	游客投诉心理分析与处理策略（下）	周捷航	服务工匠 和谐心态 文明旅游
	项目三 转危为机，处理投诉（课后共成长）	动画类	沟通拖延症	伍新蕾 谭健萍	和谐沟通 健全人格 责任担当
模块五 给"心"一缕阳光——员工心理素质训练与调适	项目一 情绪察觉，状态调整（课前自主学）	交互式课件及动态视频	情绪劳动及管理	伍新蕾 周捷航	爱岗敬业 和谐心态 经世致用
	项目一 情绪察觉，状态调整（课中一起学）	出镜类（影棚抠像）	情绪的认知与管理	伍新蕾	健全人格 和谐心态
		出镜类（影棚抠像与外景拍摄）	构筑我的安全地	伍新蕾及学生团队	健全人格 和谐心态 感恩精神
	项目一 情绪察觉，状态调整（课后共成长）	出镜类（影棚抠像）	与焦虑和平共处	伍新蕾	健全人格 和谐心态 抗压逆商
	项目二 身心舒压，美好绽放（课前自主学）	动画类	同伴压力	伍新蕾 秦晶	和谐心态 奋发进取 抗压逆商
	项目二 身心舒压，美好绽放（课中一起学）	出镜类（影棚抠像）	旅游职业压力与应对策略上之理论篇	冯四朵	和谐心态 奋发进取 抗压逆商
		出镜类（中正健康外景拍摄）	旅游职业压力与应对策略中之营养篇	王朝晖 伍新蕾	身心健康 国家自信 抗压逆商

附　录

续表

教学模块	教学项目	资源类型	资源名称	主讲人员	思政元素
模块五　给"心"一缕阳光——员工心理素质训练与调适	项目二　身心舒压，美好绽放（课中一起学）	出镜类（重塑普拉提外景拍摄）	旅游职业压力与应对策略下之运动篇	曹雪娇	体育精神身心和谐抗压逆商
		出镜类（影棚抠像）	严与爱结合的旅游企业员工管理	曾惠华	行业自信爱岗敬业抗压逆商
		出镜类（春沐源小镇外景拍摄）	闻香治愈——香氛的秘密（上）	王朝晖 伍新蕾	家国情怀健康审美身心和谐
		出镜类（春沐源小镇外景拍摄）	闻香治愈——香氛的秘密（中）	王朝晖 伍新蕾	文化自信健康审美身心健康
		出镜类（春沐源小镇外景拍摄）	闻香治愈——香氛的秘密（下）	王朝晖 伍新蕾	家国情怀文化自信和谐心态

课程拓展资源主要包括专题讲座库，素材资源库，实验／实训／实习资源，学科专业知识检索系统，学习网站，作业系统，课程教学、学习和交流工具，网络课程，参考书等，有效地支撑了学生自主学习、在线学习、在线测试及拓展学习。

表10　拓展资源清单及建设使用情况

拓展资源	主要建设内容及使用情况
专题讲座库	1. 校外行业专家讲座　　2. 心理访谈
素材资源库	1. 主要旅游城市宣传片　　2. 旅游服务心理案例集 3. 旅游专业电子书　　4. 旅游行业相关法规
实验／实训／实习资源	1. 万绿湖旅行社大学城营业部 2. 导游教学实训仿真系统 3. 天港成旅行社管理软件 4. 校企合作校外实训基地介绍
学科专业知识检索系统	1. 河源职业技术学院图书馆（http://tsg.w2.hycollege.net/） 2. 中国知网（http://www.cnki.net/） 3. 万方数据知识服务平台（http://www.wanfangdata.com.cn/） 4. 超星图书（http://hn.sslibrary.com）

续表

拓展资源	主要建设内容及使用情况
学习网站	中国心理网（http://www.psy.com.cn/） 心理健康网（http://xl.39.net/） 中国心理咨询网（http://www.xlzx.com/Index.html）
作业系统	"旅游服务心理学"网络教学平台——作业库及作品库
课程教学、学习和交流工具	1. "旅游服务心理学"网络教学平台——交流论坛 2. "旅游服务心理学"网络教学平台——在线答疑

（2）教材及参考资料

①教材与参考书

主要教材：《旅游心理学》，孙喜林、杨金桥编著，东北财经大学出版社，2022年8月第8版。

本课程学银在线富媒体配套参考书：《旅游服务心理学》，伍新蕾主编，东北财经大学出版社，2023年12月版。

②其他参考资料

《旅游心理学》，舒伯阳主编，东北财经大学出版社，2019年版；

《旅游服务心理》，刘世权、李远慧主编，武汉大学出版社，2008年版；

《旅游心理学》，刘纯编著，高等教育出版社，2004年版；

《旅游心理服务与技巧》，庄静编著，中国劳动社会保障出版社，2011年版；

《旅游服务心理学》，国家旅游局人事劳动教育司编，旅游教育出版社，2010年10月版。

（3）实践教学条件的建设与使用

旅游管理专业是广东省高职示范性专业、广东省高职教育重点专业，是广东省高职院校高水平专业群——旅游管理专业群的核心组成。"旅游服务心理学"是广东省高职院校高水平专业群（旅游管理专业群）核心课程，从校精品课程到优秀混合教改课程、校金课再到省级精品在线开放课程、省课程思政示范课，学校在政策保障、人力物力等方面给予极大支持，已建有支撑一体化教学、混合式教学的"校中厂"万绿湖旅行社大学城营业部、智慧旅游实训室、数字化旅游综合实训室、导游培训室等，这均是学校给予重点建设的成果。为了培养和提高学生的职业能力，本课程充分运用校内外实训环境。

①校内实训设备与实训环境

校内实践教学环境的完善及正常运转,有效地满足了"旅游服务心理学"课程的教学需要,对于促进专业教学质量的提高和学生专业技能及应用能力的提升都具有十分突出的作用。

2006年8月,我院同河源市万绿湖旅行社签署校企合作协议,共同成立万绿湖旅行社大学城营业部。学院投资硬件设备,提供办公场所,并配套建设校园导游部、旅行社实训室、导游培训室等校内实训室。万绿湖旅行社提供管理及相关企业资源,并派顾问与我院师生共同管理。本课程组教师都在营业部兼职,全体学生是营业部的签约导游与工作人员。老师、学生都在校内生产性实习基地共同学习和成长。旅行社营业部自成立以来,共组织旅游团976个,派出学生带团、跟团3000余人次,充分满足了课程生产性实训的需要。

图10　学生在万绿湖旅行社大学城营业部实训　　图11　数字化旅游综合实训室

2007年2月,我院的校内旅行社实训室和校园导游部成立,为河源各景区、旅行社、人民政府输送校园导游志愿者队伍,服务社会,并建设导游培训室、数字化旅游综合实训室,为教学、实训创造条件。

②校外实习基地的建设与利用

经过多年的努力,旅游管理专业建设了河源万绿湖风景区发展总公司、河源客天下温泉度假区、长隆欢乐世界、东莞青年国际旅行社、东远旅行社等15个产业学院及校外实习基地,涵盖了包括景区、旅行社、酒店在内的河源主要旅游企业,地域上以河源为主,兼顾珠三角旅游业发达地区。布点合理、功能明确,运行良好,能为课程的实践教学提供真实的工作环境,满足了足够时间顶岗实习的需要。作为校外实习基地的企业也纷纷录用本专业学生,截至目前,旅游管理专业毕业生遍布各主要校外实习基地,是这些企业的骨干力量。

图12　学生在实训室介绍前台设计作品　　图13　研学团　　图14　学生带万绿湖新生游

表11　校外实习基地一览

序号	实训基地名称	类型	实习合作项目
1	河源巴伐利亚庄园	厂中校	地接导游、景区服务、研学
2	御临门温泉度假村	厂中校	景区服务与管理、营销策划
3	东莞青年国际旅行社	实习基地	导游、计调、营销策划
4	广州长隆欢乐世界	订单班	景区服务与管理
5	东莞东华旅行社	实习基地	领队、导游、计调
6	东莞东远旅行社	实习基地	地接导游、研学导师
7	深圳中国国际旅行社	实习基地	导游、计调、营销策划
8	河源市好世界国际旅游有限公司	实习基地	地接导游、领队、全陪导游
9	河源万绿湖景区	产业学院	景区服务与管理、导游
10	河源客天下度假区	产业学院	景区服务与管理、研学
11	河源春沐源小镇	产业学院	景区服务与管理、研学、旅游地产
12	河源市华侨国际旅行社	实习基地	导游、计调、营销策划
13	广东中青研旅行社	实习基地	地接导游、研学导师
14	河源市智橙文化教育科技有限公司	实习基地	研学策划、导游
15	广东青领教育投资股份有限公司	实习基地	研学策划、导游

专业注重与校外实训基地深度融合,满足学生了解企业实际、体验企业文化的

需要。实习基地稳步发展，为培养文旅高素质技术技能人才提供了有力保障，获得了省、校的认可和表彰。

表 12　校外实践基地荣誉一览

序号	级别	奖项	时间	基地	项目名称
1	省级	荣誉称号	2014 年 12 月	翔丰国际酒店	广东省大学生校外实践教学基地
2	省级	荣誉称号	2015 年 9 月	万绿湖风景区	广东省大学生校外实践教学基地
3	省级	荣誉称号	2015 年 9 月	御临门温泉度假区	广东省大学生校外实践教学基地
4	省级	荣誉称号	2019 年 9 月	河源客天下度假区	广东省大学生校外实践教学基地
5	校级	荣誉称号	2015 年 7 月	万绿湖景区	校企合作先进企业
6	校级	荣誉称号	2014 年 11 月	御临门温泉度假区	优秀校外实习基地
7	校级	荣誉称号	2021 年 11 月	东莞青年国际旅行社	优秀校外实习基地

9. 课程单元设计

"旅游服务心理学"课程单元设计一

教学模块一：了解旅游服务心理 / 项目一：认知心理学					
课次	1	课次名称	认知心理学	课时	1 学时
思政浸润目标	●引导学生树立"为人民服务"的理想信念，逐步固化正确的世界观、人生观、价值观 ●引导学生关注自己心理状态，用图画自由表达内心真实想法				
教学目标		技能目标	知识目标		素质目标
		能分析心理学对于自身、社会、国家的价值	1. 了解心理学主要学派 2. 理解心理学的内涵与价值		1. 团队合作精神 2. 分析问题能力 3. 灵活应变能力 4. 交际沟通能力
重点和难点	重点：心理学的内涵及绘画心理运用 难点：理解心理学的多元价值				
教学准备	1. 主要教材：《旅游心理学》，孙喜林、杨金桥编著，东北财经大学出版社，2022 年 8 月第 8 版 2. 本课程学银在线富媒体配套参考书：《旅游服务心理学》，伍新蕾主编，东北财经大学出版社，2023 年 12 月版 3. 学银在线平台、图片、微课、教学案例、视频等				

续表

教学进程	教学内容	信息化手段应用说明	教学方法和手段	时间分配
第一节课程（45分钟）				
课前	1. 在学生微信班群发布学银在线平台链接或者学银班群二维码，建立网络学习班群与微信群 2. 学生尝试通过平台学习交互式课件——西方心理学主要流派与微课"以游客为中心的服务原理"，完成测试1与测试2 3. 学生在线提出课程需求	1. 利用平台建立网络学习班群，并统计、分析学生学习情况 2. 统计学生的课程需求内容	采用平台信息化教学手段	
课中				
一、考勤	通过平台进行考勤	利用平台手势考勤	采用平台信息化教学手段	1分钟
二、课程导入	1. 介绍课程整体情况，包括学习内容、考核方式等，重点介绍思政浸润混合教学模式实施方式 2. 通报学生学习微课情况（平台自动统计） 3. 学生需求总结与测试情况展示	1. 根据平台数据统计功能通报学生学习微课情况和测试情况 2. 通过平台展示学生需求总结情况	1. 采用平台信息化教学手段 2. 互动讲授法	10分钟
三、信息接受方式测试与分组	1. 学生课程分组游戏，并登录平台进行信息接受方式测试 2. 教师介绍VAKA信息接受方式的内涵与意义，以及在今后课程学习中的价值	利用平台进行学生信息接受方式测试，迅速得到统计结果	1. 采用平台信息化教学手段 2. 互动讲授法 3. 量表测试法 4. 心理游戏法	10分钟

续表

四、理论知识学习与实践	1.苹果喜爱程度投票,认知心理与心理学内涵 2."房树人"绘画,学生自由在白纸上发挥,拍照上传个人任务。教师收集纸质版绘画,结合超星平台上学生的解读情况,课后针对性私信回复与沟通,保护学生隐私 3.小组讨论总结对于心理学价值认识,投屏词云总结	1.利用平台统计学生投票情况 2.利用平台统计学生绘画图片与自我解读 3.利用平台统计投屏学生讨论结果,呈现词云总结	1.采用平台信息化教学手段 2.心理绘画法 3.小组讨论法	23分钟
五、项目小结	教师总结提炼,提醒心理绘画上传	利用平台统计画作提交	平台支持提交	1分钟

"旅游服务心理学"课程单元设计二

教学模块一:了解旅游服务心理 / 项目二:认知旅游服务					
课次	2	课次名称	认知旅游服务	课时	1学时
思政浸润目标	●引导学生树立"为人民服务"的理想信念,逐步固化正确的世界观、人生观、价值观 ●激发学生对旅游行业的认同感和作为旅游从业人员的自豪感				
教学目标	技能目标		知识目标	素质目标	
	1.能多元化分析旅游服务的价值 2.能梳理广义的旅游服务流程		1.掌握旅游服务务和旅游产品内涵 2.理解"以游客为中心"的原理	1.团队合作精神 2.分析问题能力 3.灵活应变能力 4.交际沟通能力	
重点和难点	重点:旅游服务产品的特性与旅游服务流程 难点:理解旅游服务的多元价值与"以游客为中心"原理				
教学准备	1.主要教材:《旅游心理学》,孙喜林、杨金桥编著,东北财经大学出版社,2022年8月第8版 2.本课程学银在线富媒体配套参考书:《旅游服务心理学》,伍新蕾主编,东北财经大学出版社,2023年12月版 3.学银在线平台、图片、微课、教学案例、视频等				

续表

教学进程	教学内容	信息化手段应用说明	教学方法和手段	时间分配
第二节课程（45分钟）				
课中				
一、项目导入	1. 通报学生学习微课情况（平台自动统计） 2. 学生测试情况展示	根据平台数据统计功能通报学生学习微课情况和测试情况	1. 采用平台信息化教学手段 2. 互动讲授法	4分钟
二、承上启下	1. 学生结合小组讨论结果与教师提炼进行总结 2. 平台随机选人，学生在老师旁白引导下进行旅游心理服务情景模拟	平台随机选人	1. 采用平台信息化教学手段 2. 互动讲授法 3. 情景模拟法	10分钟
三、理论知识学习与实践	1. 结合学生情景模拟，学生总结服务的内涵自我理解，进行投屏 2. 教师结合微课提炼服务的内涵，并提供系列选项供学生进行旅游服务产品划分，学生接龙完成举例	平台词云投屏	1. 采用平台信息化教学手段 2. 互动讲授法	10分钟
四、任务挑战	1. 以小组为单位完成简易版旅游服务流程蓝图的初步设计 2. 小组成果投屏展示，并择优汇报 3. 小组根据"服务还能收获什么"展开讨论，学生头脑风暴后投屏词云，引导学生树立"为人民服务"的理想信念，逐步固化正确的世界观、人生观、价值观	1. 利用平台统计学生完成情况 2. 利用平台投屏学生成果	1. 采用平台信息化教学手段 2. 任务驱动法 3. 小组讨论法	20分钟
五、课程小结与任务布置	1. 课程小结 2. 布置任务——完善小组的服务流程蓝图	通过平台发布任务	采用平台信息化教学手段	1分钟

续表

| 课后 | 学生通过在线课堂学习课程资源，进行知识内化和拓展，完善小组的服务流程蓝图 | 利用平台统计学生课后学习情况 | 平台支持在线学习与作业提交 | |

"旅游服务心理学"课程单元设计三

教学模块一：了解旅游服务心理／项目三：认知中国特色文旅发展					
课次	3	课次名称	认知中国特色文旅发展	课时	1学时
思政浸润目标	● 激发学生对旅游行业的认同感和作为旅游从业人员的自豪感。新时代，新起点，新使命，新时代的文旅人要以党的二十大精神为指引，充分汲取党的百年历史蕴含的成功经验、智慧源泉，在平凡中坚守，在岗位上贡献，初心不改，勇于担当，保持热爱，不断深耕，坚持旅游为民，推动文旅融合高质量发展，为促进旅游业满足人民群众美好生活的需要和经济社会发展努力作出新的更大贡献				
教学目标	技能目标		知识目标	素质目标	
	能通过官方网站等渠道获取确切的中国文旅发展新资讯进行特性分析		1. 了解中国旅游发展的历程 2. 了解中国特色文旅发展新动态	1. 团队合作精神 2. 信息获取能力 3. 深入思考能力 4. 大局观念	
重点和难点	重点：近五年的中国文旅热词 难点：如何将自身发展与中国文旅发展特性联结				
教学准备	1. 主要教材：《旅游心理学》，孙喜林、杨金桥编著，东北财经大学出版社，2022年8月第8版 2. 本课程学银在线富媒体配套参考书：《旅游服务心理学》，伍新蕾主编，东北财经大学出版社，2023年12月版 3. 学银在线平台、图片、微课、教学案例、视频等				
教学进程	教学内容		信息化手段应用说明	教学方法和手段	时间分配
第一节课程（45分钟）					

续表

课前	1. 学生通过平台学习微课"文旅融合"与"旅游服务心理的理论基础"等，完成测试3与测试4 2. 学生提交心理绘画与服务流程蓝图，学生观看绘画心理疗愈微课进行简单自我解读，教师进行个性化心理沟通与交流	1. 利用平台统计、分析学生学习情况 2. 利用平台查看学生作业并进行点评与私信沟通、线下交流	采用平台信息化教学手段	
课中				
一、考勤与三分钟心理小课堂	1. 通过平台进行考勤 2. 老师播放心理音频，组织短平快线上心理沟通讨论与总结	1. 利用平台手势考勤 2. 平台播放心理音频	采用平台信息化教学手段	7分钟
二、承上启下	1. 通报学生学习微课情况（平台自动统计） 2. 结合心理绘画中出现的共性状态，进行现场师生交流 3. 学生测试情况展示，列举学生查询的渠道与已有文旅热词	根据平台数据统计功能通报学生学习微课情况和测试情况	1. 采用平台信息化教学手段 2. 互动讲授法	15分钟
三、理论知识学习与实践	1. 请学生结合搜索到的近五年的中国文旅热词进行小组内部交流，然后每个小组选择一个词进行现场讲解展示 2. 结合学生展示，动画学习等，教师进行理论综合讲解	利用平台统计小组词云	1. 采用平台信息化教学手段 2. 互动讲授法 3. 小组讨论法	22分钟
四、项目小结	教师总结提炼			1分钟

"旅游服务心理学"课程单元设计四

教学模块一：了解旅游服务心理/项目四：认知旅游服务心理				
课次	4	课次名称	认知旅游服务心理	课时	1学时
思政浸润目标	●引导学生树立"为人民服务"的理想信念，逐步固化正确的世界观、人生观、价值观 ●激发学生对旅游行业的认同感和作为旅游从业人员的自豪感			

续表

	技能目标	知识目标	素质目标
教学目标	1.能运用刺激与结果公式分析新生游中游客真实感受 2.能运用访谈法初步调查游客心理状态 3.能分析旅游企业服务提升关键因素	1.掌握旅游服务心理的理论基础 2.掌握旅游心理研究方法 3.理解旅游心理的研究与运用意义	1.团队合作精神 2.分析问题能力 3.灵活应变能力 4.交际沟通能力 5.逐步养成自觉运用旅游心理服务方式的习惯
重点和难点	重点：1.刺激与结果心理公式的解读；2.旅游心理研究方法 难点：1.访谈法的灵活执行；2.旅游服务企业服务蓝图的理解		
教学准备	1.主要教材:《旅游心理学》，孙喜林、杨金桥编著，东北财经大学出版社，2022年8月第8版 2.本课程学银在线富媒体配套参考书:《旅游服务心理学》，伍新蕾主编，东北财经大学出版社，2023年12月版 3.学银在线平台、图片、微课、教学案例、视频等		

教学进程	教学内容	信息化手段应用说明	教学方法和手段	时间分配
第二节课程（45分钟）				
课中				
一、项目导入	1.通报学生学习微课情况（平台自动统计） 2.学生测试情况展示	根据平台数据统计功能通报学生学习微课情况和测试情况	1.采用平台信息化教学手段 2.互动讲授法	3分钟
二、案例分析	1.教师利用旅游宣传单页、图片、视频等介绍历年新生游旅游产品 2.教师循序渐进地提出群体访谈系列问题，师生互动访谈	1.利用平台统计学生投票情况 2.利用平台抢答方式现场提问，现场给分（0~5分），平台记录成绩	1.采用网络课堂平台信息化教学手段 2.案例分析法 3.小组讨论法 4.互动访谈法	8分钟

续表

三、理论知识学习与实践	1.通过新生游的典型案例分析来引出刺激与结果心理分析公式，教师深入讲解刺激与结果心理公式 2.教师总结常用旅游心理研究方法与举例——量表测试法与访谈法 3.通过心理研究方法视频，教师介绍常用旅游服务心理研究方法与举例——调查问卷法与观察法、实验法等	1.利用平台统计学生投票情况 2.利用视频直观展示研究法等	1.采用平台信息化教学手段 2.互动讲授法 3.视频观摩法	20分钟
四、案例分析	1.温泉利益相关者的案例分析 2.总结旅游服务心理研究价值，激发学生对旅游行业的认同感和作为旅游从业人员的自豪感	1.利用平台直播 2.利用平台发布问题，进行小组任务登录与展示，统计学生回答情况	1.互动讲授法 2.案例分析法	13分钟
五、课程小结与任务布置	1.课程小结 2.布置任务——设计一份针对大学新生游的感受反馈访谈提纲，并完成访谈过程，拍摄成视频	通过平台发布任务	采用平台信息化教学手段	1分钟
课后	学生通过在线课堂学习课程资源，进行知识内化和拓展，完善小组的访谈提纲与视频	利用平台统计学生课后学习情况	平台支持在线学习与作业提交	

"旅游服务心理学"课程单元设计五

教学模块二：旅游产品设计的心理透视 / 项目一：旅游消费行为心理分析					
课次	5	课次名称	旅游消费行为心理分析	课时	4学时
思政渗透目标	●学生了解中国旅游发展的新技术、新业态和新模式，以及国家对于旅游行业的扶持政策与文旅企业自救复苏等现实情况，在这样的背景下旅游消费者行为呈现的趋势状态，令学生产生国家的实力自信，强化学生的国家自豪感、国家归属感、民族自信心，坚定中国共产党领导的信念				

续表

	技能目标	知识目标	素质目标
教学目标	1.能辨识旅游消费者购买价值 2.能解释消费者行为车轮模型 3.能分析当今旅游消费者新的发展特点 4.能初步结合旅游消费者决策时机给出相应营销策略	1.理解旅游消费者及其价值 2.理解旅游消费者行为车轮模式 3.掌握旅游消费行为动因及特点 4.理解旅游消费环境与心理因素	1.团队合作精神 2.分析问题能力 3.灵活应变能力 4.交际沟通能力 5.信息处理能力
重点和难点	重点:1.旅游消费价值;2.旅游消费行为动因以及趋势 难点:1.旅游消费者行为车轮模型;2.旅游服务产品的特点		
教学准备	1.主要教材:《旅游心理学》,孙喜林、杨金桥编著,东北财经大学出版社,2022年8月第8版 2.本课程学银在线富媒体配套参考书:《旅游服务心理学》,伍新蕾主编,东北财经大学出版社,2023年12月版 3.学银在线平台、图片、微课、教学案例、视频等		

教学进程	教学内容	信息化手段应用说明	教学方法和手段	时间分配
第一、二节课程(90分钟)				
课前	1.学生通过平台学习交互式微课——"旅游消费行为的心理背景",完成在线测试5 2.学生上传访谈提纲与视频到平台,教师线上批阅	利用平台统计、分析学生学习情况	采用平台信息化教学手段	
课中				
一、考勤与三分钟心理小课堂	1.通过平台进行考勤 2.第一组播放心理音频,组织短平快线上心理沟通讨论与总结	1.利用平台手势考勤 2.平台播放心理音频	采用平台信息化教学手段	6分钟

191

续表

教学进程	教学内容	信息化手段应用说明	教学方法和手段	时间分配
二、案例导入	1.通报学生学习微课情况（平台自动统计），播放评分最高小组与最低小组的视频，请学生分析并总结心理访谈实施的好处与更有效的途径 2.案例导入：旅游消费复苏现象，引导学生思考旅游消费的价值，强化学生的国家自豪感、国家归属感、民族自信心，坚定中国共产党领导的信念	根据平台数据统计功能通报学生学习微课情况	1.采用平台信息化教学手段 2.互动讲授法 3.案例分析法	22分钟
三、理论讲授与分析应用	1.视频观摩后，教师讲授旅游消费价值，初步总结旅游消费行为概念 2.借助黄金周的兴衰案例，引出旅游消费车轮理论，请学生利用该车轮理论以小组为单位分析旅游消费现象	1.利用平台发布每个小组不同的分析案例 2.学生反馈分析结果到平台上	1.案例分析法 2.互动讲授法 3.绘图分析法 4.采用平台信息化教学手段	30分钟
四、案例分析	1.案例分析：九寨沟旅游拥堵情况，引出旅游服务产品的特点 2.播放微课"旅游消费行为心理分析"，然后进行案例分析：敦煌旅拍，请学生分析游客消费的动因在该案例中的体现	1.利用平台播放微课 2.将学生讨论结果反馈到平台上	1.采用网络课堂平台信息化教学手段 2.案例分析法 3.小组讨论法	30分钟
五、课程小结与任务布置	1.课程小结 2.布置任务——寻找最新旅游消费资讯，并总结背后隐藏的旅游消费者的购买动因	通过平台发布任务	采用平台信息化教学手段	2分钟
教学进程	教学内容	信息化手段应用说明	教学方法和手段	时间分配
第三、四节课程（90分钟）				
课前	1.学生上传作业到平台 2.学生微课复习	1.利用平台统计、分析学生学习情况 2.利用平台查看学生作业并进行点评	平台在线学习	

续表

课中				
一、考勤与三分钟心理小课堂	1. 通过平台进行考勤 2. 第二组播放心理音频，组织短平快线上心理沟通讨论与总结	1. 利用平台手势考勤 2. 平台播放心理音频	采用平台信息化教学手段	6分钟
二、任务反馈分析	展示典型旅游消费资讯以及分析较好的作业	1. 利用平台直观展示成果 2. 平台展示小组成绩	采用平台信息化教学手段	8分钟
三、消费行为趋势分析	1. 分析近三年国庆黄金周旅游现象，请学生总结现在旅游消费者的行为趋势 2. 选取代表性的行为趋势延伸介绍：如共享旅游体现的智能化与自助化等 3. 分析最新国庆黄金周旅游消费数据，结合文旅发展新动向的补充视频，让学生了解中国旅游发展的新技术、新业态和新模式，令学生产生国家的实力自信与行业自信	利用平台统计学生投票情况	1. 采用平台信息化教学手段 2. 互动讲授法 3. 视频观摩法	35分钟
四、理论讲授与分析	1. 案例分析：虎跳峡修路，请学生分析文化背景对旅游消费者行为的影响程度 2. 教师讲解每个旅游消费者个体具有差异化的心理状态受到外部环境与内部心理环境影响的具体体现	学生在平台上将各影响因素进行归类	1. 案例分析法 2. 互动讲授法 3. 采用平台信息化教学手段	22分钟
五、案例分析	利用微博圈层营销案例，分析外部环境对旅游消费者心理影响		1. 案例分析法 2. 互动讲授法	15分钟
六、总结与提醒	1. 单元总结 2. 说明下一次课主要内容，提醒学生观看下次课的微课	通过平台发布学习任务	采用平台信息化教学手段	4分钟

				续表
课后	学生通过在线课堂学习课程资源，进行知识内化和拓展，引导学生把握时代脉搏，顺势顽强成长	利用平台统计学生课后学习情况	平台资源在线学习与作业提交	

"旅游服务心理学"课程单元设计六

	教学模块二：旅游产品设计的心理透视 / 项目二：旅游消费者的知觉分析
课次	6	课次名称	旅游消费者的知觉分析	课时	4学时

思政渗透目标	●学生通过观赏知名旅游目的地视频，站在游客角度归纳感知方面，令学生明白文旅资源、生态环境等是一个地区乃至国家旅游发展的基础，只有传承传统文化，保护文旅资源，守住"绿水青山"，才能有旅游的可持续发展

教学目标	技能目标	知识目标	素质目标
	1. 能解释知觉及规律在旅游中的运用 2. 能解释心理定式带来的优势与劣势 3. 能认知旅游条件中的知觉影响运用	1. 掌握知觉及其基本规律 2. 理解旅游消费者的心理定式 3. 掌握旅游条件的知觉分析方法	1. 团队合作精神 2. 分析问题能力 3. 灵活应变能力 4. 交际沟通能力 5. 信息处理能力

重点和难点	重点：1. 知觉及其基本规律；2. 常见心理定式 难点：旅游条件的知觉分析方法

教学准备	1. 主要教材：《旅游心理学》，孙喜林、杨金桥编著，东北财经大学出版社，2022年8月第8版 2. 本课程学银在线富媒体配套参考书：《旅游服务心理学》，伍新蕾主编，东北财经大学出版社，2023年12月版 3. 学银在线平台、图片、微课、教学案例、视频等

教学进程	教学内容	信息化手段应用说明	教学方法和手段	时间分配
	第一、二节课程（90分钟）

续表

课前	1.学生通过平台学习微课——"认知心理定式"等 2.学生完成在线测试6	利用平台建立网络学习班群，并统计、分析学生学习情况	采用平台信息化教学手段	
课中				
一、考勤与三分钟心理小课堂	1.通过平台进行考勤 2.第三组播放心理音频，组织短平快线上心理沟通讨论与总结	1.利用平台手势考勤 2.平台播放心理音频	采用平台信息化教学手段	6分钟
二、活动导入	1.通报学生学习微课情况（平台自动统计） 2.活动导入：旅游宣传短片赏析，学生观赏后将观后感用词语上传到平台，分析出高频词云 3.借活动深化知觉在旅游中的运用途径，学生体会"绿水青山"的重要性	1.根据平台数据统计功能通报学生学习微课情况 2.利用平台分析学生反馈高频词	1.采用平台信息化教学手段 2.视频教学法 3.互动讲授法	20分钟
三、理论测试与分析应用	1.学生登录平台进行测试，反馈知觉规律的掌握情况 2.案例分析：沙漠绿洲，引导学生将知觉选择性规律运用到旅游宣传单页的设计中 3.即兴讲解展示，运用知觉的解释性，锻炼学生的语言表达能力，拍摄每组展示成果上传平台并评分	1.通过平台现场发布测验试题，学生用手机端进入测验，平台统计答题情况，现场讲解、分析试题 2.讲解视频上传平台，进行投票评分	1.案例分析法 2.互动讲授法 3.任务驱动法 4.采用平台信息化教学手段	30分钟
四、微课学习与讨论	1.结合心理定式微课，学生初步了解四大心理定式 2.小组讨论：心理定式中首次效应在旅游产品设计中运用方面 3.连线测试题：刻板印象在分辨游客地域特点的运用	1.利用平台播放微课 2.将学生讨论结果反馈到平台上	1.采用网络课堂平台信息化教学手段 2.小组讨论法	30分钟

续表

教学进程	教学内容	信息化手段应用说明	教学方法和手段	时间分配
五、课程小结与任务布置	1. 课程小结 2. 布置任务——找到一张旅游宣传单页，并分析游客在去目的地前可以由此得到的感知信息	通过平台发布任务	采用平台信息化教学手段	4分钟

教学进程	教学内容	信息化手段应用说明	教学方法和手段	时间分配
第三、四节课程（90分钟）				
课前	1. 学生上传图片与分析作业到平台 2. 学生微课学习"晕轮效应巧应用"	1. 利用平台统计、分析学生学习情况 2. 利用平台查看学生作业并进行点评	平台在线学习	
课中				
一、考勤与三分钟心理小课堂	1. 通过平台进行考勤 2. 第四组播放心理音频，组织短平快线上心理沟通讨论与总结	1. 利用平台手势考勤 2. 平台播放心理音频	采用平台信息化教学手段	6分钟
二、任务反馈分析	展示宣传单页以及分析较好的作业	1. 利用平台直观展示成果 2. 平台展示小组成绩	采用平台信息化教学手段	10分钟
三、理论分析运用	1. 借助任务展示引申出晕轮效应等在旅游服务中的有效运用 2. 教师结合微课"基于知觉的旅游线路交通设计"介绍知觉在旅游交通、旅游活动时间的运用 3. 根据微课所留思考题，学生小组讨论缓解游客排队等候时间焦虑的方法	1. 利用平台播放微课 2. 将学生讨论结果反馈到平台上	1. 采用平台信息化教学手段 2. 互动讲授法 3. 视频观摩法	20分钟

续表

四、视频案例分析与VR体验	1. 教师播放两段同一旅游目的地在不同时期的视频，并提出一系列分析问题，学生讨论分析 2. 教师引导学生认知旅游者对旅游目的地的知觉感受变化，师生总结旅游工作者影响游客对目的地感知的途径，令学生明白文旅资源、生态环境等是一个地区乃至国家旅游发展的基础，只有传承传统文化，保护文旅资源，守住"绿水青山"，才能有旅游的可持续发展 3. 学生观看长隆欢乐世界VR，感受VR体验与视频观看的区别，提出旅游目的地的知觉差异	学生讨论结果反馈到平台上	1. 案例分析法 2. 互动讲授法 3. 视频观摩法 4. VR体验法	35分钟
五、旅游案例分析	1. 案例分析：大观园景区影视营销 2. 学生围绕案例分析景区利用影视剧宣传，符合的知觉规律等问题，坚定传统文化自信	学生讨论结果反馈到平台上	1. 案例分析法 2. 互动讲授法 3. 小组谈论法	15分钟
六、总结与提醒	1. 单元总结 2. 说明下一次课主要内容，提醒学生观看下次课的微课	通过平台发布学习任务	采用平台信息化教学手段	4分钟
课后	学生通过在线课堂学习课程资源，进行知识内化和拓展。观看错觉小动画，善用错觉，智慧生活	利用平台统计学生课后学习情况	平台资源在线学习与作业提交	

"旅游服务心理学"课程单元设计七

教学模块二：旅游产品设计的心理透视 / 项目三：旅游消费者的需求动机分析					
课次	7	课次名称	旅游消费者的需求动机分析	课时	2学时
思政渗透目标					

思政渗透目标	● 选取经典的敦煌文化传承与守护的案例，向学生讲述一代又一代的敦煌人在极其艰苦的物质生活条件下，在敦煌石窟资料整理和保护修复、敦煌文化艺术研究弘扬、文化旅游开发和遗址管理等方面做了大量工作，取得了重要研究成果，70年来形成"坚守大漠、甘于奉献、勇于担当、开拓进取"的莫高精神，尤其以央视节目《国家记忆》中详细介绍的敦煌研究院名誉院长樊锦诗女士的事迹为重点，让学生得到正确的世界观、人生观、价值观的熏陶。 ● 以品牌国货等作为旅游纪念品的典型案例，引导学生探访一把梳子背后的匠心，体会旅游纪念商品——谭木匠木梳背后蕴含的工匠精神、文化传承等 ● 令学生既感悟中华文化之博大精深与旺盛生命力，树立对国家的实力自信与文化自信，也明白文旅纪念品蕴含的传统文化精神才是其核心创意点与竞争力
教学目标	**技能目标** 1. 能分析游客的基本需求 2. 能阐述旅游者的三求心理 3. 能辨识游客的动机来源 **知识目标** 1. 掌握马斯洛需求层次理论 2. 理解旅游者的三求心理 3. 掌握旅游动机的多元性 **素质目标** 1. 团队合作精神 2. 分析问题能力 3. 灵活应变能力 4. 交际沟通能力 5. 信息处理能力
重点和难点	重点：1. 马斯洛需求层次理论；2. 旅游动机的多元性 难点：1. 游客三求心理的分析；2. 游客需求探寻方法
教学准备	1. 主要教材：《旅游心理学》，孙喜林、杨金桥编著，东北财经大学出版社，2022年8月第8版 2. 本课程学银在线富媒体配套参考书：《旅游服务心理学》，伍新蕾主编，东北财经大学出版社，2023年12月版 3. 学银在线平台、图片、微课、教学案例、视频等

教学进程	教学内容	信息化手段应用说明	教学方法和手段	时间分配
第一、二节课程（90分钟）				
课前	1. 学生通过平台阅读习近平总书记重要文章《在敦煌研究院座谈时的讲话》 2. 学习微课——"辨析旅游动机""一把梳子背后的匠心"等 3. 学生完成在线测试7	利用平台建立网络学习班群，并统计、分析学生学习情况	采用平台信息化教学手段	
课中				

续表

一、考勤	通过平台进行考勤	利用平台手势考勤	采用平台信息化教学手段	1分钟
二、活动导入与理论基础	1.通报学生学习微课情况（平台自动统计） 2.活动导入：借助微课"一把梳子背后的匠心"的微课课后问题，引导学生分辨不同情况下游客的需求层次，将马斯洛需求层次理论进行细化，引导学生探访一把梳子背后的匠心，体会旅游纪念商品——谭木匠木梳背后蕴含的工匠精神、文化传承等	1.根据平台数据统计功能通报学生学习微课情况 2.学生反馈讨论结果到平台上	1.采用平台信息化教学手段 2.互动讲授法 3.小组讨论法	15分钟
三、经典案例分析与总结	1.教师带领学生朗诵诗句，并提问诗句所描述的景观，引出本次课重点案例——敦煌数字文创 2.结合微课"从敦煌现象看游客需求"与阅读资料，了解敦煌文创数字赋能的历程，向学生讲述一代又一代的敦煌人在极其艰苦的物质生活条件下，在敦煌石窟资料整理和保护修复、敦煌文化艺术研究弘扬、文化旅游开发和遗址管理等方面做了大量工作，令学生得到"坚守大漠、甘于奉献、勇于担当、开拓进取"的莫高精神的熏陶。以央视节目《国家记忆》中详细介绍的敦煌研究院名誉院长樊锦诗女士的事迹为重点，让学生得到正确的世界观、人生观、价值观的熏陶 3.学生借助云游敦煌小程序了解敦煌数字化文旅产品，尤其是敦煌动画等，分析其中蕴含的游客需求点 4.学生借助"云采丝巾"程序完成旅游文创品自主设计，把成果提交平台	1.学生通过平台抢答 2.学生分享自己的心得感悟到平台上 3.学生将设计任务上传平台	1.采用平台信息化教学手段 2.互动讲授法 3.小组讨论法 4.任务驱动法	40分钟

续表

四、理论讲授与分析应用	1. 教师讲解游客需求探寻方法，重点介绍游客三求心理 2. 案例分析：定制旅游，学生分析定制旅游反映游客的何种需求	1. 利用平台播放定制旅游微课 2. 进行定制旅游意向调研数据统计	1. 案例分析法 2. 互动讲授法 3. 采用平台信息化教学手段	25 分钟
五、理论讲授总结	根据任务成果与总结结果引导学生深入理解旅游动机多元性，恰恰需要不同的文旅资源组合成产品进行满足，只有保护文旅资源，守住"绿水青山"，才能有旅游的可持续发展		互动讲授法	5 分钟
六、课程小结与任务布置	1. 单元小结 2. 布置任务——制作文旅产品拓展项目，寻找一张旅行社营业部前台照片，并以小组为单位创意属于自己小组的门市部设计图或者模型	通过平台发布任务	采用平台信息化教学手段	4 分钟
课后	1. 学生上传作业 2. 学生通过在线课堂学习课程资源，进行知识内化和拓展，观看《国家记忆》栏目，思考自我价值实现的途径	利用平台统计学生课后学习情况	平台资源在线学习与作业提交	

"旅游服务心理学"课程单元设计八

教学模块三：旅游产品销售的心理服务 / 项目一：服务场景的心理影响					
课次	8	课次名称	服务场景的心理影响	课时	2 学时
思政渗透目标	●通过云旅游、阿里无人酒店等最新案例展示旅游行业借助 AI、AR、VR 等科技以及直播等新媒体途径，不断寻求发展出路的现状，培养学生关注时事、关注旅游行业、关注国家发展的习惯，鼓励学生勇担新时代旅游青年责任				

续表

	技能目标	知识目标	素质目标
教学目标	1.能分析不同旅行社前台所面对的客户群体 2.能简单设计旅行社前台	1.理解旅行社前台硬件重要性 2.掌握旅行社前台设计原则	1.团队合作精神 2.分析问题能力 3.灵活应变能力 4.交际沟通能力 5.信息处理能力
重点和难点	重点：旅行社前台硬件的心理影响 难点：旅行社前台设计的原则		
教学准备	1.主要教材：《旅游心理学》，孙喜林、杨金桥编著，东北财经大学出版社，2022年8月第8版 2.本课程学银在线富媒体配套参考书：《旅游服务心理学》，伍新蕾主编，东北财经大学出版社，2023年12月版 3.学银在线平台、图片、微课、教学案例、视频等		

教学进程	教学内容	信息化手段应用说明	教学方法和手段	时间分配
第一、二节课程（90分钟）				
课前	1.学生通过平台上传旅行社前台照片等 2.学生学习微课"色彩心理学初探"，完成测试8	利用平台建立网络学习班群，并统计、分析学生学习情况	采用平台信息化教学手段	
课中				
一、考勤与三分钟心理小课堂	1.通过平台进行考勤 2.第五组播放心理音频，组织短平快线上心理沟通讨论与总结	1.利用平台手势考勤 2.平台播放心理音频	采用平台信息化教学手段	6分钟
二、活动导入	活动导入：旅行社门市视频播放，提出门市硬件对游客具有一定的心理影响度		1.视频教学法 2.互动讲授法	5分钟

续表

三、筛选分析展示任务	1. 小组围绕每个成员选择的图片进行筛选，挑选出最具有代表性的进行客群分析、游客心理影响等分析，并反馈在平台上 2. 各小组在平台上针对图片与分析进行投票，票数最多小组、最具争议小组进行现场介绍分析思路	1. 利用平台展示作业 2. 将学生讨论结果反馈到平台上	1. 案例分析法 2. 互动讲授法 3. 采用平台信息化教学手段 4. 任务驱动法	20分钟
四、成果总结	1. 请学生分析展示成果的基础上，体验东莞青年国际旅行社的VR全景，总结旅行社前台硬件设置的基本原则 2. 教师根据讨论结果进行点评提升，并介绍VR、全息投影等高科技手段在前台运用的心理影响。通过云旅游、阿里无人酒店等最新案例，展示旅游行业借助AI、AR、VR等科技以及直播等新媒体途径，不断寻求发展出路的现状，培养学生关注时事、关注旅游行业、关注国家发展的习惯，鼓励学生勇担新时代旅游青年责任 3. 构思一个本小组的旅行社前台设计思路	1. 将学生讨论结果反馈到平台上 2. 将小组讨论成果反馈到平台上	1. 采用网络课堂平台信息化教学手段 2. 小组讨论法 3. 互动讲授法 4. VR体验法 5. 绘画法	30分钟
五、定制旅游线路设计前调研模拟	1. 服务场景实景运用模拟，分组互相扮演游客与计调咨询，探寻游客旅游需求，拍摄现场咨询实景选择性上传 2. 分组总结被调查游客的需求层次	1. 模拟视频上传 2. 将学生讨论结果反馈到平台上	1. 采用网络课堂平台信息化教学手段 2. 任务驱动法 3. 小组讨论法	27分钟
六、课程小结与任务布置	1. 单元小结 2. 布置任务——根据小组设计理念，画出简版前台设计，并总结一份简易版游客定制线路主题设计	通过平台发布任务	采用平台信息化教学手段	2分钟

续表

| 课后 | 1.学生上传作业
2.学生通过在线课堂学习课程资源，进行知识内化和拓展，完善手绘作品 | 利用平台统计学生课后学习情况 | 平台资源在线学习与作业提交 | |

"旅游服务心理学"课程单元设计九

教学模块三：旅游产品销售的心理服务 / 项目二：旅游产品的规范展示					
课次	9	课次名称	旅游产品的规范展示	课时	2学时
思政渗透目标	● 旅行社门市接待流程实景的微课学习与情景演练，引导学生树立对客服务的专业意识与职业素养，形成首问负责制的服务自觉性 ● 通过邀请品学兼优的毕业生与在校生参与课程视频拍摄，展现爱岗敬业、认真负责、谦虚谨慎、精益求精的服务工匠形象，体现良好运用人际沟通方法的价值				
教学目标	技能目标		知识目标	素质目标	
	1.能初步接待上店咨询的游客 2.能向游客介绍旅游产品 3.能排除游客疑问，努力促成交易		1.掌握门市接待人员服务步骤 2.掌握旅游产品展示的方法 3.掌握交易促成的心理技巧	1.团队合作精神 2.分析问题能力 3.灵活应变能力 4.交际沟通能力 5.信息处理能力	
重点和难点	重点：旅游产品展示步骤与方法 难点：处理游客疑虑的心理技巧				
教学准备	1.主要教材：《旅游心理学》，孙喜林、杨金桥编著，东北财经大学出版社，2022年8月第8版 2.本课程学银在线富媒体配套参考书：《旅游服务心理学》，伍新蕾主编，东北财经大学出版社，2023年12月版 3.学银在线平台、图片、微课、教学案例、视频等				
教学进程	教学内容		信息化手段应用说明	教学方法和手段	时间分配
	第一、二节课程（90分钟）				
课前	1.学生通过平台上传旅行社设计等 2.学生在线学习微课——"旅行社门市接待流程与心理服务技巧（上）"，完成测试9		利用平台建立网络学习班群，并统计、分析学生学习情况	采用平台信息化教学手段	

续表

课中				
一、考勤与三分钟心理小课堂	1. 通过平台进行考勤 2. 第六组播放心理音频，组织短平快线上心理沟通讨论与总结	1. 利用平台手势考勤 2. 平台播放心理音频	采用平台信息化教学手段	6分钟
二、项目导入	1. 展示学生旅行社门市设计的小组作业，进行投票 2. 结合微课与活动展示，引导学生重视门市接待窗口服务环节。学生通过观看优秀毕业生工作实际微课，感知爱岗敬业、认真负责、谦虚谨慎、精益求精的服务工匠形象，领悟良好运用人际沟通方法价值	1. 利用平台展示每个组的前台设计图片 2. 利用平台投票	1. 采用平台信息化教学手段 2. 互动讲授法	15分钟
三、成果展示	每个小组根据定制旅游方案展开针对性介绍，由服务小组进行满意度反馈，全部介绍结束后投票	利用平台投票统计	1. 任务驱动法 2. 互动讲授法 3. 采用平台信息化教学手段	20分钟
四、情景模拟	1. 分组互相扮演游客与门市接待服务人员，完成接待全过程，每个小组均设置一个不同的接待障碍，引导学生树立对客服务的专业意识与职业素养，形成首问负责制的服务自觉性 2. 每组根据模拟情况以及微课"门市接待流程与心理服务技巧下"总结游客疑虑处理的具体方法	1. 模拟视频上传 2. 将学生讨论结果反馈到平台上	1. 采用网络课堂平台信息化教学手段 2. 任务驱动法 3. 小组讨论法	30分钟
五、理论总结	根据模拟与总结结果引导学生进一步掌握旅游产品方法，尤其是四大关键性问题		互动讲授法	15分钟
六、课程小结与任务布置	1. 单元小结 2. 布置任务——总结当游客犹豫不定时，旅行社门市服务人员促成交易的方法	通过平台发布任务	采用平台信息化教学手段	4分钟

续表

课后	1. 学生上传作业 2. 学生通过在线课堂学习课程资源，进行知识内化和拓展，结合动画"选择障碍症"完成任务	利用平台统计学生课后学习情况	平台资源在线学习与作业提交	

"旅游服务心理学"课程单元设计十

教学模块三：旅游产品销售的心理服务 / 项目三：客我双方的个性分析				
课次	10	课次名称	客我双方的个性分析	课时	4 学时

思政渗透目标	● 通过对气质、性格等人格要素学习，更好地认识自己，塑造自己，更客观地看待原生家庭对自己的成长影响，理解父母、感恩父母。同时理解世界上各种类型的人相互影响才形成了丰富多彩的世界，养成和睦相处、团队协助的意识

教学目标	技能目标	知识目标	素质目标
	1. 能初步认知自己的气质与性格 2. 能初步认知游客的气质与性格 3. 能跟不同人格状态下的游客维持良好互动关系	1. 掌握气质、性格特征与分类 2. 了解旅游服务人员人格类型 3. 理解旅游消费者的人格结构	1. 团队合作精神 2. 分析问题能力 3. 灵活应变能力 4. 交际沟通能力 5. 信息处理能力

重点和难点	重点：1. 气质、性格类型理论；2. 人格结构状态理论 难点：1. 气质辨识方法；2. 针对不同人格结构的游客相处方式

教学准备	1. 主要教材：《旅游心理学》，孙喜林、杨金桥编著，东北财经大学出版社，2022 年 8 月第 8 版 2. 本课程学银在线富媒体配套参考书：《旅游服务心理学》，伍新蕾主编，东北财经大学出版社，2023 年 12 月版 3. 学银在线平台、图片、微课、教学案例、视频等

教学进程	教学内容	信息化手段应用说明	教学方法和手段	时间分配
第一、二节课程（90 分钟）				
课前	1. 学生通过平台学习微课——"人格特征与旅游服务"等 2. 学生完成在线测试 10	利用平台建立网络学习班群，并统计、分析学生学习情况	采用平台信息化教学手段	
课中				

续表

一、考勤与三分钟心理小课堂	1.通过平台进行考勤 2.第七组播放心理音频，组织短平快线上心理沟通讨论与总结	1.利用平台手势考勤 2.平台播放心理音频	采用平台信息化教学手段	6分钟
二、案例导入	1.通报学生学习微课情况（平台自动统计） 2.案例导入："爸爸去哪儿"节目中不同孩子在旅途中的行为视频，引出游客个性分析的重要性，理解世界上各种类型的人相互影响才形成了丰富多彩的世界，养成和睦相处、团队协助的意识	根据平台数据统计功能通报学生学习微课情况	1.采用平台信息化教学手段 2.互动讲授法 3.案例分析法	10分钟
三、理论讲授与分析应用	1.教师介绍个性的组成理论，结合学生微课学习内容，展开个性组成中的气质部分的深入探讨 2.播放视频，请学生辨别不同人物的气质特点	1.利用平台发布每个小组不同的分析案例 2.学生反馈分析结果到平台上	1.案例分析法 2.互动讲授法 3.绘图分析法 4.采用平台信息化教学手段	30分钟
四、情景模拟与总结	1.每个小组根据所抽到的气质类型主题，进行游客服务模拟，同步拍摄上传 2.小组根据模拟中游客行为表现辨别其气质特点 3.模拟结束后，每个小组总结针对不同气质游客的接待方式，并讨论适合旅游工作岗位的气质类型	1.课堂模拟视频上传平台 2.将学生讨论结果反馈到平台上	1.采用网络课堂平台信息化教学手段 2.案例分析法 3.小组讨论法	40分钟
五、课程小结与任务布置	1.课程小结 2.布置任务——根据气质测试量表等测试出准确的自我气质性格类型	通过平台发布任务	采用平台信息化教学手段	4分钟

续表

教学进程	教学内容	信息化手段应用说明	教学方法和手段	时间分配
第三、四节课程（90分钟）				
课前	1. 学生在平台进行气质、性格类型测试，平台统计学生测试结果数据 2. 学生微课学习——"PCA人格理论与心理成熟"	1. 利用平台统计、分析学生学习情况 2. 利用平台查看学生作业并进行点评	平台在线学习	
课中				
一、考勤与三分钟心理小课堂	1. 通过平台进行考勤 2. 第八组播放心理音频，组织短平快线上心理沟通讨论与总结	1. 利用平台手势考勤 2. 平台播放心理音频	采用平台信息化教学手段	6分钟
二、任务反馈分析	根据学生气质测试结果，提出气质修炼的思考题，师生归纳方法，更好地认识自己，塑造自己，更客观地看待原生家庭对自己的成长影响，理解父母、感恩父母	利用平台直观展示测试结果	采用平台信息化教学手段	20分钟
三、理论讲授与分析	1. 教师根据人格冰山图讲解人格结构理论、人格结构状态理论 2. 根据视频，学生区分三种人格结构状态	利用平台发布问题，进行抢答，统计学生回答情况	1. 互动讲授法 2. 视频观摩法 3. 小组讨论法 4. 采用平台信息化教学手段	20分钟
四、案例情景演练	小组互为游客与旅游服务人员，根据情景案例进行服务模拟，拍摄现场上传平台	课堂模拟视频上传平台	1. 案例分析法 2. 互动讲授法 3. 采用平台信息化教学手段	30分钟

续表

五、理论提升	总结归纳旅游服务人员适合的个性特点与修炼方式		互动讲授法	10分钟
六、总结与提醒	1. 单元总结 2. 说明下一次课主要内容，提醒学生观看下次课的微课	通过平台发布学习任务	采用平台信息化教学手段	4分钟
课后	学生通过在线课堂学习课程资源，进行知识内化和拓展，结合多元智能的动画来进一步认识自我能力与属性，认可自我，找到自己的方向	利用平台统计学生课后学习情况	平台资源在线学习与作业提交	

"旅游服务心理学"课程单元设计十一

教学模块四：旅游产品体验的心理服务 / 项目一：客我交往，找准时机				
课次	11	课次名称	客我交往，找准时机	课时	4学时
思政渗透目标	●邀请有18年行业经验的企业专家主讲课程，展示企业工匠提供优质、周到、体贴、极致的对客服务，让学生得到工匠精神的熏陶，立志做专研服务艺术的行业工匠			
教学目标	技能目标	知识目标	素质目标
	1. 能根据心理发展图判断游客的心理状态 2. 能为游客提供较好的导游、食宿、购物的心理服务 3. 能处理好与团队中心人物的关系，防止与平息旅游团队骚动等情况	1. 掌握双重服务的内涵与心理服务的要诀 2. 理解游客对导游服务、食宿服务、购物服务的心理需求 3. 掌握导游带团、旅游食宿、旅游购物的心理服务技巧	1. 团队合作精神 2. 分析问题能力 3. 灵活应变能力 4. 交际沟通能力 5. 信息处理能力

续表

重点和难点	重点：1. 双重服务内涵；2. 不同阶段的导游服务、食宿服务、购物服务的心理服务 难点：1. 旅途中不同性格客人心理服务技巧；2. 与中心人物互动、旅游团队骚动处理等技巧
教学准备	1. 主要教材：《旅游心理学》，孙喜林、杨金桥编著，东北财经大学出版社，2022年8月第8版 2. 本课程学银在线富媒体配套参考书：《旅游服务心理学》，伍新蕾主编，东北财经大学出版社，2023年12月版 3. 学银在线平台、图片、微课、教学案例、视频等

教学进程	教学内容	信息化手段应用说明	教学方法和手段	时间分配
第一、二节课程（90分钟）				
课前	1. 学生通过平台学习微课——"旅游服务的心理环境"等 2. 学生完成在线测试11	利用平台建立网络学习班群，并统计、分析学生学习情况	采用平台信息化教学手段	
课中				
一、考勤与三分钟心理小课堂	1. 通过平台进行考勤 2. 第九组播放心理音频，组织短平快线上心理沟通讨论与总结	1. 利用平台手势考勤 2. 平台播放心理音频	采用平台信息化教学手段	6分钟
二、测试导入	1. 通报学生学习微课情况（平台自动统计） 2. 测试导入：学生登录平台进行测试，评测掌握客我交往心理状态理论理解情况	1. 根据平台数据统计功能通报学生学习微课情况 2. 利用平台发布问题，进行抢答，统计学生回答情况	1. 采用平台信息化教学手段 2. 互动讲授法 3. 问答测试法	10分钟

续表

教学进程	教学内容	信息化手段应用说明	教学方法和手段	时间分配
三、理论讲授与案例分析	1. 教师结合测试情况，深入讲解客我交往状态理论、旅游双重服务等知识点 2. 学生结合微课"不同时期游客心理需求与服务技巧"，结合服务情景辨别不同案例中游客所处的心理状态，给出恰当的接触方案。企业专家主讲微课，展示企业工匠提供优质、周到、体贴、极致的对客服务，让学生得到工匠精神的熏陶	1. 利用平台发布每个小组不同的分析案例 2. 学生反馈分析结果到平台上	1. 案例分析法 2. 互动讲授法 3. 绘图分析法 4. 采用平台信息化教学手段	35分钟
四、情景模拟与总结	1. 学生分析不同团队特点，给出相应的接团服务方式，并解释心理原因，学生给出不同阶段的心理服务对策 2. 现场模拟接待情景，拍摄并上传平台 3. 模拟结束后，每个小组总结针对不同团队接团侧重点	1. 课堂模拟视频上传平台 2. 将学生讨论结果反馈到平台上	1. 采用网络课堂平台信息化教学手段 2. 情景模拟法 3. 小组讨论法	34分钟
五、课程小结与任务布置	1. 课程小结 2. 布置任务——结合具体案例来总结活泼型、稳重型、急躁型、抑郁型四种个性游客的服务方式	通过平台发布任务	采用平台信息化教学手段	5分钟

教学进程	教学内容	信息化手段应用说明	教学方法和手段	时间分配
第三、四节课程（90分钟）				
课前	1. 学生在平台上传作业 2. 学生微课学习——旅游团队骚动的心理分析与处理	1. 利用平台统计、分析学生学习情况 2. 利用平台查看学生作业并进行点评	平台在线学习	
课中				

续表

一、考勤与三分钟心理小课堂	1.通过平台进行考勤 2.第十组播放心理音频，组织短平快线上心理沟通讨论与总结	1.利用平台手势考勤 2.平台播放心理音频	采用平台信息化教学手段	6分钟
二、测试导入	1.通报学生学习微课情况（平台自动统计） 2.测试导入：学生登录平台进行测试，评测学生对接待过程心理服务技巧掌握情况	1.根据平台数据统计功能通报学生学习微课情况 2.利用平台发布问题，进行抢答，统计学生回答情况	采用平台信息化教学手段	10分钟
三、案例情景演练	1.通过案例分析，请学生总结团队中心人物特质，分析与团队中心人物接触的技巧 2.进行团队骚动案例分析，模拟解决过程，拍摄情景并上传	1.课堂模拟视频上传平台 2.将学生讨论结果反馈到平台上	1.案例分析法 2.互动讲授法 3.采用平台信息化教学手段	35分钟
四、理论讲授与案例分析	1.结合"游客购物心理与服务技巧"微课中的案例，总结归纳游客旅游购物的心理需求与服务对策 2.结合"酒店客房体验心理与服务策略"微课，学生总结游客对酒店客房服务的心理需求，18年行业经验的企业专家主讲课程，引导学生立志做专研服务艺术的行业工匠	利用平台收集学生对于购物心理的反馈，并统计高频词	1.互动讲授法 2.小组讨论法 3.采用平台信息化教学手段	35分钟
五、总结与提醒	1.单元总结 2.说明下一次课主要内容，提醒学生观看下次课的微课	通过平台发布学习任务	采用平台信息化教学手段	4分钟
课后	学生通过在线课堂学习课程资源，进行知识内化和拓展，结合群体心理动画来进一步了解游客状态	利用平台统计学生课后学习情况	平台资源在线学习与作业提交	

"旅游服务心理学"课程单元设计十二

教学模块四：旅游产品体验的心理服务 / 项目二：言行一致，全面沟通				
课次	12	课次名称	言行一致，全面沟通	课时	4 学时
思政渗透目标	● 通过服务蓝图的分析，强调服务流程的环环相扣与紧密联系，服务全流程注重一线与二线、一线之间等互相配合，突出大局观与人际沟通的重要性			
教学目标	技能目标	知识目标		素质目标
	1.能基于PCA人格理论进行妥善沟通 2.能在客我交往中正确运用肢体语言 3.能运用柔性服务语言建立良好的客户关系	1.理解全面沟通模式的内涵 2.掌握基于PCA人格理论的交往沟通模式 3.掌握沟通的语言艺术与微动作心理		1.团队合作精神 2.分析问题能力 3.灵活应变能力 4.交际沟通能力 5.信息处理能力
重点和难点	重点：1.全面沟通模式的内涵；2.基于PCA人格理论的沟通 难点：1.说服与拒绝的语言技巧；2.语言沟通与肢体沟通的结合			
教学准备	1.主要教材：《旅游心理学》，孙喜林、杨金桥编著，东北财经大学出版社，2022年8月第8版 2.本课程学银在线富媒体配套参考书：《旅游服务心理学》，伍新蕾主编，东北财经大学出版社，2023年12月版 3.学银在线平台、图片、微课、教学案例、视频等			

教学进程	教学内容	信息化手段应用说明	教学方法和手段	时间分配
第一、二节课程（90分钟）				
课前	1.学生通过平台学习微课——"基于PCA人格理论的交往沟通模式"等 2.学生完成在线测试12	利用平台建立网络学习班群，并统计、分析学生学习情况	采用平台信息化教学手段	
课中				
一、考勤与三分钟心理小课堂	1.通过平台进行考勤 2.第十一组播放心理音频，组织短平快线上心理沟通讨论与总结	1.利用平台手势考勤 2.平台播放心理音频	采用平台信息化教学手段	6分钟

续表

二、项目导入	1. 通报学生学习微课情况（平台自动统计） 2. 结合微课"基于PCA人格理论的交往沟通模式"，引导学生理解沟通的多元体现	根据平台数据统计功能通报学生学习微课情况	1. 采用平台信息化教学手段 2. 互动讲授法 3. 视频教学法	10分钟
三、理论讲授与模拟展示	1. 教师介绍人际沟通影响因素，强调沟通的重要意义，借助真实导游沟通案例，请学生一定对自己的言行负责，旅游服务者做好自我监督才能引导游客文明旅行 2. 小组服务蓝图讲解呈现，强调服务流程的环环相扣与紧密联系，服务全流程注重一线与二线、一线之间等互相沟通配合，突出大局观与人际沟通的重要性	1. 利用平台发布每个小组不同的分析案例 2. 学生反馈分析结果到平台上	1. 案例分析法 2. 互动讲授法 3. 采用平台信息化教学手段	40分钟
四、情景模拟与总结	结合不同客我沟通情景与状态，借助PCA人格理论的交往沟通模式原则，进行服务沟通模拟	1. 课堂模拟视频上传平台 2. 将学生讨论结果反馈到平台上	1. 采用网络课堂平台信息化教学手段 2. 情景模拟法 3. 小组讨论法	30分钟
五、课程小结与任务布置	1. 课程小结 2. 布置任务——课后学习"微动作心理学"动画	通过平台发布任务	采用平台信息化教学手段	4分钟
教学进程	教学内容	信息化手段应用说明	教学方法和手段	时间分配
第三、四节课程（90分钟）				
课前	1. 学生在平台进行测试 2. 学生微课学习——"微动作心理学的运用"	1. 利用平台统计、分析学生学习情况 2. 利用平台查看学生作业并进行点评	平台在线学习	
课中				

213

续表

一、考勤与三分钟心理小课堂	1.通过平台进行考勤 2.自选小组播放心理音频，组织短平快线上心理沟通讨论与总结	1.利用平台手势考勤 2.平台播放心理音频	采用平台信息化教学手段	6分钟
二、理论讲授与模拟展示	1.通报学生学习微课情况（平台自动统计） 2.微动作情景模拟，结合微动作心理微课，学生掌握分辨简单肢体动作的心理内涵 3.师生共同总结肢体语言实施的价值与原则	根据平台数据统计功能通报学生学习微课情况	1.采用平台信息化教学手段 2.互动讲授法 3.视频观摩法 4.小组讨论法	20分钟
三、知识讲授	1.问候语言星级评定案例 2.小组案例分析 3.服务语言六大基本原则介绍		1.互动讲授法 2.小组讨论法 3.案例分析法	20分钟
四、技巧训练	1.案例模拟："会犯错的上帝" 2."3A"服务沟通理论介绍 3.售票窗口服务对话模拟练习与声音表达方式练习 4.解答优化否定与命令语言的原因 5.优化否定与命令语言的练习 6.由衷赞美的语言练习 7.说服与拒绝的语言练习	1.课堂模拟视频上传平台 2.将学生讨论结果反馈到平台上	1.案例分析法 2.互动讲授法 3.情景演练法 4.采用平台信息化教学手段	35分钟
五、思想升华	教师讲解语言表达的三个黄金法则		互动讲授法	5分钟
六、课程小结与任务布置	1.课程小结 2.布置任务——设计一则投诉案例，并拍摄投诉处理过程	通过平台发布任务	采用平台信息化教学手段	4分钟
课后	学生通过在线课堂学习课程资源，进行知识内化和拓展，完成课程任务	利用平台统计学生课后学习情况	平台资源在线学习与作业提交	

"旅游服务心理学"课程单元设计十三

教学模块四：旅游产品体验的心理服务 / 项目三：转危为机，处理投诉				
课次	13	课次名称	转危为机，处理投诉	课时	2 学时
思政渗透目标	● 一切服务必须在遵纪守法前提下来提供，依法服务、诚信服务、文明服务是所有旅游服务流程实施基础，旅游服务者做好自我监督同时也要引导游客文明旅行，富有社会责任感			
教学目标	技能目标	知识目标	素质目标	
	1. 能正确看待游客投诉 2. 能根据游客投诉心理、投诉类型、投诉原因，正确运用投诉处理方法解决投诉及预防投诉	1. 理解投诉的价值 2. 掌握游客投诉的心理诉求 3. 掌握投诉的处理步骤、策略与技巧	1. 团队合作精神 2. 分析问题能力 3. 灵活应变能力 4. 交际沟通能力 5. 信息处理能力	
重点和难点	重点：投诉处理的常规步骤、策略与技巧 难点：分析游客投诉心理，确认具体投诉事件的解决关键			
教学准备	1. 主要教材：《旅游心理学》，孙喜林、杨金桥编著，东北财经大学出版社，2022 年 8 月第 8 版 2. 本课程学银在线富媒体配套参考书：《旅游服务心理学》，伍新蕾主编，东北财经大学出版社，2023 年 12 月版 3. 学银在线平台、图片、微课、教学案例、视频等			

教学进程	教学内容	信息化手段应用说明	教学方法和手段	时间分配
第一、二节课程（90 分钟）				
课前	1. 学生在平台上传作业 2. 学生微课学习——"游客异议的理论分析"，完成测试 13	1. 利用平台统计、分析学生学习情况 2. 利用平台查看学生作业并进行点评	平台在线学习	
课中				
一、考勤与三分钟心理小课堂	1. 通过平台进行考勤 2. 自选小组播放心理音频，组织短平快线上心理沟通讨论与总结	1. 利用平台手势考勤 2. 平台播放心理音频	采用平台信息化教学手段	6 分钟

续表

二、课程案例分析	1.通报学生学习微课情况（平台自动统计） 2.案例导入：用餐投诉案例，学生分析游客投诉原因以及诉求心理	根据平台数据统计功能通报学生学习微课情况	采用平台信息化教学手段	10分钟
三、理论讲授与分析	1.教师讲解游客投诉类型、投诉常规心理特点 2.学生根据平台测试题进行回答	利用平台发布问题，进行抢答，统计学生回答情况	1.互动讲授法 2.采用平台信息化教学手段	15分钟
四、案例情景演练与成果归纳	1.学生针对案例提出合适的解决方法，并进行情景演练 2.教师根据学生回答，介绍解决游客投诉的五步骤	1.课堂模拟视频上传平台 2.将学生讨论结果反馈到平台上	1.情景模拟法 2.案例分析法 3.采用平台信息化教学手段	25分钟
五、视频评测	1.学生处理投诉视频播放，探讨解决投诉技巧要点，强调一切服务必须在遵纪守法前提下来提供，依法服务、诚信服务、文明服务是所有旅游服务流程实施基础 2.小组投票，选择完成投诉处理较好的小组	1.通过平台播放学生拍摄投诉处理视频 2.利用平台投票选择完成较好的小组	1.案例分析法 2.互动讲授法 3.视频观摩法 4.采用平台信息化教学手段	30分钟
六、总结与提醒	1.单元总结 2.说明下一次课主要内容，提醒学生观看下次课的微课	通过平台发布学习任务	采用平台信息化教学手段	4分钟
课后	学生通过在线课堂学习课程资源，进行知识内化和拓展，结合沟通模式动画，进一步分辨游客与自己的倾向沟通类型	利用平台统计学生课后学习情况	平台资源在线学习与作业提交	

"旅游服务心理学"课程单元设计十四

教学模块五：员工心理素质训练与调适 / 项目一：情绪察觉，状态调整					
课次	14	课次名称	情绪察觉，状态调整	课时	2 学时
思政渗透目标	● 学生通过学习"情志相胜法"来调整自我情绪状态，面对旅游服务工作与生活不顺利、受委屈的局面，能勇敢面对并积极改善，营造乐观向上的工作心态，进而提高对客服务水平。中华优秀中医文化的熏陶，引导学生注重身心平衡发展，过积极健康有意义的人生				
教学目标	技能目标		知识目标	素质目标	
教学目标	1. 能认知自己的情绪来源 2. 能在带团中调节自我情绪状态		1. 理解情绪的内涵 2. 掌握自我情绪调节方法	1. 团队合作精神 2. 分析问题能力 3. 灵活应变能力 4. 交际沟通能力 5. 信息处理能力	
重点和难点	重点：情绪的内涵与价值 难点：自我情绪调节方法				
教学准备	1. 主要教材：《旅游心理学》，孙喜林、杨金桥编著，东北财经大学出版社，2022 年 8 月第 8 版 2. 本课程学银在线富媒体配套参考书：《旅游服务心理学》，伍新蕾主编，东北财经大学出版社，2023 年 12 月版 3. 学银在线平台、图片、微课、教学案例、视频等				

教学进程	教学内容	信息化手段应用说明	教学方法和手段	时间分配
第一、二节课程（90 分钟）				
课前	1. 学生通过平台学习微课——"情绪劳动及管理"等 2. 学生完成在线测试 14	利用平台建立网络学习班群，并统计、分析学生学习情况	采用平台信息化教学手段	
课中				
一、考勤与三分钟心理小课堂	1. 通过平台进行考勤 2. 第十组播放心理音频，组织短平快线上心理沟通讨论与总结	1. 利用平台手势考勤 2. 平台播放心理音频	采用平台信息化教学手段	6 分钟
二、测评分析导入	通过平台显示的学生测试结果，分析情绪稳定的意义	调动平台数据反馈	1. 采用平台信息化教学手段 2. 互动讲授法	10 分钟

续表

三、理论讲解与分析应用	1.教师讲解情绪内涵与价值，学生根据图片表情分析情绪类型 2.微课介绍"情绪的认知与管理" 3.教师介绍"情志相胜法"来调整自我情绪状态，面对旅游服务工作与生活不顺利、受委屈的局面，能勇敢面对并积极改善，营造乐观向上的工作心态，进而提高对客服务水平。借助中华优秀中医文化的熏陶，引导学生注重身心平衡发展，过积极健康有意义的人生	利用平台播放微课	1.案例分析法 2.互动讲授法	30分钟
四、案例讨论与实操	1.根据案例背景，学生提出情绪管理的方法，并进行现场实操 2.心态互动游戏，强调心态调整的重要意义 3.师生总结情绪调整方法，一起根据微课"构筑我的安全地"来现场调整 4.案例分析，引导学生认识他人的情绪，能与别人共鸣，能站在别人的角度理解别人的感受	1.将学生讨论结果反馈到平台上 2.视频上传	1.采用网络课堂平台信息化教学手段 2.小组讨论法 3.互动讲授法 4.案例分析法 5.现场体验法	40分钟
五、课程小结与任务布置	1.单元小结 2.布置任务——寻找让自我情绪失落的原因	通过平台发布任务	采用平台信息化教学手段	4分钟
课后	1.学生上传作业 2.学生通过在线课堂学习课程资源，进行知识内化和拓展，观看"与焦虑和平共处"微课，进行焦虑状态测试，接受自己状态再不断调整	利用平台统计学生课后学习情况	平台资源在线学习与作业提交	

"旅游服务心理学"课程单元设计十五

教学模块五：员工心理素质训练与调适 / 项目二：身心舒压，美好绽放					
课次	15	课次名称	身心舒压，美好绽放	课时	2 学时
思政渗透目标	●结合红色旅游实践案例、旅游行业正面案例、心理压力调整故事等，引导学生关照自我内心，觉悟人生意义，用红色精神照亮自己，引导学生勇于面对现实，发挥主观能动性，积极寻求解决办法，提升抗压能力与逆境商数				
教学目标	技能目标		知识目标		素质目标
教学目标	1. 能正确认知压力状态 2. 能初步调整自我压力水平		1. 理解压力调适的重要性 2. 掌握压力调适的基本方法		1. 团队合作精神 2. 分析问题能力 3. 灵活应变能力 4. 交际沟通能力 5. 信息处理能力
重点和难点	重点：压力类型与来源分析 难点：压力调整方法				
教学准备	1. 主要教材：《旅游心理学》，孙喜林、杨金桥编著，东北财经大学出版社，2022 年 8 月第 8 版 2. 本课程学银在线富媒体配套参考书：《旅游服务心理学》，伍新蕾主编，东北财经大学出版社，2023 年 12 月版 3. 学银在线平台、图片、微课、教学案例、视频等				

教学进程	教学内容	信息化手段应用说明	教学方法和手段	时间分配
第一、二节课程（90 分钟）				
课前	1. 学生通过平台上传作业学生通过平台学习微课——"同伴压力"等 2. 学生完成在线测试 15	利用平台建立网络学习班群，并统计、分析学生学习情况	采用平台信息化教学手段	
课中				
一、考勤与三分钟心理小课堂	1. 通过平台进行考勤 2. 第十一组小组播放心理音频，组织短平快线上心理沟通讨论与总结	1. 利用平台手势考勤 2. 平台播放心理音频	采用平台信息化教学手段	6 分钟
二、测评分析导入	通过平台显示的学生测试结果，分析学生现有压力水平状态	调动平台数据反馈	1. 采用平台信息化教学手段 2. 互动讲授法	9 分钟

续表

三、理论讲解与分析应用	1.结合红色旅游实践案例、旅游行业正面案例、心理压力调整故事，教师介绍旅游职业压力内涵与重要来源 2.教师介绍压力的积极意义与压力过大带来不良后果以及处理好压力的重要原因	利用平台播放微课	1.案例分析法 2.互动讲授法 3.采用平台信息化教学手段	30分钟
四、案例讨论与实操	1.根据微课"旅游职业压力与应对策略"不同案例分析其压力来源，并给出相应调整办法，结合香薰减压，进行现场实操 2.根据学生压力测试结果，统计学生现有压力主要来源，请大家给出相应对策，引导学生关照自我内心，觉悟人生意义，用红色精神照亮自己，引导学生勇于面对现实，发挥主观能动性，积极寻求解决办法，提升抗压能力与逆境商数 3.结合"严与爱结合的旅游企业员工管理"，师生站在旅游管理者角色总结压力管理方法	1.将学生讨论结果反馈到平台上 2.调动平台数据反馈	1.采用网络课堂平台信息化教学手段 2.小组讨论法 3.情景模拟法 4.体验教学法	30分钟
五、课程小结与任务布置	1.单元小结 2.课程回顾，感谢同学们一路的学习相伴与心得共享，最后，一起再画上一幅人生风景画，用自己的笔触绘制更阳光、更多彩的人生蓝图		1.采用平台信息化教学手段 2.绘画心理疗愈	15分钟

续表

| 课后 | 1.学生复习微课
2.学生通过在线课堂学习课程资源，进行知识内化和拓展，结合题库进行期末复习 | 利用平台统计学生课后学习情况 | 平台资源在线学习与测试 | |

附录 2 "全国导游基础知识"课程标准

（2021 年修订版）

1. 课程信息

（1）课程名称：全国导游基础知识

（2）课程归口：旅游管理专业

（3）课程代码：GS081103

（4）学分学时：3 学分 /54 学时

（5）先修课：旅游概论

（6）后续课：旅游美学、导游词写作

（7）授课对象：旅游管理专业一年级学生

（8）授课时间：大学一年级第二学期

2. 课程地位与任务

（1）课程在课程体系中的地位

旅游管理专业通过多种途径获取最新的行业岗位需求与能力需要信息，如广泛行业企业调研，定期召开专业指导委员会，进行毕业生调查访谈等，逐步明确了旅游管理专业的主要岗位及对应职业能力，从而确立了本专业课程体系。

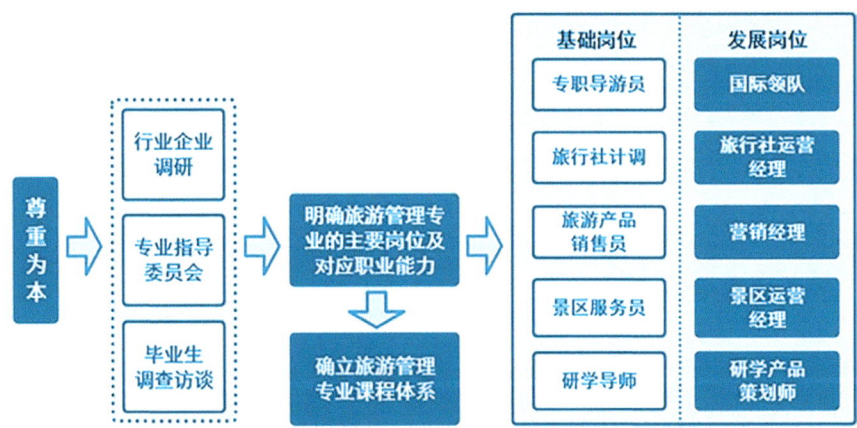

图 1 旅游管理专业岗位、职业能力、课程体系关系

附录

调研岗位	典型工作任务	职业能力	学习领域	职业领域课	
专职导游员 国际领队	①旅游接团服务 ②餐饮、住宿服务 ③沿途讲解与沿途活动设计与组织 ④景点服务 ⑤定点参观、会谈服务 ⑥安全防范与管理 ⑦突发事件处理 ⑧购物、娱乐服务 ⑨送团与总结	①导游词编写能力 ②导游法规应用能力 ③导游讲解能力 ④商ண服务能力 ⑤旅游安全防范能力 ⑥突发事件处理技巧能力 ⑦特色旅游商品推介能力	基础学习领域： ①语言艺术训练 ②文化基础知识 ③政策法规常识	职业技能等级证书课程： ①研学旅行指导师实务 ②旅游政策法规 ③全国导游基础知识 ④地方导游基础知识 ⑤导游业务	旅游管理专业课程体系
旅行社计调（产品策划） 旅行社运营经理	⑩旅游咨询与门市接待 ⑪旅游线路与旅游方案设计与推介 ⑫旅游计价与报价 ⑬订房、订餐、订车等六大事项安排 ⑭导游管理与派遣 ⑮团队监控与突发事件处理 ⑯团队反馈与客户管理 ⑰单团核算与账单管理 ⑱市场信息收集及处理 ⑲客户需求分析 ⑳旅游产品宣传推广 ㉑旅游企业形象策划与维护 ㉒市场调查与经营分析 ㉓旅游资源开发与产品策划 ㉔旅行社战略管理 ㉕旅游企业文化建设	⑧门市收客能力 ⑨团队计划能力 ⑩单项委托能力 ⑪客户与档案管理 ⑫财务核算 ⑬经营策略 ⑭企业文化建设 ⑮旅游景区接待、商业服务能力 ⑯旅游景区产品开发及营销管理能力	专业学习领域： ①旅行社计调实务 ②旅行社外联实务 ③导游业务 ④娱乐活动设计与组织 ⑤游客心理服务 ⑥旅游安全服务 ⑦旅游市场营销 ⑧旅游电商运营 ⑨旅游产品策划 ⑩旅行社经营 ⑪景区服务管理 ⑫涉外旅游咨询 ⑬研学旅行指导	专业方向课程： ①旅游概论 ②旅游服务礼仪 ③旅行社计调业务 ④旅游服务心理学 ⑤导游词写作 ⑥旅游美学 ⑦研学旅行 ⑧旅游电子商务 ⑨实用旅游英语听说 ⑩旅行社经营与管理 ⑪旅游市场营销 ⑫普通话训练 ⑬景区服务与管理	
景区服务员 景区运营经理	㉖旅行社战略管理 ㉗旅游景区接待服务 ㉘旅游景区商业服务 ㉙旅游景区产品开发 ㉚旅游景区营销管理 ㉛旅游景区自然环境管理 ㉜旅游景区人文环境管理 ㉝旅游景区运营管理	⑰旅游景区自然与人文环境管理能力 ⑱旅游景区运营管理能力			
研学导师 研学产品策划师	㉞研学课程教学实施与引导 ㉟研学行程服务与改进 ㊱研学安全落实与管理 ㊲研学市场调查与经营分析 ㊳研学课程策划与开发	⑲研学课程开发能力 ⑳研学课程实施能力 ㉑研学保障服务能力 ㉒研学安全防控能力 ㉓研学课程策划与开发能力			

图 2　旅游管理专业课程体系结构

"全国导游基础知识"是针对旅游管理专业学生的培养目标而设定的专业必修课。于 2018 年 1 月 1 日正式实施的《导游管理办法》第一章第三条第一款规定："国家对导游执业实行许可制度。从事导游执业活动的人员，应当取得导游人员资格证和导游证。"第二章第六条第一款、第二款明确规定："经导游人员资格考试合格的人员，方可取得导游人员资格证。国家旅游局负责制定全国导游资格考试政策、标准，组织导游资格统一考试，以及对地方各级旅游主管部门导游资格考试实施工作进行监督管理。"因此，全国导游资格证书是旅游管理专业学生毕业必考证书。全国导游资格考试大纲规定"全国导游基础知识"是全国导游资格证统考课程的必考科目之一，所以本课程为旅游管理高素质技能型人才的培养目标服务，为学生通过国家导游资格证统考，获得导游执行资格，顺利拿到毕业证书服务。

图3 全国导游资格考试科目

在先修课程"旅游概论"的基础上，一方面，课程从旅游行业与企业的需求出发，以学生职业能力培养和职业素质养成为主线，紧扣旅游管理专业人才培养目标和全国导游资格证书考试的需要，不断满足旅游行业企业对导游员在知识、能力和职业素质上的要求；另一方面，充分考虑行业多岗位转换甚至岗位工作内涵变化、发展所需的知识和能力，使学生具有知识内化、迁移和继续学习的基本能力，为后续"旅游美学""导游词写作"等课程学习打下良好基础。因此本课程在专业课程体系中对培养学生职业核心能力、实现人才培养目标、协助学生考取国家导游资格证书等方面起着关键的支撑作用，对其他课程的建设起着承前启后的基础作用。

（2）课程的基本任务

"文化是旅游者的出发点和归宿点，是旅游景观吸引力的渊薮，是旅游业的灵魂。"中国传统文化博大精深，这些知识是旅游讲解的素材，是旅游服务的"原料"，是旅游服务人员知识的看家本领。在文化和旅游融合的今天，导游员只有具备了扎实的文化基础知识，才能增加讲解的内涵与品位，才能弘扬祖国五千年的文明与文化，才能满足游客的文化知识追求，担任文化的传播者。丰富的旅游文化知识是导游员成为"文化大使"的前提和基础。

通过本课程的学习，学生可以全面系统地掌握导游人员在旅游服务过程中必须具备的基础知识，包括中国历史常识、中国文学常识、中华民族民俗、中国四大宗教、中国自然景观、中国古代建筑、中国饮食文化、中国风物特产等方面，并将这些知识应用于导游讲解、线路安排、产品营销等具体工作实践之中。既提升了学生的文化知识储备与内涵修养品位，又提高了学生的导游职业能力与综合专业素养，为进一步学习其他专业课程打下坚实的基础，为日后从事导游服务等旅游行业工作积淀必要的知识储备，充分展现旅游人的魅力，同时为全国导游资格证"全国导游基础知识"科目统考做好准备。

3. 课程目标设计

（1）课程思政目标

习近平总书记在党的十九大报告中提出："青年兴则国家兴，青年强则国家强。青年一代有理想、有本领、有担当，国家就有前途，民族就有希望。"2018年5月2日，习近平总书记在北京大学师生座谈会上的讲话中，对广大青年提出"爱国、励志、求真、力行"四点希望，这些重要论述既是对新时代青年的殷切希望和谆谆教诲，更对新时代青年提出了严格要求和明确目标。据此，进一步凝练出新时代旅游人才核心素养：坚定的信念、高尚的品德、宽广的知识、完善的人格、旅游的情怀、国际的视野、实践的能力和创新的精神，并把专业人才核心素养要求落实到"全国导游基础知识"课程育人目标中——培养新时代旅游青年热爱美丽中国，热爱中华文化，热爱旅游专业，担当时代大任。"全国导游基础知识"课程通过调研社会对旅游专业人才实际需求状况，将导游文化知识与旅游行业岗位的职业能力标准相结合，构建以职业活动为导向、文化知识积淀为目的、与行业零距离的职业素养培育为目标的课程教学目标。另外，依据全国初级导游资格证统考课程的考试大纲要求，完善知识目标同步性，为学生顺利通过"全国导游基础知识"国家统考奠定基础。

图 4　课程目标设计思路

（2）知识目标

K1.掌握旅游活动的类型、主体和客体；熟悉中国旅游业的构成及发展概况；掌握中国旅游业的标识，了解主要国际性旅游组织的名称与标识；了解世界旅游日、中国旅游日的由来及意义。

K2.了解中国历史的发展轨迹；熟悉中国历史各个发展阶段的主要成就；熟悉中国科技发明主要知识；掌握中国哲学、文学、中医中药、书画艺术和历史文化常识；了解中国汉字的起源及诗词、楹联格律常识；熟悉楹联的类型和名胜古迹中的著名楹联。

K3.熟悉中国旅游地理相关知识；掌握中国地貌类型及代表性地貌景观；掌握山、水、天象等自然景观知识。

K4.熟悉中国 56 个民族的地理分布与特点；掌握汉族、回族、蒙古族、维吾尔族、朝鲜族、满族、壮族、苗族、土家族、黎族、藏族、彝族、白族、纳西族、傣族的习俗文化。

K5.了解中国宗教的地理分布特征和中国的宗教政策；熟悉佛教、道教、伊斯兰教和基督教的创立、发展和在我国的传播情况；掌握四大宗教的形成、教义、教派、经典和标记、信奉的对象、主要称谓、主要节日与习俗以及各宗教建筑的著名建筑；熟悉宗教旅游景观的相关知识。

K6.了解中国古代建筑的历史沿革；熟悉中国古代建筑的基本构件与特点；掌握宫殿、坛庙、陵墓、古长城、古楼阁、古石桥和佛塔的类型、布局和特点；了解中国古代园林的起源与发展；熟悉中国古代园林的特色和分类；掌握中国古代园林的构成要素、造园艺术、构景手段和代表性园林。

K7. 了解中国烹饪的发展历史及风味流派的形成；掌握中国"八大菜系"的形成、特点及代表性菜品；熟悉中国风味特色菜——宫廷菜、官府菜、寺院菜的特点和代表菜品；熟悉中国风味小吃与面点；掌握中国传统名茶、名酒的分类与特点。

K8. 了解中国陶瓷器的发展简史，熟悉我国陶瓷器的主要产地和特色；掌握我国三大名锦与其特色以及四大刺绣与其代表作；熟悉我国漆器、锡器、铜器的主要产地与特色；掌握玉雕、石雕、贝雕、木雕、竹雕的主要产地、制作方法和特色；熟悉我国文房四宝、年画、剪纸和风筝的主要产地和特色。

（3）技能目标

A1. 能够初步区分旅游资源的类型，解释中国旅游业标识、中国旅游日、世界旅游日的内涵；

A2. 能够搜集并撰写与旅游相关的中国历史文化且能进行导游讲解，分析、鉴赏、介绍旅游风景名胜的诗词、楹联等；

A3. 能够区分景观地貌特征，根据景观特色撰写讲解导游词并能进行导游讲解，设计特色景观路线并展示创意景观营销文案；

A4. 能够搜集并撰写民族民俗的专辑，且能进行少数民族特色风俗的讲解；

A5. 能够画出佛教等宗教建筑基本布局的平面图，辨别佛教、道教、基督教等供奉的主要对象的名称和位置，并讲解宗教名胜文化内涵；

A6. 能够辨别古建筑的等级、种类、主要构成部分等，赏析旅游园林的组成要素、构景手段；

A7. 能够编写美食文化专辑，设计并介绍中国风味特色宴席；

A8. 能够针对不同的风物特产进行旅游商品的讲解与营销。

（4）素质目标

Q1. 激发学生对旅游事业的热爱，对中国历史文化的热爱与敬畏；

Q2. 塑造学生高尚的思想情操，形成良好的旅游职业道德、团队合作精神、社会责任良知；

Q3. 养成学生在导游现场讲解、旅游产品研发等旅游服务工作中自觉运用文化创新的习惯，扩宽学生设计旅游产品的文化创意思维；

Q4. 培养学生健康的审美情趣品位，确立积极的人生追求目标，养成"文厚"的内涵修养与健康的人格品质。

4. 课程内容说明

（1）课程内容组织思路

在严格按照全国导游资格证书考试大纲选择教学内容的基础上，本课程以职业能力为着眼点，分析导游职业岗位的典型工作任务，将全国导游资格考试的文化知识内容融入导游岗位典型工作任务中，重构学科知识框架，以"'畅游神州大地'系列游览活动"为载体设计学习情境，增加学生的直观感受和学习兴趣，培养学生知识内化、迁移和可持续发展的能力，从而积极应对全国导游资格考试，实现课证融通。

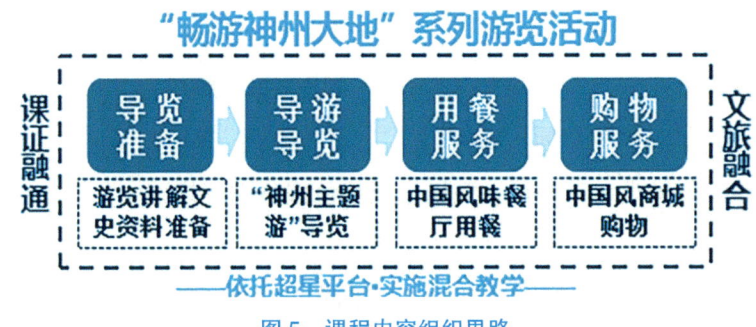

图 5　课程内容组织思路

本课程结合"'畅游神州大地'系列游览活动"的导游工作过程来进行课程整体设计，以"导览准备（游览讲解文史资料准备）→导游导览（"神州主题游"导览：山水自然生态游、宗教名胜深度趣游、民俗文化体验游、古味建筑园林寻梦游）→用餐服务（中国风味餐厅用餐）→购物服务（中国风商城购物）"为线索依次组织教学。课堂教学借助超星学习通平台，采用线上线下结合的混合教学模式，综合运用学习情景创设、典型案例分析、文化专题讨论、影音图文资料观摩、实物展示与介绍、情景角色扮演、游戏互动演练、优秀作品鉴赏与练习、报告撰写与汇报等教学方法与手段，注重适应与调整学生实际学习与接受能力，以期最大限度地调动学生课堂参与的积极性与主动性。

（2）课程知识体系与实践体系的联系说明

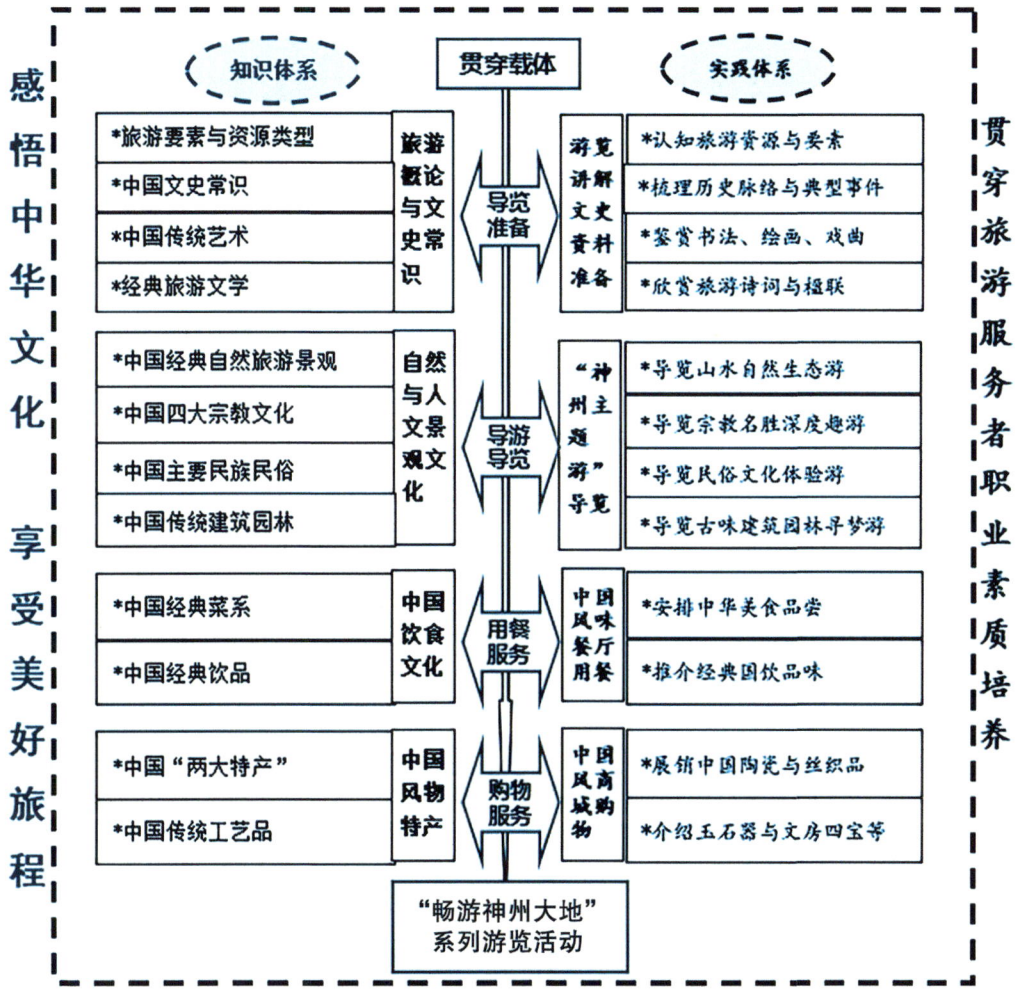

图6 "全国导游基础知识"课程知识与实践体系对照

（3）课程知识结构体系介绍

本课程知识结构体系如图7所示：

立德树人　匠心筑梦　技术赋能
产教融合背景下课程思政浸润高职旅游类在线精品课程研究与实践

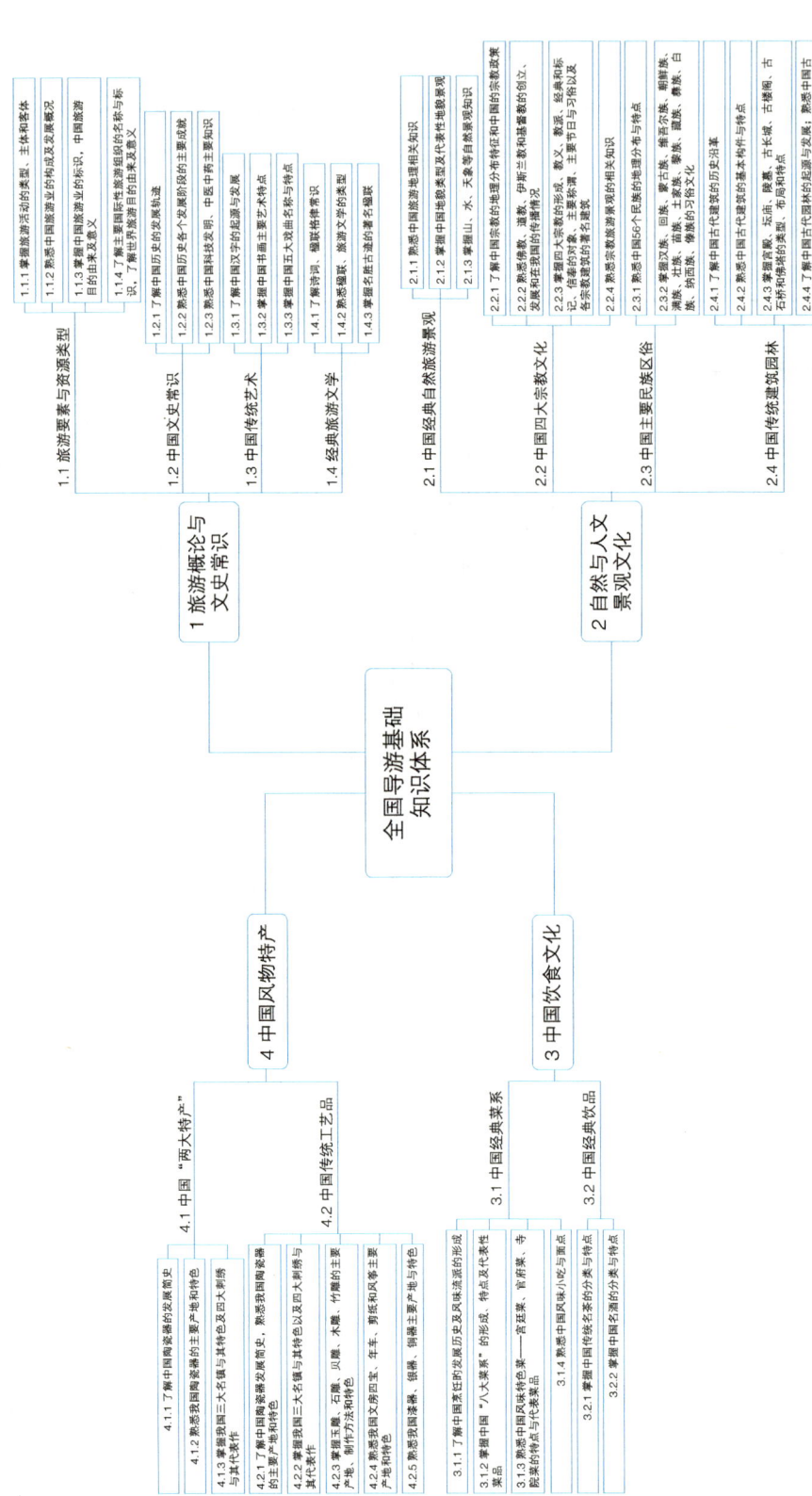

图 7 "全国导游基础知识"课程知识体系

附 录

（4）课程实践结构体系介绍

本课程实践结构体系如图 8 所示：

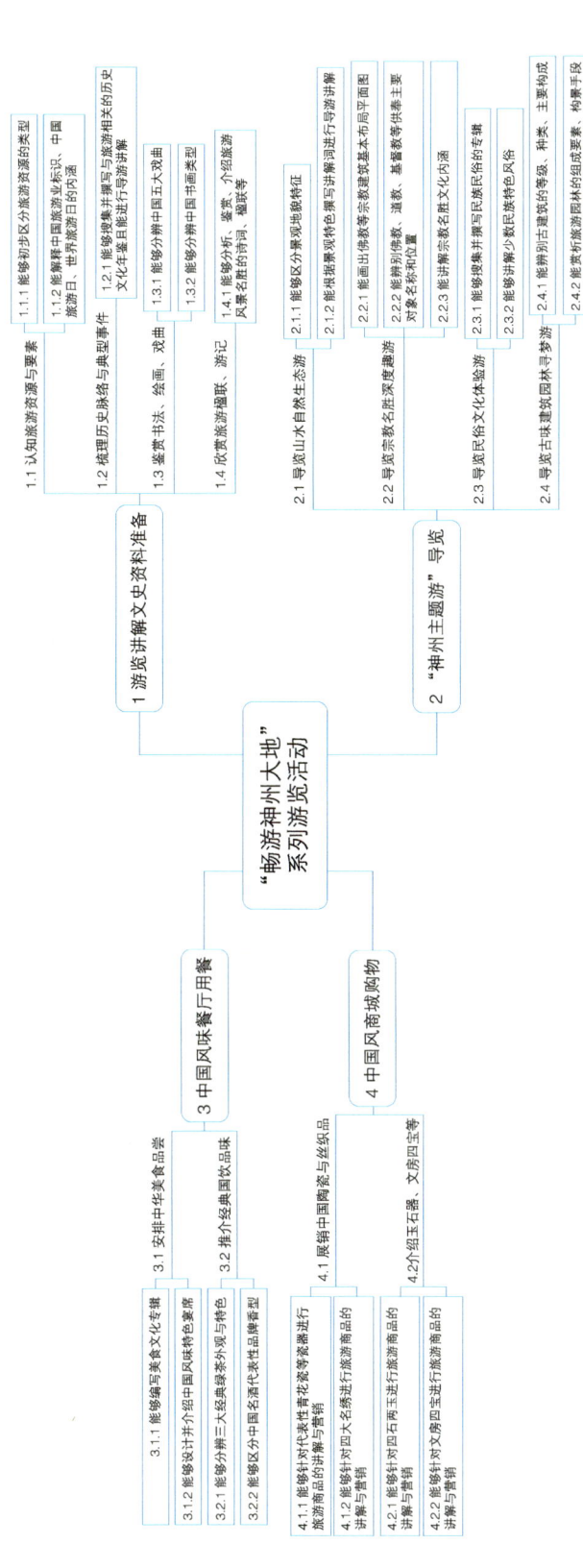

图 8 "全国导游基础知识" 课程实践体系

（5）课程实践载体设计

①实践载体说明

本课程设计以"畅游神州大地"系列游览活动为载体，基于导游带团的工作过程设立游览讲解文史资料准备、"神州主题游"导览、中国风味餐厅用餐、中国风商城购物4个教学模块，共12个训练任务驱动课程教学。

②课次、训练任务、学时、实施进程分解

表1 课程内容与训练任务

综合项目	"畅游神州大地"系列游览活动							
教学模块名称	课次	课次名称	训练任务	技能目标	知识目标	两渗透内容	可测结果	学时
一、游览讲解文史资料准备	1	认知旅游资源与要素	1.课程整体导入：分组暖场后，通过年味的讨论引导学生意识到中华文化传承的重要意义，进而介绍课程学习目标、整体内容与进度安排等；2.学生观赏广西旅游形象片后列举并分类广西旅游资源，阐述旅游主体与客体关系；3.通过图片、实物等媒介向学生介绍中国旅游发展历程、中国旅游业标识等内容	1.能够初步区分旅游资源的类型；2.能解释中国旅游业标识、中国旅游日、世界旅游日的内涵	1.掌握旅游活动的类型、主体和客体；2.熟悉中国旅游业的构成及发展概况；3.掌握中国旅游业的标识，中国旅游日的由来及意义；4.了解主要国际性旅游组织的名称与标识，世界旅游日的由来及意义	1.激发学生对中国历史文化的热爱与敬畏；2.培养团队合作精神	1.广西旅游资源列举与分类表格；2.中国旅游业标识解说词	6

续表

教学模块名称	课次	课次名称	训练任务	技能目标	知识目标	两渗透内容	可测结果	学时
一、游览讲解文史资料准备	2	梳理历史脉络与典型事件	师生分别编写中国历史小年鉴，包括各朝代政治、历史、科技等典型事件，将年鉴进行课堂展示	能够搜集并撰写与旅游相关的历史文化年鉴并能进行导游讲解	1. 了解中国历史的发展轨迹；2. 熟悉中国历史各个发展阶段的主要成就；3. 熟悉中国科技发明、中医中药主要知识	激发学生对中国历史文化的热爱与敬畏	中国历史简版年鉴	6
	3	鉴赏书法、绘画、戏曲	欣赏中国戏曲联唱、绘画作品、书法作品等，引导学生了解中国艺术的各种形式	1. 能够分辨中国五大戏曲；2. 能够分辨中国书法类型	1. 掌握中国书画艺术主要特点；2. 掌握中国五大戏曲名称与特点；3. 了解中国汉字的起源和发展	培养学生健康的审美情趣品位	戏曲、书法分类图表	4
	4	欣赏旅游楹联、游记	朗诵对联、诗歌，解读内容与景区的关系	能够分析、鉴赏、介绍旅游风景名胜的诗词、楹联等	1. 了解诗词、楹联格律常识；2. 熟悉楹联、旅游文学的类型；3. 掌握名胜古迹中的著名楹联	1. 培养团队合作精神；2. 培养学生健康的文学审美品位	对联、诗歌朗诵作品	2
二、"神州主题游"导览	5	导览山水自然生态游	1. 视频观摩与配音，学生根据抽中的景观视频进行主题讲解；2. 图片赏析，将代表性自然景观列表归类	1. 能够区分景观地貌特征；2. 能根据景观特色撰写讲解词并进行导游讲解	1. 熟悉中国旅游地理相关知识；2. 掌握中国地貌类型及代表性地貌景观；3. 掌握山、水、天象等自然景观知识	1. 激发学生对祖国的热爱；2. 培养学生健康的审美情趣品位	1. 景观讲解视频；2. 景观归类图表	6

续表

教学模块名称	课次	课次名称	训练任务	技能目标	知识目标	两渗透内容	可测结果	学时
二、"神州主题游"导览	6	导览宗教名胜深度趣游	1. 图片分析，引导学生了解中国宗教政策； 2. 案例分析，引导学生根据佛教平面布局图讲解各建筑名称与供奉对象； 3. 视频赏析与谈论，引导学生了解各宗教发展历程； 4. 学生根据抽中的宗教名胜介绍其文化内涵	1. 能画出佛教等宗教建筑基本布局平面图； 2. 能辨别佛教、道教、基督教等供奉的主要对象名称和位置； 3. 能讲解宗教名胜文化内涵	1. 了解中国宗教的地理分布特征和中国的宗教政策； 2. 熟悉佛教、道教、伊斯兰教和基督教的创立、发展和在我国的传播情况； 3. 掌握四大宗教的形成、教义、教派、经典和标记、信奉的对象、主要称谓、主要节日与习俗以及各宗教建筑的著名建筑； 4. 熟悉宗教旅游景观相关知识	1. 提升学生独立思考能力； 2. 提升学生语言表达能力； 3. 培养团队合作精神	1. 宗教建筑平面图； 2. 宗教名胜讲解导游词	8
	7	导览民俗文化体验游	情景模拟，学生根据抽取的少数民族类型展示导游讲解该民族民俗的过程以及游客进行该民俗体验的情景	1. 能够搜集并撰写民族民俗的专辑； 2. 能够讲解少数民族特色风俗	1. 熟悉中国56个民族的地理分布与特点； 2. 掌握汉族、回族、蒙古族、维吾尔族、朝鲜族、满族、壮族、苗族、土家族、黎族、藏族、彝族、白族、纳西族、傣族的习俗文化	1. 提升学生语言表达能力； 2. 培养团队合作精神	民俗文化专辑展示	6

续表

教学模块名称	课次	课次名称	训练任务	技能目标	知识目标	两渗透内容	可测结果	学时
二、"神州主题游"导览	8	导览古味建筑园林寻梦游	1.抽取古建筑模型进行拼搭，并根据古建筑类型进行讲解；2.案例对比分析与讨论，引导学生了解中国古代园林的特色和分类，领悟园林的要素、艺术、手段	1.能辨别古建筑的等级、种类、主要构成；2.能赏析旅游园林的组成要素、构景手段	1.了解中国古代建筑的历史沿革；2.熟悉中国古代建筑的基本构件与特点；3.掌握宫殿、坛庙、陵墓、古长城、古楼阁、古石桥和佛塔的类型、布局和特点；4.了解中国古代园林的起源与发展；5.熟悉中国古代园林的特色和分类；6.掌握中国古代园林的构成要素、造园艺术、构景手段和代表性园林	1.激发学生对中国历史文化的热爱与敬畏；2.培养学生健康的审美情趣品位	1.古建筑模型展示介绍；2.园林分类图表	8
三、中国风味餐厅用餐	9	安排中华美食品尝	设计并展示中国风味特色宴席，师生投票评选点评，教师拓展讲解	能够编写美食文化专辑，设计并介绍中国风味特色宴席	1.了解中国烹饪的发展历史及风味流派的形成；2.掌握中国"八大菜系"的形成、特点及代表性菜品；3.熟悉中国风味特色菜——宫廷菜、官府菜、寺院菜的特点和代表菜品；4.熟悉中国风味小吃与面点	1.提升学生资料搜集能力；2.提升学生语言表达能力；3.拓宽设计旅游产品的文化创意思维	1.美食文化专辑；2.中国风味特色宴席菜单	2

续表

教学模块名称	课次	课次名称	训练任务	技能目标	知识目标	两渗透内容	可测结果	学时
三、中国风味餐厅用餐	10	推介经典国饮品味	借助图片分析"酒""茶"古文字，引申学生了解中国酒、茶文化，学生利用表格与图片归纳呈现名茶名酒的类别	1.能够分辨三大经典绿茶外观与特色；2.能够区分中国名酒代表性品牌香型	1.掌握中国传统名茶的分类与特点；2.掌握中国名酒的分类与特点	1.提升学生资料搜集能力；2.提升学生归纳总结能力	中国名酒名茶分类总结表	2
四、中国风商场购物	11	展销中国陶瓷与丝织品	小组根据分配的刺绣、陶瓷器等旅游商品，针对性设计展示用语，师生评价后教师拓展讲解	1.能够针对代表性青花瓷等瓷器进行讲解营销；2.能够针对四大名绣进行讲解与营销	1.了解中国陶瓷器的发展简史；2.熟悉我国陶瓷器的主要产地和特色；3.掌握我国三大名锦与其特色以及四大刺绣与其代表作	1.提升学生资料收集能力；2.提升学生语言表达能力；3.扩宽设计旅游产品的文化创意思维	1.青花瓷等瓷器旅游产品展示词；2.四大名绣展示词	2
	12	介绍玉石器、文房四宝	小组根据分配的文房四宝、漆器、玉石文创品等旅游商品，针对性设计展示用语，师生评价后教师拓展讲解	1.能够针对四石两玉进行旅游商品的讲解与营销；2.能够针对文房四宝进行旅游商品的讲解与营销	1.熟悉我国漆器、锡器、铜器的主要产地与特色；2.掌握玉雕、石雕、贝雕、木雕、竹雕的主要产地、制作方法和特色；3.熟悉我国文房四宝、年画、剪纸和风筝的主要产地和特色	1.提升学生资料收集能力；2.提升学生语言表达能力；3.拓宽设计旅游产品的文化创意思维	1.四石两玉展示词；2.文房四宝展示词	2

5. 教学资源

课程的基本资源主要包括：课程介绍、教学文件、教材、教案与演示文稿、教学录像（含微课）、试题库等（见表2），其中包括了课程标准、视频案例，文字案例、电子课件、教学图片、课程视频、知识点汇编、试题库等，做到课程内容的丰富性和与时俱进。

图9　超星尔雅课程平台截图

混合教学改革中利用超星尔雅平台完成线上课程建设。遵循行业通行的网络教育技术标准，制作课程微课，实施翻转课堂，建设"线上"与"线下"一体的混合式教学资源，如微课、视频、在线测试题库等。目前课程自建微课视频库包括7个动画、20个录屏版教学微课、1个课程整体设计介绍视频、25个拓展微课以及600个文化短视频，2500道全国导游资格考试测试题。

表2　课程基本资源清单

基本资源	主要内容
课程介绍	1.课程性质与作用　2.课程设计的理念与思路 3.教学组织与安排　4.课程特色与创新 5.课程混合教学改革教学设计
教学文件	1."全国导游基础知识"课程标准 2."全国导游基础知识"课程教学大纲 3."全国导游基础知识"课程进度表 4."全国导游基础知识"课程形成性考核大纲
教材	《全国导游基础知识》教材，2021年版
教案与演示文稿	1.教学课件集　2.课程教案集
教学录像（含微课）	1.课程教学实录　2.系列微课

续表

基本资源	主要内容
试题库	1. 标准试卷库、实训项目库 2. 选择题、简答题、判断等分项试题库 3. 理论考试测试题
参考资料目录	1. 文化视频　2. 全国导游基础知识案例 3. 旅游行业新闻　4. 教师及学生典型成果
案例库	1. 文本案例：文创产品、导游讲解等案例 2. 视频案例：各类优秀文化知识视频等

图 10　超星尔雅课程资源截图

6. 信息化技术运用策略

本课程依托超星尔雅平台展开课程教学，实施了"课前—课中—课后"全平台支持的教学过程，包括课前调查、微课预习、测试项目、任务导入、课堂实操、互动讲授、小组展示、即时评价、总结提升、课后拓展等教学步骤，突出学生主体，开展"课前预学、课中导学、课后拓展"的教学活动，保证教学设计、教学实施、过程记录、教学评价、自主学习等功能完备。

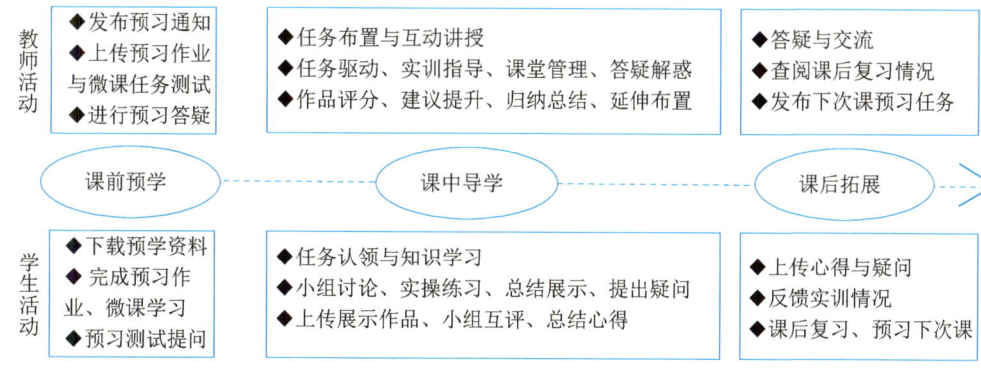

图 11　信息化技术运用策略

借助超星尔雅平台、学习通 App 来实施混合式教学模式，优化教学过程，让新生代手机党们从刷微博、微信主动转为刷签到、参与答题和课堂互动，把手机转变为"互联网+"时代活跃课堂的好助手，实现移动式教学应用。本课程开发的成套微课、在线测试等供学生进行课前预习、课中辅助以及课后巩固，帮助学生充分利用碎片化时间进行学习。同时，课后通过网络平台加强与学生的互动交流，增强学生、教师、课程的黏性。

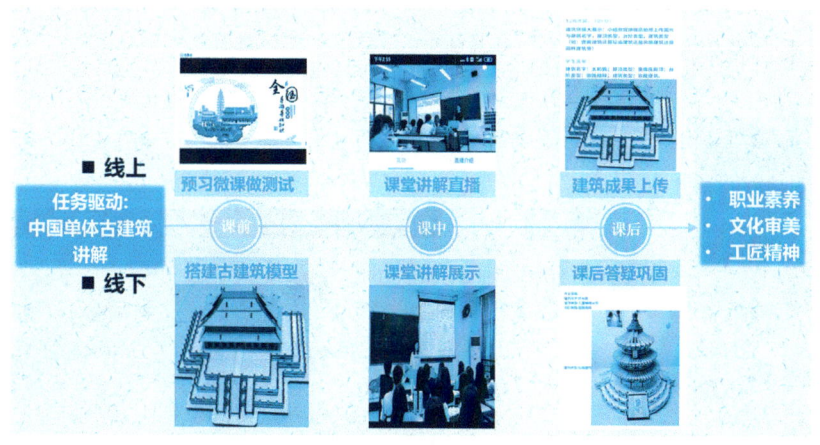

图 12　中国单体古建筑学习环节常规课程教学组织过程

7. 考核方案设计

课程思政考核要过程考核和结果考核相结合，不仅关注学生思政教育的结果，也关注学生思想意识形成和发展的过程。因此本课程考核分为形成性考核（40%）与终结性考核（60%），即整体考核＝形成性过程考核（40%）+"赞华夏文明，讲中国故事"文化专题汇报（20%）+终结笔试考试（40%）。形成性考核主要以学生课前、课中、课后（或活动前、活动中、活动后）对思政元素的理解程度、在旅游活动中对导游基础知识与技能的综合应用能力等为依据，"赞华夏文明，讲中国故事"文化专题汇报主要以学生抽取的文化专题为中心制作介绍幻灯片和讲解稿，讲述该专题背后的中国故事和文化基因，考核终结笔试考试设计严格按照国家导游资格证考试出题，强调导游知识技能和思政元素的记忆、内化、运用。

形成性考核依托超星尔雅平台在线上完成，具体比重如下：形成性考核成绩 = 视频学习（20%）+每课一测文化专题（30%）+习题作业（20%）+课堂签到（10%）+课堂互动（10%）+访问数量（10%），课堂各项互动表现包括思政元素案例分析、小组讨论任务、情景模拟直播、任务成果展示、选人、抢答、问卷等活动参与程度及质量，均在超星尔雅平台进行整体统计。

"赞华夏文明，讲中国故事"文化专题汇报采用多元主体考核，包括学生自评、互评、教师评价等。落实立德树人根本任务，体现文化育人教育思想，以培养学生综合素质为导向，文化专题汇报作品与展示价值取向正确，符合事实，详略得当，重点突出，条理清晰，图文并茂。汇报过程全程录像，供学生结合老师的点评和同学的建议来自省提高。

 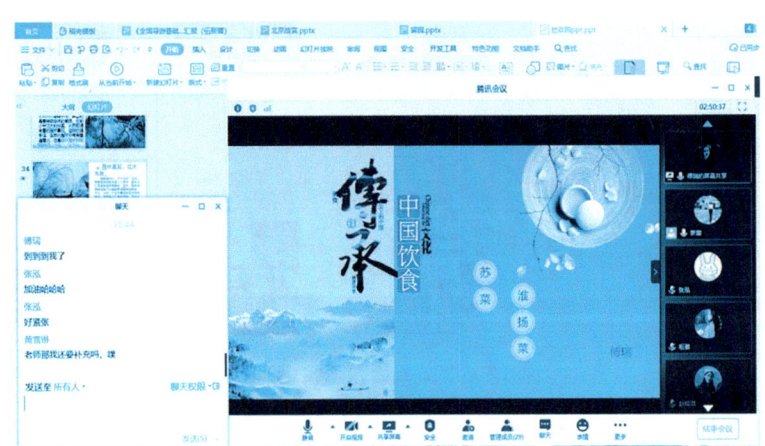

图 13　学生进行线下汇报与线上汇报的情景

终结性考核重视知识点的记忆，采用闭卷网络考试形式，严格按照国家导游资格证考试题型设计近千道题库，模拟国家导游资格证考试形式，加大考试难度，实现随机抽题方式的机考，既让学生能提前演练国导笔试，又能提高学生期末复习的重视度。整体考核也蕴含了思政教育元素,既培养了学生持续学习的意志力,也增强了学生自我约束、诚信守纪等意识(见表3)。

表3 整体考核中的思政教育

观测对象		观测内容	思政教育内容
整体考核	形成性考核	●课前预习,完成课程任务 ●签到上课,遵守课堂纪律 ●融入集体,小组合理分工 ●独立自主,重视个人作业	1. 自我管理意识 2. 纪律规则意识 3. 团队协作意识
	终结性考核	●按时进行文化专题报告 ●认真汇报感悟践行心得 ●学期结束参加诚信考试	1. 守时守纪意识 2. 严谨治学意识 3. 诚信做人意识

图书在版编目（CIP）数据

立德树人　匠心筑梦　技术赋能：产教融合背景下课程思政浸润高职旅游类在线精品课程研究与实践 / 伍新蕾著. -- 北京：旅游教育出版社, 2024. 12.
ISBN 978-7-5637-4760-3

Ⅰ．G711

中国国家版本馆CIP数据核字第2024X7P196号

立德树人　匠心筑梦　技术赋能
产教融合背景下课程思政浸润高职旅游类在线精品课程研究与实践

伍新蕾　著

责任编辑	施云峰
出版单位	旅游教育出版社
地　　址	北京市朝阳区定福庄南里1号
邮　　编	100024
发行电话	（010）65778403　65728372　65767462（传真）
本社网址	www.tepcb.com
E - mail	tepfx@163.com
排版单位	北京旅教文化传播有限公司
印刷单位	唐山玺诚印务有限公司
经销单位	新华书店
开　　本	787毫米×1092毫米　1/16
印　　张	15.75
字　　数	222千字
版　　次	2024年12月第1版
印　　次	2024年12月第1次印刷
定　　价	88.00元

（图书如有装订差错请与发行部联系）